페스트 제국의 탄생
제3차 페스트 팬데믹과 동아시아

페스트 제국의 탄생
제3차 페스트 팬데믹과 동아시아

제1판 1쇄 발행 2020년 5월 4일
제1판 2쇄 발행 2023년 9월 20일

지 은 이 신규환
펴 낸 이 주혜숙

펴 낸 곳 역사공간
등   록 2003년 7월 22일 제6-510호
주   소 04000 서울시 마포구 동교로19길 52-7 PS빌딩 4층
전   화 02-725-8806
팩   스 02-725-8801
전자우편 jhs8807@hanmail.net

ISBN 979-11-5707-403-7 93910

- 책값은 뒤표지에 있습니다. 잘못된 책은 바꾸어 드립니다.
- 이 도서의 국립중앙도서관 출판예정도서목록(CIP)은 서지정보유통지원시스템
  홈페이지(http://seoji.nl.go.kr)와 국가자료종합목록 구축시스템(http://kolis-net.nl.go.kr)에서
  이용하실 수 있습니다. (CIP제어번호 : CIP2020016593)

페스트 제국의 탄생

제3차 페스트 팬데믹과 동아시아

신규환 지음

역사공간

책머리에

이 책은 19-20세기 동아시아에서 발생한 제3차 페스트 팬데믹(세계적인 유행)을 계기로 서구열강과 동아시아 각국이 의학적 헤게모니를 장악하기 위해 의과학 지식을 어떻게 구축하고, 그 지식이 국가건설과 방역체계의 수립에 어떤 영향을 미쳤는지를 살펴보고자 했다. 당시 페스트는 중화제국의 몰락과 일본제국의 팽창을 상징하는 존재로서 제국의 흥망성쇠를 가늠할 수 있는 중요한 표지가 되었다. 페스트 유행에 맞서 제국주의 각국은 제국의학 지식에 기초하여 방역을 강화하고 동아시아에서 패권을 장악하고자 했다. 동아시아 각국 역시 제국주의 각국에 대응하면서 주권을 수호하고 근대국가를 건립하고자 했다. 특히 일본은 콜레라에 대응하면서 근대국가 수립에 진입했고, 페스트에 대응하면서 제국의학을 바탕으로 제국주의로 나아갔다. 반면 중국에서 의과학 지식의 축적과 페스트 방역은 근대국가 수립이냐 식민지로의 편입이냐의 갈림길이 될 수 있었고, 대만과 조선에서 페스트 유행은 일제의 식민지배가 강화되는 계기가 되었다. 이 책은 페스트 유행에 대응하는 과정에서 제국주의 근대 동아시아에서 권력재편을 둘러싼 다양한 면모(특히 국가권력과 민간의 대응)를 드러내고자 했다.

페스트는 지난 2000년 동안 세 차례의 팬데믹으로 등장했다. 제1차 페스트 팬데믹은 6세기에 유스티니아누스 역병이라고 불리던 것으로 비잔

틴 제국을 휩쓸었던 질병이었고, 제2차 페스트 팬데믹은 14세기 중반 이래 300년 동안 유럽을 강타하여 유럽 인구의 3분의 1을 몰살시켰다. 이 때의 페스트에 대한 트라우마는 현대 서양인들의 정신세계에 뿌리 깊이 각인되어 전염병(plague)이라고 하면 페스트(pest)와 동일시할 정도가 되었다. 제3차 페스트 팬데믹은 19세기 중반 남중국에서 등장했고, 20세기 초 북만주에서 유행했는데, 20세기 전후 동아시아에서 유행한 페스트는 북미 대륙에까지 영향을 미쳤다. 그러나 제3차 페스트 팬데믹과 동아시아에서 유행한 페스트의 실체에 대해서는 해외뿐만 아니라 한국 독자들에게도 잘 알려져 있지 않다.

19-20세기 동안 페스트의 주요활동 무대는 동아시아였다. 중국 윈난(雲南)지역에서 시작된 페스트는 홍콩을 거쳐 대만, 일본, 만주, 러시아 등지에서 크게 유행했고, 태평양 건너 미국에도 영향을 미쳤다. 1894년 6월 홍콩에서 선페스트균이 처음 발견 및 분리되면서 그 실체가 확인되었지만, 페스트로 인한 사망자는 홍콩과 광동(廣東)에서만 수만 명에 이를 정도로 20세기 전반까지만 해도 여전히 예방과 치료가 불가능한 질병이었다. 더욱이 1910-1911년과 1920-1921년 두 차례에 걸친 만주 페스트는 폐페스트라는 새로운 형태의 페스트로 등장하여 최악의 사상자를 발생시켰다. 19세기 말 20세기 초 페스트 방역대책의 수립과정에서 동아시아 각국은 근대국가 건설에 나섰으며, 서구 열강은 페스트 의학지식의 정립을 통해 제국의학의 권위와 의학적 헤게모니를 강화하고자 했다. 당시는 페스트에 관한 의과학 지식의 정립 여부가 제국이냐 식민지냐를 결정하는 단적인 지표로 작용할 수 있던 시기였다. 말하자면 당시 서구열강과 동아시아 각국은 페스트에 맞서 세균학에 기초한 제국의학을 건립하기 위한 열망에 사로잡혀 있었다고 해도

과언이 아니다. 이 책은 서구열강과 동아시아 각국이 제국의학의 건립을 위해 혹은 제국의 팽창과 주권의 유지를 위해 어떠한 노력을 경주했는지, 19-20세기 최신의 의과학을 바탕으로 방역행정이 동아시아에서 어떻게 구체적으로 실현되었는지를 검토하는 데 목표를 두고 있다.

제3차 페스트 팬데믹에 대해서는 페스트 유행 당시에 페스트 연구를 주도했던 의학자들에 의해 본격적인 연구가 시작되었다. 우선 1894년 홍콩 페스트에 대해서는 아오야마 다네미치(靑山胤通: 1859-1917), 기타사토 시바사부로(北里柴三郞: 1852-1931), 알렉산드르 예르생(Alexandre Yersin: 1863-1943) 등이 페스트 연구를 주도했고, 토히우 이시가미가 당시의 연구 성과를 분석한 바 있다(Tohiu Ishigami, 1905). 1894년 홍콩 페스트에 관한 역사학적 연구는 캐롤 베네딕트가 선구적인 연구를 수행한 바 있다(Carol Benedict, 1996).

20세기 초의 만주 페스트에 대해서는 스트롱과 우롄더(伍連德: 1879-1960) 등이 연구성과를 남겼다(P. Strong, 1912; Wu Lien-teh, 1926). 그러나 이것은 페스트에 대한 역사적이고 종합적인 연구라기보다는 의학적 연구 성과를 정리한 것이었다. 만주 페스트가 역사적인 분석대상이 되었던 것은 1960년대에 칼 네이선(Carl F. Nathan)의 연구를 통해서였다. 그는 페스트의 발생 원인이 자본주의 세계 체제와의 연관 속에서 동아시아의 상품경제의 발달이 페스트 발병의 직접적인 원인이었다고 밝혔으며, 동아시아에서 주권의 갈등과 서양의학을 통한 방역활동에 대한 정부와 민간의 대응을 검토한 바 있다(Carl F. Nathan, 1967).

네이선 이후 만주 페스트에 본격적인 관심이 나타난 것은 2000년대 이후였다. 일본의 이이지마 와타루(飯島渉)는 만주방역을 통해 중국은 '위생의 제도화'를 이루어 나갔다고 분석했다(飯島涉, 2000). 이이지마는 방역행정의 전개과정에서 서구 열강과 중국이 제국의 팽창과 주권 수호를 위해 적지 않게 충돌했다는 점을 지적했다. 이 연구 이후 만주 페스트에 관한 많은 연구들이 방역과 주권의 문제에 초점을 맞추고 있다. 최근 이이지마는 일본의 젊은 의사학자들과 함께 동아시아 각국에서 유행한 페스트 유행과 대응 양상을 비교 분석하기도 했다(永島剛·市川智生·飯島涉 編, 2017). 중국의 후청(胡成)은 상하이와 북만주에서 적극적인 검역활동이 주권의 강화에 추동력을 제공했다는 점을 강조했다(胡成, 2007; Hu Cheng, 2010). 대만의 레이샹린(雷祥麟)은 현미경을 사용한 새로운 지식이 주권문제를 해결하는 핵심적인 요인이었다고 주장했다(Seon Hsiang-lin Lei, 2010). 이 연구들은 기존 방역행정에 무관심했던 중국이 자신의 주권을 지켜내기 위해서 서양의학의 도입과 방역체제의 수립에 적극적으로 나섰다는 점을 강조한 바 있다. 미국의 서머스(William C. Summers)는 열강들의 페스트 국제회의에 주목하여 페스트 이론 논쟁이 동아시아의 의학과 공중보건이 급변하는 전환점이 되었을 뿐만 아니라 열강들이 동아시아에서 외교적인 지위를 확정짓는 중요한 사건이었음을 지적했다(William C. Summers, 2012). 서머스는 페스트 이론 논쟁과 각국의 세력판도에 관심을 두었는데, 각국의 페스트 이론이 실제 방역에 어떻게 연결되어 있는지에 대해서는 언급하지 않았다. 영국의 린터리스(Christos Lynteris)는 '민족지적 페스트(Ethnographic Plague)'라는 새로운 관점을 제시하여, 만주 페스트가 중국, 러시아, 일본 제국의 경계를 뒤흔들었을 뿐만 아니라 몽골과 부랴트의 전통적인 질병 이해가 충돌하는 새로운 현장이었음을 주목했다(Christos Lynteris, 2016).

    국내에서는 20세기 초 만주 페스트의 유행과 관련하여 박윤재의 연구가 시작점이 되었는데, 박윤재는 만주 페스트 유행 이후 국내에서 페스트 환자가 발생하지 않은 원인을 일제의 면밀한 방역행정에서 찾았다(박윤재, 2000). 이에 대해 신규환은 만주 페스트에 관한 일련의 연구를 제출하여, 일제의 방역대책은 매우 미흡한 것이었으며, 국내에서 페스트가 크게 유행하지 않았던 것은 주요한 전염원이었던 중국인 이주노동자의 귀향 노선에 한국이 포함되지 않았기 때문이라고 분석했다(Sihn, 2009; 신규환, 2012; 신규환, 2014). 그 후로 동아시아 페스트의 역사와 성격에 관한 후속연구와 새로운 논점이 제기되고 있다(김영수, 2014; 김영수, 2015; Lee Hyun sook and Yeo In sok, 2015; 신규환, 2016; Sihn, 2017). 특히 국내 연구는 일제하 식민통치의 성격과 관련하여 논쟁이 이루어지고 있으며, 페스트는 무분별한 인간환경의 개발과 질병의 상관관계를 대표하는 질병으로서 새롭게 주목받고 있는 영역이기도 하다(자세한 내용은 프롤로그의 페스트 논쟁을 참고).

    이처럼 19-20세기 동아시아에서 유행했던 페스트에 대해서는 최근 들어 국내외 연구자들의 관심을 받고 있으며, 이미 적지 않은 연구성과가 제출되고 있다. 그러나 대부분의 연구들이 특정 시기나 지역에 치우친 미시 분석에 그치고 있다. 제3차 페스트 팬데믹에 대한 연구는 분명한 시작과 끝맺음이 있기에 전체 시기와 지역을 하나의 시야로 포착할 수 있는 통시적이고 종합적인 시각을 필요로 한다. 또한 기존 연구는 주로 일국의 주권문제나 방역체제의 성격에 초점을 맞추고 있다. 이럴 경우 일국 차원의 방역대책에만 관심을 보이게 된다. 페스트는 국경을 넘어서는 초국가적인 존재이고 방역도 초국가적인 차원에서 전개된 만큼 글로벌한 관점에서 접근할 필요가 있다. 마지막으로 의학 분야에서는 병원체의 발견과 치료제의 개발에만 관심을 보이고 있고, 역사학 분야는 주권이나 동서의학의 대립에 초점을 두어왔다. 페스트는 동아시아에서 식민지를 경영하고자 했던 제국주의 각국과 반식민지(半植民地) 상황에서 벗어나고 했던 국민국가 사이의 경쟁 속에서 제국의학의 이론과 실천 사이 끊임없는 상호작용 속에서 등장했다는 복합적이고 융합적인 시각을 필요로 한다. 이런 시각에서 접근해야 제3차 페스트 팬데믹에 대한 종합적인 평가가 가능할 것이다.

이 책은 홍콩과 만주에서 페스트 유행과 대응을 중심으로 2부로 나누고 전체 8개 장으로 구성했다. 1부 홍콩 페스트와 동아시아는 4개의 장으로 구성된다. 1장은 홍콩 페스트 확산과 식민 당국의 대응을 다루고, 2장은 동화의원(東華醫院)의 설립과 변모과정을 살펴볼 것이다. 3장은 일본에서 페스트의 유행과 대응을 다루고, 4장은 대만과 일본에서 페스트 유행과 대책에 대해서 검토할 것이다. 2부 만주 페스트와 제국의학 역시 4개의 장으로 구성된다. 5장부터 8장은 제1차, 제2차 만주 폐페스트 유행에 대한 각국의 대응, 중국정부와 중국사회의 반응, 식민지 조선의 대응양상 등을 살펴볼 것이다.

제3차 페스트 팬데믹을 검토하기 위해서는 우선 그것이 언제, 어디서부터 유행한 것인지를 검토해야 한다. 페스트는 중국 윈난성의 풍토병이었다. 이것이 점차 광둥성에도 유행하기 시작했고, 1894년 홍콩에서 크게 창궐했다. 1894년 홍콩 페스트는 동아시아에서 세균설의 도입과 확산의 계기가 된 중요한 전환점이었다. 예르생에 의해 페스트균이 처음으로 분리·검출되었고, 세균설의 확산에 따라 세균 실험실과 격리병동이 갖춰지는 등 병원공간이 재편되었다(1장). 식민당국은 페스트의 온상으로 중국인의 치료공간인 동화의원을 지목했다. 동화의원은 설립 당시에는 중의학과 전통식 병원공간으로 구성되었지만, 홍콩 페스트 유행을 계기로 서양의학의 도입과 근대식 병원공간으로 재편이 이루어졌다(2장). 19세기 말 중국 남부에서 페스트가 창궐하자, 온병학자(溫病學者)들은 기존 상한론(傷寒論)으로는 페스트의 병인을 해명할 수 없을 뿐만 아니라 페스트를 치료할 수 없다고 보았고, 페스트는 지역사회의 특정한 기운이 결합한 결과로서 판단했다. 뤄루란(羅汝蘭)의 『서역휘편(鼠疫彙編)』(1897)은 중의의 페스트 치료법을 집대성한 것으로 기존의 운기설(運氣說)에 기초한 치료법에서 벗어나 남방의 온병학적 이론에 기댄 것들이었다(3장). 홍콩 페스트는 1896년과 1897년 대만, 1899년에는 고베, 오사카 등지로 확산되었다. 홍콩 페스트 이후 페스트 방역은 일본이 제국으로 성장하는 데 중요한 전환점이 되었다(4장).

제1차 만주 폐페스트 유행(1910-1911) 초기 서구열강의 과학자들은 만주 페스트가 선페스트라고 믿고 있었다. 새로운 세균학 지식과 현미경으로 무장한 우롄더는 시체 부검을 통해 이것이 폐페스트라는 사실을 발견했다. 이것은 최신 이론으로 무장한 서구 과학자들을 논란의 중심으로 끌어들였다. 반면 중국에서 방역법규의 제정을 통해 방역행정을 근대화하는 과정에서 새로운 페스트 이론은 중국정부의 관심을 받지 못했다(5장). 페스트 이론에 대한 논란은 식민지 조선에서도 지속되었다. 세균학계의 저명한 학자인 기타사토 시바사부로가 만주와 조선을 오가며 새로운 과학적 사실을 규명하고 계도했지만, 조선총독부는 이러한 사실을 적극적으로 수용하지 않았다. 이것은 식민지의 자율성이기도 했고, 식민지의 경험치가 쌓은 독선적 결과이기도 했다(6장). 제2차 만주 폐페스트의 유행(1920-1921)은 방역행정의 새로운 전환점이었다. 마스크 착용, 경찰신고, 의사진단, 소독, 격리 등의 방역조치는 더이상 논란의 여지가 없었다. 그러나 하얼빈 정국의 변화는 페스트 확산의 새로운 계기를 제공했고, 중국정부는 도시공간의 재편을 시도했다(7장). 식민지 조선에서 제2차 만주 폐페스트의 유행 이후에는 방역대책이 이전과 다른 양상을 보였다. 식민당국은 콜레라 방역에서의 새로운 방역경험 등을 제2차 만주 페페스트 방역에 적용하기 시작했다(8장).

이처럼 제3차 페스트 팬데믹은 19-20세기 동아시아에서 패권을 확장하려는 제국주의 세력과 효율적인 인구관리와 국가건설을 목표로 했던 동아시아 각국과 지역사회가 방역의 주도권을 장악하려는 노력과 경쟁 속에서 전개되었다. 이 책을 통해서 제3차 페스트 팬데믹과 그것에 대응하기 위한 다양한 노력들의 실체가 온전히 드러날 수 있을 것이다.

이 책은 다음과 같은 기대효과를 가질 것으로 예상된다.

첫째, 일본이 제국주의로 나아가던 시기 페스트 지식이 '제국의 도구(the tool of empire)'로서 어떻게 기능했으며, 본국과 식민지 사이에서 어떻게 작동하고 있었는지를 구체적으로 보여줄 것이다.

둘째, 단순히 페스트의 자연사를 나열하는 데 그치지 않고, 페스트 방역의 동아시아적 맥락과 페스트에 대응하는 과정에서 근대 국가건설이 어떻게 이루어졌는지를 확인하는 데 기여할 것이다. 이를 통해 20세기 초에 새로운 과학지식이 구축되는 과정을 검토할 수 있고, 페스트 유행의 특성과 각국의 대응이 어떻게 달랐는지를 살펴볼 수 있을 것이다.

셋째, 아래로부터의 역사, 도시민의 일상생활과 근대적 재편과정을 복원하는 데 기여할 것이다. 기존 연구들이 주로 방역을 위한 서양의학의 도입과 국가권력에 의한 일방적 재편에 무게를 두었다면, 이 연구는 지역사회와 민간의 활동에 관심을 둘 것이다. 이를 통해 도시민의 일상 속에서 페스트의 유행과 방역체계가 어떤 영향을 주었는지, 일상생활의 구조와 도시사회의 복합성을 다각적으로 이해하는 데 기여할 것이다.

넷째, 페스트의 동아시아적 흐름과 네트워크라는 새로운 관점을 제공할 것이다. 기존 페스트 연구는 서양 중심이거나 일국사 중심으로 서술되었다. 이 책은 19-20세기 페스트가 동아시아의 주요한 연결망을 통해서 확산되었으며, 방역 역시 똑같은 연결망을 통해서 실시되었다. 그런 점에서 페스트의 역사는 일국사를 넘어서는 지역 네트워크 속에서 확인될 필요가 있다.

다섯째, 페스트 유행에 대한 역사적 경험을 제공할 것이다. 최근 사스, 조류독감, 에볼라 바이러스, 메르스, 코로나19 등 신종 감염병이 크게 유행하고 있음에도 불구하고, 동아시아 세계에서 어떤 전염병이 어떻게 유행했는지에 대한 자세한 연구가 소개되어 있지 않다. 이 책을 통해서 전염병의 유행에 정부와 민간이 어떻게 대처해 왔는지 역사적 경험을 제공할 것이다.

이 책을 처음 기획해서 출간되기까지 많은 시간이 흘렀다. 2006년에 『질병의 사회사』라는 책을 냈지만, 분량이나 깊이 면에서 적잖이 부족함을 느꼈다. 그 후 몇몇 출판사에 질병사에 관한 책의 출판을 제안했지만 시장성이 없다는 이유로 번번이 거절당하기도 했다. 그럼에도 불구하고 이 책이 나올 수 있었던 것은 이 연구의 가치를 인정해 준 한국연구재단의 지속적인 지원이 있었기 때문이다. 이 자리를 빌려 한국연구재단과 익명의 심사위원들께 깊은 감사를 드린다. 2003년 중국에서 사스가 유행했을 때만 해도 신종 감염병은 남의 일처럼 여겨지고 있었다. 2015년 5월 메르스 사태, 2020년 1월 코로나19 바이러스 유행 이후 한국사회에 감염질환의 중요성에 대해서 일반인들도 큰 관심을 갖게 되었다. 이제서야 몇몇 출판사로부터 질병사 서적을 내보자는 제안을 받고 있는데, 아직도 국내 시장에는 국내 성과에 기초한 질병사 서적이 많지 않은 것이 사실이다. 이 책이 관련 연구들의 자극제가 되기를 바라마지 않는다. 앞으로도 신종 감염병은 계속해서 등장할 것이고, 각종 감염병에 대한 신속하고도 정확한 대책 수립이 요구될 것이기 때문이다. 이 책이 신종 감염병의 확산을 저지해 줄 방안을 제시하는 것은 아니지만, 적어도 불필요한 반복을 피할 수 있는 역사적 통찰을 제공할 수 있을 것이다. 또한 이 책이 19세기 말 20세기 초 세균학의 시대를 되돌아볼 수 있는 하나의 기회가 되기를 기대한다.

2020년 봄
대구대학교 연구실에서 저자 씀

일러두기

1. 이 책의 일부 내용은 아래의 글을 수정·보완한 것이다.
- 신규환, 「제1·2차 만주 폐페스트의 유행과 일제의 방역행정(1910-1921)」, 『의사학』 21-3, (2012. 12).
- 신규환, 「제국의 과학과 동아시아 정치: 1910-11년 만주 페스트의 유행과 방역법규의 제정」, 『동방학지』 167, (2014. 9).
- 신규환, 「기후변화와 질병: 19-20세기 페스트 유행과 질병관의 변화」, 『한국학논집』 제62집, (2016. 2).
- 신규환, 「1894년 홍콩 페스트의 유행과 동화의원의 공간변화: '위생의 혼종성(hygienic hybridity)'과 관련하여」, 『도시연구』 19, (2018. 4).
- 신규환, 「1890년대 대만과 일본의 페스트 유행과 제국의학 지식의 형성」, 『일본역사연구』 제48집, (2018. 12).
- 신규환, 「제2차 만주 폐페스트의 유행(1920-21)과 방역정책의 전환: 하얼빈 도시공간의 재편과 관련하여」, 『대구사학』 138, (2020. 2).
- Sihn Kyu-hwan, "Unexpected Success: the Spread of Manchurian Plague and the Response of Japanese Colonial Rule in Korea, 1910-1911," *Korea Journal* 49-2, 2009.
- Sihn Kyu-hwan, "Reorganizing Hospital Space: The 1894 Plague Epidemic in Hong Kong and the Germ Theory," *Korean Journal of Medical History* 26-1, (2017. 4).
2. 외국어 표기는 국립국어원 외래어 표기법을 준수했다.
3. 19세기 이전 인물은 한자어, 20세기 이후 인물은 중국어 발음으로 표기했다.
4. 동화의원, 만주, 대만 등 한자어가 익숙한 표현은 한자어로 표기했다.
5. 이 저서는 2016년 대한민국 교육부와 한국연구재단의 지원을 받아 수행된 연구이다. (NRF-2016S1A6A4A01017418).

차례

책머리에 5
일러두기 15

프롤로그 / 18

1부 홍콩 페스트와 동아시아

1장 1894년 홍콩 페스트의 유행과 세균설 32
홍콩 페스트의 유행과 식민당국의 대응 36
정부공립의원의 설립과 발전 51

2장 홍콩 페스트와 동화의원 66
동화의원의 설립과 발전 70
동화의원의 공간구성과 서양의학 79

3장 전통적 질병관의 변화와 중국사회의 대응 92
중의학의 질병관과 운기설의 진화 97
광동 페스트의 유행과 『서역휘편(鼠疫彙編)』 105
만주 폐페스트의 유행과 중서의학의 대응 115

4장 1890년대 대만과 일본의 페스트 유행 124
1896년과 1897년 대만의 페스트 유행과 방역 129
1899년 일본의 페스트 유행과 대응 144

2부 만주 페스트와 제국의학

5장 제1차 만주 폐페스트의 유행과 제국주의의 각축 168
제국주의 각국의 페스트 인식과 방역대책 174
중국의 페스트 논쟁과 방역법규의 제정 189

6장 페스트의 유행과 식민지 조선의 대응 216
페스트의 확산과 북만주의 방역시스템 219
식민지 조선의 페스트 방역 226

7장 제2차 만주 폐페스트의 유행과 방역대책의 전환 234
하얼빈 정국의 변화와 공간재편 242
방역법규의 제정과 방역정책의 전환 248
우롄더의 방역보고 261

8장 1920년대 폐페스트의 유행과 일제의 방역행정 270
제1차 만주 폐페스트의 유행과 쥐잡기운동 273
방역법령의 정비와 1919-1920년 콜레라방역의 성과 283
제2차 만주 폐페스트의 유행과 폐페스트 인식의 변화 289

에필로그 / 302

참고문헌 309
찾아보기 330

프롤로그

1. 페스트 팬데믹의 기원과 논쟁

1) 페스트는 어떤 질병인가?

페스트는 여시나 페스티스(*Yersina pestis*)라는 원인균이 일으키는 급성 감염 질환이다. 스트렙토마이신(Streptomycin), 테트라사이클린(Tetracycline), 독시사이클린(Doxycycline) 등 항생제 처지를 받지 않으면 85%의 치사율을 보이며, 2-6일 이내에 사망하게 된다. 현재 발생하는 페스트는 대부분 선페스트(림프절 페스트, bubonic plague)로 설치류에 기생하는 벼룩이 무는 과정에서 역류된 균이 피부로 침투하여 림프절로 이동한 후 증식하며 통증을 동반한 림프절 비대, 발열, 패혈증, 사망을 일으키게 된다. 병이 진행되면서 전신에 파종성 응고를 유발함으로써 광범위한 반상 출혈이 나타나고 사지 말단과 코 등에 괴저가 발생한다. 이 때문에 중세 유럽에서는 흑사병이라는 별칭을 얻었다. 선페스트는 경우에 따라 림프절 비대가 동반되지 않는 경우가 있는데, 이를 패혈성 페스트(일차성 패혈성 페스트, primary septicemic plague)라고 한다. 선페스트나 패혈성 페스트에서 폐렴이 합병증으로 동반되기도 하는데,

이를 폐페스트(이차성 폐렴 페스트, secondary pneumonic plague)라고 한다. 폐페스트는 호흡기를 통해 균을 흡입함으로써 발생하기 때문에, 전파력이 우수하고 감염과 사망에 있어 치명적인 결과를 초래한다.[1]

2) 페스트 기원과 형태 논쟁

인류 역사상 페스트는 세 차례의 페스트 팬데믹을 경험했다고 여겨진다. 6세기 유스티니아누스 역병이 첫 번째이고, 14세기 중반에서 17세기 중반에 이르는 중세기의 페스트가 두 번째고, 19-20세기 동아시아 페스트가 세 번째이다. 이 중 동아시아 페스트는 중국 광둥(廣東)에서 발원하여 홍콩에서 유행했다. 당시 페스트 유행은 서양 각국과 세계적인 세균학자들의 관심사가 되었다. 코흐연구소 출신의 기타사토와 파스퇴르연구소 출신의 알렉산드르 예르생 등이 페스트균의 발견과 분리에 경쟁적으로 달려들었다. 결국 예르생이 페스트균의 발견과 분리에 성공했다. 다만 일부 연구서나 논문에서 기타사토가 페스트균을 먼저 발견했다거나 기타사토와 예르생이 공동으로 페스트균을 발견했다는 주장이 있는데,[2] 이는 잘못된 서술이다. 기타사토가 예르생보다 먼저 페스트균을 발견했다고 학계에 먼저 보고한 것은 맞지만, 기타사토의 페스트균 표본은 오염되었으며, 페스트균의 분리에 실패했다. 반면 예르생은 기타사토보다 뒤늦었지만 페스트균의 분리에 성공했다. 페스트균의 학

---

1 대한감염학회 편, 『개정판 감염학』(군자출판사, 2014), 1406-1407쪽.
2 David J. Bibel and T. H. Chen, "Diagnosis of Plague: an Analysis of the Yersin-Kitasato Controversy," *Bacteriological Reviews*, vol.40, no.3, September, 1976; 藤野恒三郎, 『日本細菌學史』(近代出版, 1984), 211-212쪽; 中瀨安淸, 「北里柴三郎によるペストと菌の發見とその周邊: ペスト菌發見百年に因んで」, 『日本細菌學雜誌』 50-3, 1995.

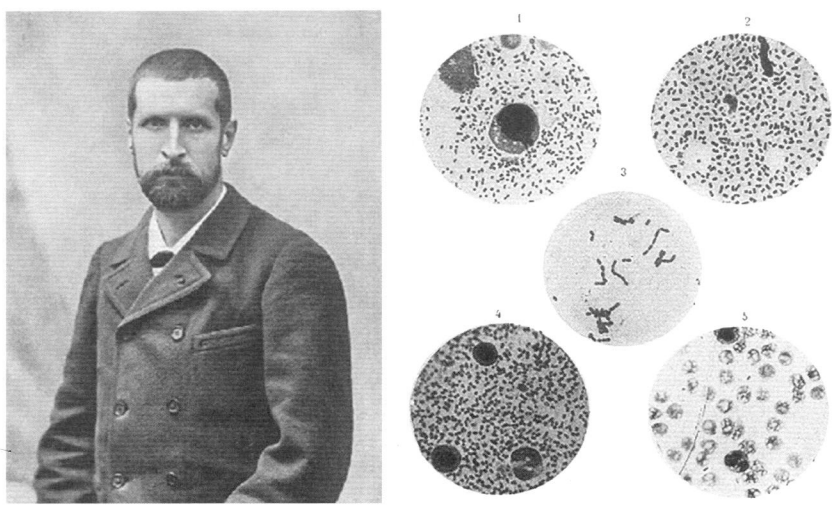
알렉산드르 예르생(Alexandre Yersin: 1863-1943)과 예르생이 보고한 페스트균

명이 여시나 페스티스(*Yersina pestis*)가 된 것도 예르생의 업적을 확증한 결과이기도 하다.

    페스트의 기원과 관련하여 가장 일반적으로 알려져 있는 주장은 윌리엄 맥닐에 의한 것이다. 그는 페스트를 매개했던 곰쥐는 원래 인도에 서식했던 것이며, 중국의 토착 질병인 페스트가 고대와 중세기에 인도 동북부 또는 중앙아시아를 통해 유럽으로 확산되었으며, 근대에는 홍콩을 통해 환태평양 지역으로 확산되었다고 주장했다.[3] 그러나 첫 번째와 두 번째 페스트 팬데믹이 중국에서 기원했다는 주장은 막연한 추정일뿐 근거가 없다.

    세균학자들도 페스트가 어디서 기원했는지에 대해서 다양한 논의를 전

---

3   윌리엄 맥닐 지음, 김우영 옮김, 『전염병의 세계사』(이산출판사, 2005), 145-156쪽.

개했다. 근대 세균학의 성과를 활용하여 페스트의 전지구적 역사를 검토하려던 시도는 1951년에 등장한 데비냐의 정리(Devignat's proposal)를 통해서 이루어졌다.[4] 그것은 바이오바(biovar)라는 페스트균의 DNA 하위그룹을 세균학적으로 분류하여 바이오바의 지리적 특성을 검토하여 DNA 특징에 따라 세 가지로 나누어 분류했다. 첫 번째는 오리엔탈리스(orientalis)로 근대 시기에 유행한 세 번째 페스트 팬데믹의 원인균이었다. 두 번째는 안티쿠아(antiqua)로 6세기 유스티니아누스 역병(the Plague of Justinian)으로 알려진 고대 페스트의 원인균으로 중앙 아프리카뿐만 아니라 중앙아시아, 동북아시아에서 발견되는 원인균이었다. 세 번째는 메디애발리스(mediaevalis)로 러시아의 스텝지역에서 발견되는데, 14세기 중반 흑사병(Black Death)으로 대표되는 중세기의 두 번째 페스트 팬데믹의 원인균이었다.

이들 바이오바들은 각각 배양상의 특징을 갖고 있다. 각 바이오바들은 실험실의 배양접시에서 성장하면서 보여주는 필요조건이 서로 다른 형태로 나타난다. 예를 들어, 오리엔탈리스는 탄수화물의 에너지 공급원인 글리세린만으로 성장하지는 않는 반면, 안티쿠아는 그것이 가능하다. 데비냐의 정리는 페스트균을 연구하는 수많은 세균학자들의 심도 깊은 연구를 이끌었다. 그러나 데비냐의 정리는 너무 일반적인 것이어서 역사적 가설들을 엄격하게 평가할 수 있는 특별한 변종들을 설명하지 못했다. 그러나 최근에는 몇몇 여시니아(*Yersinia*) 종의 DNA 서열의 결정을 통해 전지구적인 여시나 페스티스 변종들의 계보를 추적할 수 있게 되었다.

---

4   Lester K. Little ed., *Plague and the End of Antiquity: The Pandemic of 541-750*(Cambridge: Cambridge University Press, 2008), pp.247-254.

모렐리(Morelli) 등이 최근 연구한 게놈 연구는 서로 다른 지역에서 수천 종의 여시나 페스티스 분리주들을 검토했다. 이 연구를 통해 두 가지 결론을 얻었는데, 하나는 여시나 페스티스가 가성 결핵[*Yersinia pseudotuberculosis*]인 원형적 여시니아 종으로부터 1500년 내지 2000년 전 중국에서 진화된 것이며, 다른 하나는 모든 여시나 페스티스의 분리주들은 단일한 기원을 가진 계통발생적 계보와 관련을 맺고 있다는 것이다. 가성 결핵은 인간과 동물에서 제한된 장내 감염을 일으키는 세균이다. 그러나 드물게는 혈류에 침입하여 치명적인 패혈증을 일으키기도 한다. 가성결핵(*pseudotuberculosis*)에서 페스티스(*pestis*)로의 진화 속에서 유전자가 획득되고, 염색체와 플라스미드(자기 복제 유전인자)는 혈류에 침입할 수 있는 능력뿐만 아니라 벼룩으로 감염시킬 수 있는 능력을 갖게 되었다. 그러나 세 가지 고전적인 바이오바에 덧붙여 최근에는 마이크로투스(microtus, 들쥐 속)라는 바이오바가 그것의 주요한 매개인 시베리안 마멋과 함께 중앙 아시아와 내몽골에서 발견되었다. 이 바이오바는 그 병원성이 설치류에 한정되며, 인간에게는 독성이 없다는 점이 흥미롭다.

페스트의 기원과 확산을 규명하기 위해 여시나 페스티스의 바이오바를 활용하는 시도 속에서, 아흐트만(Achtman)과 그의 동료들은 신세계의 분리주들이 모두 1894-1895년 홍콩 페스트에서 기원하고 있다는 것을 보여주었다. 에첸버그(Eschenberg)와 베네딕트(Benedict) 등은 이에 대한 환경적인 증거들을 제시한 바 있기도 하다. 나아가 이들 분자 자료들은 여시나 페스티스가 가성 결핵으로부터 마멋이 수세기 동안 자리잡았던 중앙 아시아와 중국에서 발생했다는 신념을 강력하게 뒷받침했다. 리 등은 최근 중국에서 15개의 페스트 병소 중 7개가 마멋과 연계되어 있다는 것을 확인하기도 했다.

만주 페스트가 처음 유행했던 북만주와 트랜스바이칼 경계 지역은 안티쿠아 바이오바가 여전히 존재하는 지역이고, 마멋 서식지역에는 마이크로투스 바이오바가 여전히 유행하는 곳이기 때문에, 홍콩에서 유행했던 오리엔탈리스 바이오바의 확산과는 관계가 없어 보인다.

아직까지 만주 페스트와 관련된 직접적인 DNA 서열에 대한 분석이 없었기 때문에, 가장 소극적인 해석은 만주페스트가 중앙아시아에서 몽골을 거쳐 만주에 직접 이르렀다고 보는 것이다. 최근의 중국 동북부 바이오바 자료들은 이러한 독립적인 이주 가설을 확인해 주고 있지 않다. 중국 동북부에서 구한 8개의 여시나 페스티스 샘플들 중에서 DNA 서열 등을 분석해 본 결과, 그 중 6개가 안티쿠아 바이오바였으며, 2개는 메디애발리스였다. 계통발생적으로 만주 페스트의 바이오바 계열은 가성 결핵의 진화론적인 근원에서 파생된 것이며, 윈난-홍콩에서 유행한 오리엔탈리스 바이오바와 관련되기 보다는 토착화된 중앙아시아적 근원으로부터 기원한 것으로 판단할 수 있다.[5]

3) 한국에서 페스트사 논쟁

한국에서 만주 페스트에 관한 연구는 박윤재의 연구에 대해 신규환이 비판하면서 본격화되었다. 박윤재는 일제가 페스트 방역활동을 통해 강제성을 동원하기는 했지만, 방역의 공공성을 강조하면서 식민지배의 정당성을 확보하는 한편 일제의 지배정책에 조선인들을 순응케 하는 효과를 얻을 수 있었으며, 일련의 페스트 방역 활동의 결과 조선에는 단 한 명의 페스트 환자도 발생하

---

5 William C. Summers, *The Great Manchurian Plague of 1910-1911: The Geopolitics of an Epidemic Disease*(New Haven and London: Yale University Press, 2012), pp.124-129.

지 않았다고 주장한 바 있다.[6] 이에 대해 신규환은 일제 식민당국의 페스트 통제는 식민공간을 훈육시스템으로 재편하기 위한 목적에서 쥐잡기운동과 같은 사태의 본질을 벗어난 선전선동에 열중하고 있었고, 시기적으로 그 대처는 매우 미흡한 것이었다고 평가했다.[7] 또, 1910-1911년, 제1차 만주 폐페스트 방역이 방역시스템의 미비에도 불구하고, 일제 식민당국이 뜻하지 않은 방역성과를 얻어냈다면, 1920-1921년, 제2차 만주 폐페스트 유행시기 식민당국의 방역은 방역법령의 정비와 전염병 정보체계의 확립에 기초하여 강력한 방역행정을 전개할 수 있었다고 분석했다.[8]

이에 대해 김영수는 1911년 초에 조선총독부는 중국인 노동자가 중요한 감염원이 될 것이라는 것을 충분히 예측하고, 중국인 노동자 관리에 만전을 기했으며, 식민당국은 또한 이미 만주 페스트가 폐페스트라는 사실을 인식하고 있었고, 그에 관한 논란 때문에 식민당국은 오히려 페스트에 대해 전방위적인 조치를 취했다고 주장했다.[9] 더 나아가 김영수는 조선총독부가 쥐잡기 정책을 고수한 것이나 국경검역, 기차검역, 해항검역 등은 일본 본국의 방역경험을 토대로 한 것이라고 주장했다. 또한 그는 1913년 일본의 페스트 방역 역시도 쥐잡기와 같은 기존 방역대책을 고수하고 있었기 때문에, 조선총독부만이 잘못된 방역대책을 시도한 것으로 평가할 수 없다는 입장을 보

---

6 박윤재,「1910年代 初 日帝의 페스트 防疫活動과 朝鮮支配」,『河炫綱教授定年紀念論叢: 韓國史의 構造와 展開』, 서울: 도서출판 혜안, 2000.

7 Sihn Kyu-hwan, "Unexpected Success: the Spread of Manchurian Plague and the Response of Japanese Colonial Rule in Korea, 1910-1911," *Korea Journal* 49-2, 2009.

8 신규환,「제1·2차 만주 폐페스트의 유행과 일제의 방역행정(1910-1921)」,『의사학』 21-3, (2012. 12).

9 김영수,「식민지 조선의 방역대책과 중국인 노동자 관리」,『의사학』 23-3, (2014. 12)

였다.[10]

　　이에 대해 신규환은 조선총독부가 만주 페스트를 폐페스트라고 인식하고 있었다는 점을 부인하지 않았다. 조선총독부뿐만 아니라 관동군도 1911년 1월에 만주 페스트의 실체를 인지하고 있었다. 그럼에도 불구하고 식민당국과 관동군은 폐페스트 확산에 따른 검역과 격리를 중시하기보다 선페스트 방역대책인 쥐잡기를 가장 중요한 방역대책으로 간주했다. 그들은 쥐잡기에 몰두하고 있었을 뿐만 아니라 검역기간도 3일로 매우 짧게 설정했다.[11] 사실 1910-1911년 페스트 방역에서 폐페스트 방역을 위한 쥐잡기 방역대책의 문제점은 이미 기타사토 등에 의해 인식되고 있었다. 1911년 2월 24일, 경성을 방문한 기타사토는 쥐잡기를 통한 방역대책의 문제점을 지적하며 폐페스트 방역을 위해서는 환자발견과 격리에 주의를 기울여야 한다고 주장했다.[12] 그러나 조선총독부의 방역책임자들은 자신들의 방역경험에 비추어 폐페스트는 선페스트 이후 속발되는 것이기 때문에 반드시 쥐잡기가 병행되어야 한다는 입장이었다. 폐페스트에 대한 인식이 변화되어 쥐잡기를 중단하고, 검역기간도 10일로 연장되는 등 보다 엄밀한 방역조치를 실시한 것은 1920-1921년 페스트 방역에서였다.[13] 이밖에도 신규환의 연구는 홍콩 페스트의 유행으로

10　김영수, 「일본의 방역경험 축적을 통해 본 조선총독부의 방역사업: 1911 페스트 유행 대응을 중심으로」, 『한림일본학』 26, (2015. 5)
11　신규환, 「제1·2차 만주 페스트의 유행과 일제의 방역행정(1910-1921)」, 『의사학』 21-3, (2012. 12).
12　신규환, 「제국의 과학과 동아시아 정치: 1910-11년 만주 페스트의 유행과 방역법규의 제정」, 『東方學志』 167, (2014. 9), 200쪽.
13　신규환, 「제1·2차 만주 페스트의 유행과 일제의 방역행정(1910-1921)」, 『의사학』 21-3, (2012. 12).

기존의 상한론적인 질병관을 대체하여 온병학적인 새로운 질병관이 등장하는 과정을 밝혔고,[14] 홍콩 페스트의 유행에서 세균설이 정착되는 과정과 세균설이 병원공간의 재편에 어떤 영향을 미쳤는지를 살펴보기도 했다.[15]

 뒤이어 이현숙과 여인석은 새로운 문제를 제기했다. 20세기 초 한국에서 페스트 방역이 성공적으로 이루어질 수 있었는지에 대한 상반된 두 가지 설명이 있지만, 그들은 일제가 식민지 조선으로의 페스트 진입을 완전히 차단할 수 없었다고 주장했다. 만주에도 수많은 한국인들이 거주하고 있었고, 그들은 언제든지 한국으로 돌아갈 채비를 하고 있었으며, 실제로도 그랬을 것이라는 것이다. 그러면서 그들은 한국인들이 페스트 유행을 겪지 않은 것은 한국인의 몸 속에 내재하는 DNA 항체로 인한 것이라는 가설을 생각해 볼 수 있다고 주장했다. 그 하나는 한국의 풍토병 중 하나인 유행성 출혈열을 일으키는 한타 바이러스가 페스트에 내성을 가졌을 가능성이고, 다른 하나는 만주에 기원하는 한민족이 선천적으로 페스트에 면역성을 획득할 가능성이다.[16] 특정 질병에 내성을 가진 DNA의 항체의 존재 유무가 전염병의 확산과 위축에 영향을 준다는 주장은 흥미로운 가설이다. 그러나 이 가설들은 유행성 출혈열이 토착성 질환이었는지 여부, 한타 바이러스가 페스트 내성을 갖고 있는지 여부, 한민족이 만주에 기원하는 단일 민족인지 여부 등 그 자체로 검증하기 어

---

14 신규환, 「기후변화와 질병: 19-20세기 페스트 유행과 질병관의 변화」, 『한국학논집』 제62집, (2016. 2)

15 Sihn Kyu-hwan, "Reorganizing Hospital Space: The 1894 Plague Epidemic in Hong Kong and the Germ Theory," *Korean Journal of Medical History* 26-1, (2017. 4)

16 Lee Hyun-sook and Yeo In-sok, "Why the Pneumonic Plague Did Not Break Out in Korea," *Yonsei Journal of Medical History* 18-2, (Dec. 2015)

러운 주장들이다. 뿐만 아니라 모든 전염병의 유행과 억제가 항체 형성 유무로 결정되는 것도 아니기 때문에, DNA의 항체의 존재 유무가 전염병의 확산에 결정적인 요소였는지도 좀 더 따져보아야 할 문제이다.

2. 페스트와 제국의학

기존 연구에서 제국의학(Imperial Medicine)은 제국주의가 식민지 경영을 존속시키기 위한 중요한 통치술로서 종주국이 식민지에 도입, 실천했던 근대의학이며,[17] 종주국이 식민지에 행하는 공적인 의료로 이해되었다.[18] 또, 제국의학은 통치라는 기술체계와 분리될 수 없고, 권력, 기술, 사상이라는 개념으로 포함한 것으로 여겨진다.[19]

    이 책은 페스트 유행 시기 제국주의 각국이 페스트 지식을 매개로 제국의학 지식을 어떻게 형성해 나갔는지, 근대 동아시아의 권력재편을 둘러싼 다양한 면모에 주목했다. 제국의학이란 제국주의 국가가 본국과 식민지에서 질병치료, 위생행정 실시, 식민지 경영 등을 위해 필요한 의학지식과 정보를 본국의 시각에서 체계화한 지적 체계이자 실천 체계라고 말할 수 있다. 19세기 말 영국과 일본은 동아시아에서 페스트 유행에 직접적으로 대응하고 있었다. 영국은 식민지 홍콩에서 페스트균의 발견과 첨예한 방역논쟁에도 불구하고 페

---

17 奧野克已, 『帝国医療と人類学』(横浜: 春風社, 2006), p.6.
18 見市雅俊・斎藤修・脇村孝平・飯島渉 編, 『疾病・開発・帝国医療』(東京:東京大学出版会, 2001), p.26.
19 池田光穂, 「帝国医療の予感, その修辞上の戦略」, 『九州人類学会報』30(九州: 九州人類学研究会, 2003)

스트 유행 초기에는 세균설의 도입을 주저했다. 당시까지만 해도 영국의 제국의학은 미아즈마설을 지지하고 있었기 때문이다. 결국 홍콩 페스트 유행을 전환점으로 영국은 본국과 식민지에서 세균설을 전격적으로 수용해 나갔는데, 홍콩에서 페스트 유행은 식민지에서 제국의학의 정치적 역학관계를 잘 드러내는 사례였다고 할 수 있다.

반면 일본은 페스트 지식을 '제국의 도구(the tool of empire)'로 활용하여 제국주의 국가로 나아갔다. 물론 그 과정은 결코 순조로운 것만은 아니었다. 1894년 홍콩에서 페스트가 유행하자, 일본정부는 세균학 분야의 세계적 권위자인 기타사토를 홍콩에 파견했다. 제국의학 지식을 축적하기 위한 일본정부의 선제적인 조치였다. 기타사토는 제일 먼저 페스트균의 발견을 학계에 보고했고, 이는 세균학 권위자로서의 명성에 걸맞은 성과를 거둔 것처럼 보였다. 그러나 기타사토의 보고에 오류가 있다는 점이 알려지면서, 기타사토는 과학계의 의심을 받는 처지로 전락했다. 1896년 식민지 대만에서 페스트가 유행하자, 일본정부는 기타사토를 페스트 현장조사와 검증과정에서 배제시켰고, 도쿄제대 출신들로 구성된 페스트 조사팀은 기타사토의 페스트균 동정에 오류가 있음을 재차 확인했다. 더 나아가 페스트 조사팀은 페스트의 전염경로가 페스트균이 기생하는 쥐벼룩과 쥐를 통해 전해진다는 것을 밝혀냈다. 이를 계기로 1899년 전염병연구소가 국유화되는 등 기타사토는 위기에 빠지는데, 1899년 고베와 오사카에서 페스트가 유행하면서 재기의 기회를 얻게 된다.

1910년대와 1920년대에는 페스트가 만주지역을 포함한 동북아지역에서 유행하게 되는데, 이전의 선페스트와 달리 폐페스트가 유행하게 되고, 페스트 방역은 보다 복잡한 양상으로 전개되었다. 제국주의 각국은 제국의학 지식을 동아시아의 권력재편에 활용하고자 했고, 중국 등은 세균학 지식을 제국의학에 저항하기 위해 적극적으로 활용했다. 또한 페스트 방역은 세균학 지식만으로 완치되는 것이 아니었던 만큼 민간영역에서 전통의학에 대한 의존도 결코 낮지 않아 페스트 방역의 주도권을 둘러싸고 다양한 방역 주체들의 경쟁과 갈등이 재현되고 있었다. 말하자면 페스트 방역은 제국의학 지식의 단순한 확대과정으로 이해할 수 없고, 그 속에 내포된 다양한 정치세력들의 대립과 갈등, 타협과 화해의 산물이라는 관점에서 이해될 필요가 있다.

1부

홍콩 페스트와 동아시아

1

1894년 홍콩 페스트의 유행과 세균설

1894년 홍콩 페스트는 동아시아 질병사와 의학사에서 유례없이 중요한 사건이었다. 첫째, 중국 윈난과 광시(廣西) 지역에서 시작된 페스트는 1894년 홍콩을 전환점으로, 1895년 마카오, 1896년 대만, 1896-1898년 인도, 1899년 고베와 오사카, 샌프란시스코, 1900-1903년 호주 등 동아시아와 환태평양 지역에까지 이르렀고, 그로 인한 사망자는 2,200만 명에 이를 정도로 엄청난 재앙을 초래했다. 둘째, 이 시기는 1880년대 파스퇴르와 코흐가 주도하던 세균학적 발전이 정점에 이르렀던 '세균학의 황금기'로, 알렉산드르 예르생(Alexandre Yersin: 1863-1943)과 기타사토 시바사부로(北里柴三郎: 1852-1931) 등의 주도로 홍콩에서 페스트균이 발견되었으며, 백신과 치료제 등이 개발될 수 있는 전기가 마련되었다. 셋째, 홍콩 페스트의 유행은 홍콩의 사회 변화에서도 중요한 영향을 미쳤다. 1894년부터 1923년까지 30년 동안 페스트는 홍콩사회를 지배했는데, 21,867명의 감염자와 20,489명의 사망자가 나왔으며 치사율은 93.7%에 이르렀다.[1]

1894년 홍콩 페스트 방역은 홍콩 공중보건사에서 새로운 전환점으로 간

---

1   Gerald Choa, "The Lowson Diary: A Record of the Early Phases of the Bubonic Plague Epidemic in Hong Kong 1894," *Journal of the Hong Kong Branch of the Royal Asiatic Society*, Vol. 33(1993), p.129.

주된다. 당시 홍콩 페스트의 방역 책임자였던 로손(James Alfred Lowson: 1866-1935)의 보고에 따르면, 1894년 홍콩 페스트는 5월 초부터 7월 말까지 3달 동안 2,679명이 감염되고, 2,485명이 사망하여 치사율은 93.4%에 이르렀다.[2] 홍콩 페스트 유행을 계기로 홍콩 사회에 서양의학이 본격적으로 도입되었고, 식민당국은 예방의학과 방역행정에 대한 조치를 강화해 나갔다.

지금까지 1894년 홍콩 페스트는 주로 동서의학의 대립과 식민주의와 민족주의의 갈등이라는 관점에서 분석되었다는 점을 우선 지적할 필요가 있다.[3] 이런 시각에서 식민당국의 방역정책은 합리적이고 정당한 조치였으며, 중국인의 대응은 미개하고 수동적인 것으로 이해된다. 19세기 구미인의 시각에서 중국은 중세기의 질병인 페스트를 근대시기에 배양시킨 위생적으로 후진적인 나라였다.[4] 심지어 홍콩 식민당국의 방역조치가 중국사회에는 폭력적이고 파괴적이었음에도 불구하고, '이름 없는 영웅(Unsung hero)'에 의한 유일하고도 효과적인 조치였던 것으로 평가되고 있다.[5] 그러나 당시 식민당국뿐만 아니라 서양 의학계는 페스트 병인과 감염루트를 정확히 이해하

---

2   James A. Lowson, *Medical Report: Hong Kong, the Epidemic of Bubonic Plague in 1894* (Hong Kong: Noronha & Company, 1895), p.29.
3   Li Pui-tak, "Colonialism versus Nationalism: The Plague of Hong Kong in 1894," *The Journal of Northeast Asian History*, Volume 10 Number 1(Summer 2013).
4   Carol Benedict, *Bubonic Plague in Nineteenth-Century China*(Stanford: Stanford University Press, 1996), p.166.
5   홍콩 페스트 유행 당시 방역책임자였던 로손(James A. Lowson)을 '이름 없는 영웅'으로 간주하는 연구는 Gerald Choa의 연구를 참고. 홍콩 식민당국의 강압적인 방역조치에 대해서는 Carol Benedict 등의 연구를 참고. Gerald Choa, "The Lowson Diary: A Record of the Early Phases of the Bubonic Plague Epidemic in Hong Kong 1894," *Journal of the Hong Kong Branch of the Royal Asiatic Society*, Vol. 33(1993); Carol Benedict, *Bubonic Plague in Nineteenth-Century China*(Stanford: Stanford University Press, 1996), p.166.

지 못하고 있었으며, 효과적인 예방백신이나 치료제를 갖고 있지 않았다. 홍콩 식민당국의 방역조치가 정당한 것이었는지를 평가하기 위해서는 식민당국과 의학계의 인식 등을 비교 검토할 필요가 있다.

두 번째로 기존 연구들은 질병인식과 병원공간의 상관성에 주목하지 않았다는 점을 지적하고 싶다. 근대사회에서 의과학 지식의 발전에 따라 질병인식은 질병분류체계나 병원공간의 재편과정에 지대한 영향을 미치게 된다.[6] 특히 19세기 후반 서양의 실험의학의 성과인 세균설은 질병의 원인을 신체 내부의 세포변화나 외부의 환경요인에 두지 않고 외부의 독립적인 생물체의 접촉에 의한 것이라고 여겼는데, 이는 환경적 요인을 중시하는 미아즈마설과는 전혀 다른 질병 인식이었다. 세균설 등장 이후 질병을 확정하기 위해서는 세균검사를 위한 장비와 시설이 필요해졌고, 세균학적 기준에 따라 질병분류와 병원공간의 재편이 불가피해졌다. 홍콩이 세균학 연구의 각축장이 되면서 세균학적 시각은 대세가 돼가고 있었다. 세균설 도입으로 19세기 말 홍콩사회와 병원공간이 어떻게 변화해 가는지 살펴보는 것은 동아시아 근대 병원의 발전과정을 이해하는 데도 도움이 될 것이다.

---

6 신규환, 「근대 병원건축의 공간변화와 성격: 제중원에서 세브란스병원으로의 변화를 중심으로」, 『역사와경계』 97, (2015. 12).

홍콩 페스트의 유행과
식민당국의 대응

1. 로손의 페스트 인식과 방역대책

1893년 중국 윈난성(雲南省)에서 시작된 페스트는 1894년 2월 초 광저우(廣州)에서 유행하기 시작했다. 1894년 3월 중순부터 5월 초까지 광저우에서 전염병이 창궐하고 있다는 소식을 접한 홍콩 식민당국은 5월 4일 정부공립의원(政府公立醫院, Government Civil Hospital)의 임시 감독(acting superintendent)인 로손을 광저우에 급파했다. 5월 6일 광저우의 중국인 병원에서 페스트 환자를 목격한 로손은 5월 7일 홍콩으로 돌아왔다. 5월 8일, 로손은 정부공립의원에 이장열(remittent fever) 증세로 입원 중인 아홍(亞洪)이라는 환자를 진단한 결과, 페스트로 의심했고 격리 조치했다.[7] 아홍은 정부공립의원의 병실 노무자였다. 그는 홍콩 페스트 발생 이래로 최초의 페스트

---

7 James A. Lowson, "Bubonic Plague," 16 May 1894, enclosed in Robinson to Ripon, 17 May 1894, Great Britain, Colonial Office, Original Correspondence: Hong Kong, 1841-1951, Series 129(이하 CO 129)/263, p.49-50; Gerald H. Choa, "The Lowson Diary: A Record of the Early Phases of the Bubonic Plague in Hong Kong 1894," p.132-133; *Hong Kong Telegraph*, 11 May 1894.

병원선 히게이아

확진 환자였다.

5월 10일 오전, 로손은 홍콩섬 서부 타이핑산(太平山) 일대와 그 인근에 위치한 동화의원(東華醫院, Tungwah Hospital)을 방문하여 20여 명의 페스트 환자를 확인했고, 오후에는 총독부 청결국[潔淨局, Sanitary Board]에 관련 보고서를 제출했다. 1872년 2월, 정식 개원한 동화의원은 중국인을 위한 중의병원으로 민간의 주도와 식민당국의 지원으로 설립된 것이었다.

그 보고서에는 다음과 같은 5가지 대책을 포함했다. "첫째, 모든 가구의 배수구는 세척 및 소독되어야 한다. 둘째, 환자가 발생한 가구는 다른 질병과 마찬가지로 소독한다. 셋째, 감염자 및 보호자들의 의복을 소독한다. 넷째, 어떤 경우라도 동화의원에 환자가 모이게 해서는 안된다. 그것은 필연적으로 전염병을 확산시키게 될 것이다. 다섯째, 검역선 히게이아(Hygeia)는 해변가에서 항구의 중심부로 즉시 이동해야 한다. 중국인 대표단이 히게이아에 승선하여 상황을 설명하고 환자들이 중국인의 책임 하에 있다는 것이 알려진다면, 중국인 환자들을 배로 옮기는 것은 어려운 일이 아닐 것이다."[8]

1894년 5월 10일, 로빈슨(Sir William Robinson: 1836-1912) 총독(재임 1891-1898)은 홍콩의 페스트 유행을 정식으로 인정하고 청결국 회의를 소집했다. 청결국의 책임자는 화민정무사(華民政務司, Registrar General) 로카르트(J. H. Stewart Lockhart)였다. 식민지 위생행정의 총책임자는 식민지 의관(Colonial Surgeon, 재임 1873-1897)인 아이리스(Philip Bernard Chenery Ayres: 1840-1899)였으며 실무책임자는 로손이었다.[9] 로손은 페스트가 발병하자 감염환자의 병원선인 히게이아로의 격리, 호구검역, 소독 등 강력한 검역조치를 주장했다. 반면 청결국 위원인 호카이(何啓, Ho Kai: 1859-1914) 등은 공권력을 동원한 강력한 검역조치가 중국인들의 반감을 일으킬 수 있다는 우려를 표명하기도 했다.[10]

5월 11일, 청결국은 특별회의를 소집하여 「1887년 공공위생조례」 제32조에 근거하여 「서역방치장정(鼠疫防治章程)」을 공포하고, 상설위원회(Permanent Committee)가 페스트 방역에서 전권을 행사하도록 했다. 상설

---

[8] P. B. C. Ayres and James A. Lowson, *Report on the Outbreak of Bubonic Plague in Hong Kong, 1894*(Budapest: International Congress of Hygiene and Demography, 1894. 7), p.15.

[9] Gerald Hugh Choa, "The Lowson Diary: A Record of the Early Phases of the Bubonic Plague Epidemic in Hong Kong 1894," *Journal of the Hong Kong Branch of the Royal Asiatic Society*, Vol. 33(1993), p.130.

[10] "Minutes of the Proceedings of the Sanitary Board, at a meeting held on Thursday, the 10th day of May, 1894," *Hong Kong Government Gazette*(May 26, 1894), p.487-488; *Hong Kong Telegraph*, 11 May 1894.

타이핑산 페스트 유행지구에서 방역활동 중인 영국군 경보병대

위원회는 프란시스(John Joseph Francis) 법률자문관을 위원장으로,[11] 메이(F. H. May) 경찰국장, 아이리스 식민지 의관 등으로 위원회를 구성했다.[12] 방역행정에 대한 법적 책임은 상설위원회에 있었지만, 사실상 방역업무는 식민지 의관 아이리스 책임 하에 있었고, 방역 실무 라인에는 정부공립의원 감독관 앳킨슨(John Mitford Atkinson: 1856-1917), 부감독관 로손 등이 포진되어 있었다.

---

11 Walter Greenwood, "John Joseph Francis, Citizen of Hong Kong, A Biographical Note," *Journal of the Hong Kong Branch of the Royal Asiatic Society* 26(1986), pp.17-45.

12 "Minutes of the proceedings of the Sanitary Board, at a special meeting held on Friday, the 11th day of May, 1894," p.488; *China Mail*, 12 May 1894.

5월 12일, 중국인들의 저항이 있었지만, 상설위원회의 지시로 방역 당국은 동화의원 내의 페스트 환자들을 히게이아로 이동시켰고, 호구검역과 소독 작업을 시작했다. 5월 13일, 선상 격리가 시작되었고, 5월 14일에는 케네디타운에 격리병원(Kennedy Town Barrack Hospital)이 마련되었으며, 5월 24일에는 케네디타운 유리공장에 또 하나의 격리병원이 설치되었다.[13] 5월 22일까지 393명의 페스트 환자가 발생했고, 그 중에서 320명이 사망했다.

　5월 23일, 식민당국은 경보병대 300명을 동원하여 타이핑산 일대의 호구검역을 실시했다.[14] 호구검역은 은닉 환자와 사망자를 찾아내 격리하거나 매장하고 오염지역을 청소하거나 소독하기 위해 필요한 조치였다. 중국인들의 저항과 반발이 가장 격렬했던 것도 호구검역이었고, 식민당국으로서도 호구검역이 폐쇄적인 구조로 설계된 중국인 가옥을 수색하는 일이어서 방역작업 중 가장 힘든 작업이었다. 또한 중국인 관료들과 중의들은 식민당국의 이러한 조치에 협조하지 않았다. 그런 와중에 식민당국은 5명의 페스트 사망자와 4명의 페스트 환자를 찾아내는 성과를 얻었다.[15] 5월 31일, 상설위원회는 부적절한 거주시설의 폐쇄와 퇴거명령이 가능하도록 법령을 제정했다. 이를 근거로 타이핑산 일대의 카우위퐁(九如坊), 신힝리(善慶里), 응아초이홍(芽菜巷), 메이룬리(美侖里) 등이 철거되었다. 런던의 식민국(Colonial Office)은 홍콩 당

13　Gerald Hugh Choa, "The Lowson Diary: A Record of the Early Phases of the Bubonic Plague Epidemic in Hong Kong 1894," *Journal of the Hong Kong Branch of the Royal Asiatic Society*, Vol. 33(1993), 133-134.
14　Jerome J. Platt, Maurice E. Jones, and Arleen Kay Platt, eds., *The White Wash Brigade* (London: Dix Noonan Webb, 1998).
15　P. B. C. Ayres and James A. Lowson, *Report on the Outbreak of Bubonic Plague in Hong Kong, 1894*(Budapest: International Congress of Hygiene and Demography, 1894. 7), p.10.

국에 동화의원의 폐쇄를 종용하기도 했다.[16]

　식민당국의 검역조치에도 불구하고 신규 환자가 매일 100여 명에 달하는 등 페스트는 점차 확산되어 갔다. 식민당국은 군병력을 동원하여 호구검역과 강제격리 등을 실시했고, 중국인들은 환자 이송을 거부하는 등 당국의 조치에 반발했다. 또한 중국인 환자들은 검역선인 히게이아호로 이동·격리되는 것에 저항했다. 히게이아호로 이동한다는 것은 서양의학으로 환자를 관리하는 외국인들의 통제를 받는다는 것을 의미했다. 중국인들은 동화의원에서처럼 중의 치료를 받기 원했다. 중국인들은 군대를 동원한 호구검역에도 경악했고, 페스트가 서양의학으로 치료될 수 있다고 여기지도 않았다. 심지어 중국인들 사이에서는 페스트 치료를 위해 서양의사들이 어린아이의 눈썹이나 간을 사용한다는 소문이 돌기도 했다.[17] 계속되는 중국인들의 저항 때문에 결국 식민당국은 케네디타운의 유리공장을 동화의원의 분원으로 운영하기로 결정했다.

　그러나 로손은 여전히 동화의원을 신뢰하지 않았다. 로손은 홍콩에서 첫 번째 페스트 환자를 진단했고, 이틀 후 동화의원에서 20여 명의 페스트 환자들을 목격했다. 로손은 동화의원이 페스트 환자를 진단조차 하지 못하고 있다고 비난했다. 로손은 항구의 보건담당관과 총독까지도 페스트 방역을 게을리한다고 맹비난했다.[18] 1892년경 로손은 홍콩의 식민정부가 운영하는 정부공

16　Robert John Collins, "The black death: Hong Kong 1894," Paper presented at the lecture at Hong Kong Museum of Medical Sciences, April 24, 1999.
17　"Correspondence from Robinson to Lord Ripon," dated 23 May 1894, CO 129/263/122.
18　James A. Lowson, "Bubonic Plague," 16 May 1894, enclosed in Robinson to Ripon, 17 May 1894, CO 129/263.

립의원 의사로 일하기 시작했다. 당시 정부공립의원의 책임자는 감독관 앳킨슨이었다. 1894년 홍콩 페스트가 유행할 당시 앳킨슨이 본국에 출장 중이었기 때문에, 28살의 로손이 임시 감독관으로 활동하게 되었다.[19]

로손은 페스트 격리병동의 책임자로서 3개월여 동안 홍콩 페스트 방역을 주도했기 때문에, 그가 페스트를 어떻게 인식하고 있었는지는 매우 중요한 문제이다. 그의 페스트 인식이 방역정책의 방향을 결정했기 때문이다. 로손의 초기 페스트 인식과 활동은 1894년 7월 부다페스트에서 발표된 그의 페스트 보고서에 잘 나타나 있다. 그는 기본적으로 홍콩 페스트 유행의 근본 원인은 광저우 페스트와 마찬가지로 중국인 거주지의 더럽고 과밀한 환경에 있다고 생각했다. 그가 주목한 것은 중국인 거주지의 배수, 조명, 환기, 분변 등이었다. 1873년 122,120명이었던 홍콩 인구는 1893년 210,995명으로 두 배 가까이 증가했지만, 홍콩의 위생조건은 크게 개선된 바 없었다.[20] 그는 홍콩 페스트의 첫 번째 감염자를 확진했으며, 그 환자의 주거지이자 중국인 밀집지역인 타이핑산 일대를 현지조사 했다. 그가 보기에 타이핑산 일대는 과밀하고 더러운 곳으로 통풍과 환기가 잘 되지 않았고, 상하수도 및 분변처리 문제가 정비되지 않아 페스트가 빈발할 수 있는 최적의 위생조건을 갖추고 있었다. 게다가 중국인들은 페스트에 감염된 직후인 감염초기에 적절한 치료를 받지 못했다. 로손의 조사에 의하면, 1894년 5월부터 7월까지 3개월 동안 홍콩에

---

19 Gerald Hugh Choa, "The Lowson Diary: A Record of the Early Phases of the Bubonic Plague Epidemic in Hong Kong 1894," *Journal of the Hong Kong Branch of the Royal Asiatic Society*, Vol. 33(1993), pp.130-131.

20 P. B. C. Ayres and James A. Lowson, *Report on the Outbreak of Bubonic Plague in Hong Kong, 1894*(Budapest: International Congress of Hygiene and Demography, 1894. 7), p.9.

Illustrated London News(July 28, 1894)에 실린 영국군 경보병대의 방역 활동

서 페스트에 감염된 중국인 환자 2,619명 중에서 2,447명이 사망했다. 서양인 환자는 11명 중에서 2명이 사망했고, 일본인 환자는 10명 중 6명이 사망했다. 중국인들의 사망률(93.4%)이 서양인(18.2%)이나 일본인(60%)보다 극히 높았던 것은 그와 같은 초기대응이 중요한 영향을 미친 것이다.[21] 같은 시기 아

---

21   James A. Lowson, *Medical Report: Hong Kong, the Epidemic of Bubonic Plague in 1894*(Hong Kong: Noronha & Company, 1895), pp.28-30.

오야마의 현지 조사에 의하면, 영국인과 일본인의 사망률은 각각 1.66%와 54.5%를 차지했고, 중국인의 사망률은 케네디 타운병원이 70%, 동화의원이 80-90%에 이르렀다.[22]

홍콩 페스트 유행 초기, 로손은 페스트 발병 원인이 페스트균 때문이라고 여기지 않았다. 심지어 그는 페스트가 전염성을 갖고 있지 않을뿐더러, 홍콩 페스트가 광저우에서 유입되었다고 확증할 수 없다고 여겼다.[23] 그에게 중요한 것은 페스트가 발병할 수 있는 열악한 환경을 일소하는 것이었다. 그에게 현미경 검사 따위는 중요하지 않았고 관심 밖의 일이었다. 페스트 환자는 오직 증상만으로 감별할 수 있었고, 페스트 확산을 방지하는 길은 환자의 의복 및 가구 소각, 철거, 격리 등과 같은 불결한 주거환경을 일소하는 것이었다.

페스트의 전염원으로 로손이 지목한 것은 타이핑산 일대의 중국인 거류지와 동화의원이었다. 로손은 1894년 5월 17일 제출한 보고서에서 "동화의원에 관한 위생적·의학적 관점"을 제시했다. 동화의원은 페스트 확산의 온상이 되고 있으며, 홍콩의 공중보건에 위협이 되는 존재이므로 즉각적으로 폐지되어야 한다고 주장하고, 대신 서양인이 감독하는 새로운 병원의 설립을 제안했다.[24]

로손의 분투 속에서 홍콩 페스트는 세계적인 과학자들의 주목을 받게 되었고, 6월 12일과 15일, 기타사토 시바사부로와 알렉산드르 예르생이 각각 홍콩을 방문했다. 로손의 보고서에 따르면, 그들은 각각 6월 14일과 23일 페

---

22 青山胤通, 『香港ニ於ケル「ペスト」調査ノ略報』(1894. 11), 44-45쪽.
23 *Hong Kong Telegraph*, 11 May 1894.
24 James A. Lowson, *Medical Report: Hong Kong, the Epidemic of Bubonic Plague in 1894*(Hong Kong: Noronha & Company, 1895), pp.32-34.

스트균 발견에 성공했다. 그는 페스트균을 최초로 발견한 사람은 기타사토라고 여겼다. 로손은 파상풍균 배양과 혈청 개발로 세계적인 과학자가 된 기타사토를 열렬히 환영하고 그의 연구를 뒷받침해 줬지만, 동아시아에서 영국과 경쟁관계에 있던 프랑스 과학자인 에르생에게 별다른 편의를 제공하지 않았다. 시체를 제공받은 기타사토가 혈액과 내장기관에서 페스트균의 발견에 집중했던 반면, 아무런 편의를 제공받지 못했던 에르생은 임파선에서 페스트균의 분리에 성공했다.[25] 당시에는 페스트균이 쥐벼룩에 기생한다는 사실을 알지 못했기 때문에, 페스트균의 분리는 페스트의 전염경로를 밝혀낼 수 있는 중요한 성과였다. 에르생은 이러한 성과를 기초로 쥐, 파리, 토양 등 다양한 전염경로를 실험했으나 전염경로까지는 밝혀내지 못했다. 선페스트가 쥐벼룩에 의해 전염된다는 주장은 1899년 폴-루이 시몽(Paul-Louis Simond: 1858-1947)이 처음 제기했고, 1907년 인도 봄베이에 열린 영국 페스트 위원회(the British Plague Commission) 보고를 통해 쥐벼룩설(rat-flea theory)이 과학계에서 공식 인정을 받게 되었다.[26]

페스트 방역 초기 미아즈마설의 강력한 지지자였던 로손은 기타사토의 세균설을 거부하지 않았다. 심지어 로손은 명백히 페스트의 원인이 페스트균의 감염에 의한 것이라고 말했다. 로손이 기타사토의 열렬한 지지자가 된 것은 사실이지만, 그가 자신의 신념인 미아즈마설을 폐기한 것은 아니었다.

---

25   Tom Solomon, "Hong Kong, 1894: the Role of James A. Lowson in the Controversial Discovery of the Plague Bacillus," *The Lancet* vol. 350 (July 1997), pp.60-61.
26   G. F. Petrie, "A Short Abstract of the Plague Commission's Work in Bombay with Regard to the rat-flea theory," *Transactions of the Royal Society of Tropical Medicine and Hygiene* 2-2, (November 1908), pp.97~112, 1908-1909.

오히려 그는 페스트에 잘 걸리는 주요한 소인은 과밀, 배수결핍에 의한 더러움, 환기 및 조명, 영양부족 등 환경적 요인에 있다고 주장했다. 로손은 기타사토의 세균설이 오히려 자신의 미아즈마설을 더욱 강화해준다고 여긴 것이다.

2. 식민지 위생행정의 계보학

홍콩 페스트 방역의 총책임자였던 식민지 의관 아이리스는 1840년 7월 영국 옥스퍼드셔(Oxfordshire)에서 태어났다. 1865년 8월, 그는 에딘버러 의과대학을 졸업하고 모리셔스와 인도 등지에서 정부 의관으로 일했다. 1873년 11월, 그는 홍콩에 도착한 이래로 식민지 의관과 정부병원의 총책임자로 24년간 근무했다. 그가 관할했던 영역은 경찰병원, 군병원, 정부공립의원, 동화의원, 빅토리아 교도소, 성병의원, 정신병원, 식민지 위생부 등이었다. 그가 의학도로서 공부하던 1860년대는 에드윈 채드윅(Edwin Chadwick: 1800-1890)의 공중보건법과 미아즈마설이 확실히 자리매김 하던 시기였고, 그는 채드윅의 공중보건법의 충실한 사도로서 19세기 후반 홍콩의 방역·위생행정을 주도했다고 말할 수 있다.[27]

앳킨슨은 1887년 캠브리지 브리튼(Briton)에서 태어났다. 1878년 그는 잉글랜드 로열 칼리지 의과대학을 졸업하고, 1894년 캠브리지 대학에서 보건학 박사학위를 받았다. 1887년 11월 그는 홍콩 정부공립의원의 책임자로

27　Hong Kong Museum of Medical Sciences Society, *Plague, SARS and the Story of Medicine in Hong Kong* (Hong Kong: Hong Kong University Press, 2006), p.87.

홍콩에 왔다. 그는 1912년 현직에서 은퇴할 때까지 25년 동안 홍콩에서 일했다. 앳킨슨은 세균학 연구자로서 자신의 세균학 연구를 *Lancet*이나 *British Medical Journal*에 발표하는 등 세균학 분야에 관심이 많았다. 그는 홍콩 정부공립의원 감독관으로 실질적인 책임자로서 세균학 실험실의 운영에도 관심이 많았다. 그러나 1894년 홍콩 페스트 유행 당시 앳킨슨은 자신의 학위논문 때문에 영국에 일시 귀국한 상태여서 실질적으로 페스트 방역에는 참여할 수 없었다.[28]

로손은 1866년 7월 스코틀랜드 포파(Forfar)에서 태어났으며, 22살인 1888년 에딘버러 대학에서 의학사를 받았다. 그는 1892년경에 홍콩에 와서 정부공립의원의 의사로 일했으며, 1894년 홍콩 페스트 유행 당시에는 정부공립의원의 책임자로 활동했으며, 페스트 방역행정의 실무책임자였다. 그는 아이리스와 마찬가지로 채드윅의 충실한 사도였으며, 미아즈마설에 입각한 강력한 방역행정을 주창했다.[29]

1880년대에 프랑스와 독일에서 세균설이 확대되고 있었지만, 영국의 의학계는 여전히 법률가인 채드윅의 공중보건법과 미아즈마설의 영향을 많이 받고 있었다. 1842년 채드윅은 「영국 노동계급의 위생상태에 관한 보고서」를 작성하고, 공중보건의 해법으로 개인적인 질병치료보다는 예방과 주거환경의 개선을 중시했다. 이 보고서를 계기로 1848년 「공중보건법」이 제정되었는데, 「공중보건법」은 질병의 예방을 위해서는 주거 및 환경개선이 필요하다는

---

28 "John Mitford Atkinson, M. B. Lond," *British Medical Journal* v.1(2946), (Jun 16, 1917).
29 Gerald Choa, "The Lowson Diary: A Record of the Early Phases of the Bubonic Plague Epidemic in Hong Kong 1894," *Journal of the Hong Kong Branch of the Royal Asiatic Society*, Vol. 33(1993).

주장을 담고 있었다. 특히 19세기 중반 콜레라의 유행에 대한 공중보건법의 처방은 환경개선을 통해서도 질병의 발생과 유행을 억제할 수 있다는 것을 보여주었다. 공중보건에 관한 채드윅의 해법은 영국 본국뿐만 아니라 식민지 경영에도 중요한 영향을 미쳤는데, 1851-1900년대까지 영국은 식민지 경영에서 식민지 근대성에 도달하기 위한 중요한 수단으로서 주거와 환경위생의 개선을 주요한 전략으로 사용했다.[30]

영국정부는 식민지 홍콩에서 도시위생 상태에 대한 별다른 개선이 없자, 에드윈 채드윅의 아들이자 토목공학자인 오스버트 채드윅(Osbert Chadwick: 1844-1913)에게 홍콩의 위생 상태에 관한 보고를 지시했다. 1882년 7월, 오스버트 채드윅은 「홍콩의 위생상태에 관한 채드윅의 보고서」를 제출했다. 그는 홍콩의 위생상태가 공중보건에 심각한 위협이 되고 있으며, 도시건축에 관한 전면적인 개보수가 필요함을 역설했다. 오스버트 채드윅 보고서의 핵심은 과밀하고 폐쇄된 공간이 질병의 온상이 된다는 것이었다.[31] 오스버트 채드윅의 주장은 홍콩 식민당국에 의해 채택되어 1887년 「공중보건조례」 제정의 직접적인 계기가 되었고, 이후 홍콩에서 건설되는 신규 건물들은 이 법안의 규정에 따라 밀도와 환기 등이 고려되어야 했다.

1873년 8월부터 1897년까지 24년 동안 홍콩에서 식민지 의관으로 근무했던 아이리스는 누구보다도 채드윅의 공중보건법을 잘 이해하고 있

---

30 Xue Charlieq, Zou Han. Li Baihao, Hui KaChuen, "The shaping of Early Hong Kong: Transplantation and Adaptation by the British Professionals, 1841-1941," *Planning Perspectives*, 2012, Vol.27(4), pp.549-568.
31 Osbert Chadwick, *Mr. Chadwick's Reports on the Sanitary Conditions of Hong Kong*(Colonial Office, Nov. 1882), p.18.

1894년 페스트 방역에 참여한 의사들
아랫줄 왼쪽부터 P. Penny, H. E. R. James, 기타사토 시바사부로, P. B. C. Ayres, J. A. Lowson, 뒷줄 왼쪽부터 E. H. Meade, J. F. Molyneux, W. F. C. Lowson, Bearblock

었다.[32] 19세기 말 독일과 프랑스에서 세균설이 지위를 확립해 가던 시기에도 영국에서 채드윅의 공중보건법과 미아즈마설의 지위는 확고한 것이었다. 질병의 예방과 건강상태의 개선을 위한 채드윅과 채드윅 아들의 주거환경과 위생상태의 개선에 대한 의지는 확고했고, 본국과 식민지에서 그들의 영향력은 막강한 것이었다. 홍콩에서 위생행정을 책임졌던 아이리스와 로손 등도 채드

32　David Faure, "The common people in Hong Kong history: their livelihood and aspirations until the 1930s," in Lee Pui-Tak ed., *Colonial Hong Kong and Modern China: Interaction and Reintegration* (Hong Kong: Hong Kong University Press, 2005), 10-19.

윅의 공중보건법과 미아즈마설에 입각한 위생행정을 전개하고 있었다. 아이리스는 오스버트 채드윅의 보고서를 평가하면서, 지난 10년 동안 자신의 주장을 뒷받침하는 견해라고 극찬했다.[33]

---

[33] PBC Ayres, "Colonial Surgeon's Report 1882," *The Hong Kong Government Gazatte*, 21st March, 1883.

정부공립의원의
설립과 발전

1. 병원의 공간구성과 질병분류

홍콩 최초의 정부병원은 영국군이 홍콩을 점령했던 1841년 1월에 건립되었다. 얼마 후 태풍으로 군병원이 파괴되자 영국군은 병원선으로 병원을 운영하기도 했다. 1843년 헨리 포틴저(Sir Henry Pottinger)가 총독으로 임명되었고, 그는 알렉스 앤더슨(Dr. Alex Anderson)을 홍콩의 위생의료 문제를 담당할 초대 식민지 의관으로 임명했다. 그러나 본국에서는 의료문제에 대한 정부개입을 가급적 자제하도록 권고하고 있었다. 1849년 홍콩 식민당국은 홍콩섬의 중완(中環) 지역에 정부공립의원(Government Civil Hospital)을 건립했다. 정부공립의원 개원 첫해에 195명이 치료를 받았고 18명이 사망했다. 그 다음해에는 222명이 치료를 받았고 18명이 사망했다. 1854년 식민지 의관 보고서에 따르면, 1853년도 정부공립의원의 이용자는 유럽인 59명, 인도인 89명, 중국인 32명 등 180명이었다.[34] 이 병원은 2층의 낡고 작은 목조건

---

34 "The Colonial Surgeon's Report, 1853," *The Hong Kong Government Gazatte*, 29th April, 1854, p.116-117.

물로 임시적인 시설이었는데, 그나마도 1874년 9월 태풍으로 인해 붕괴되고 말았다.[35]

1874년 11월, 정부공립의원은 센트럴 경찰서(Central Police Station) 부근 할리우드가(Hollywood Road)의 호텔 드유럽(Hotel d'Europe)으로 이전하여 임시로 운영했다.[36] 정부공립의원과 성병의원의 총책임자이기도 했던 식민지 의관인 아이리스는 새 병원을 크게 건립하여 두 병원을 동시에 운영하고자 했다. 1878년 12월, 정부공립의원의 임시 건물이 화재로 전소되자, 정부공립의원은 사이잉푼(西營盤) 지역의 성병의원(Lock Hospital)을 임시로 사용하게 되었다. 1880년 7월, 성병의원의 새 병원이 지어지자, 결국 정부공립의원이 성병의원 옛 병원과 새 병원의 대부분을 차지하게 되었다.

1880년 건립된 새 병원은 전후 16개의 아치형 창문을 가진 2층의 조적식 건물이었다. 2층은 평행하는 두 개의 벽을 따라 3칸씩 구분되며, 한 칸에 10병상이 들어가는 30병상 규모였다. 1층은 진료실, 사무실, 숙소 등으로 사용되었다.[37] 1889년 3층 건물이 완공되고, 인근에 병원장 관사와 직원과 간호사를 위한 숙소 등이 마련되면서, 1층과 3층 건물을 활용하여 최대 100병상 이상으로 확대해 나갔다. 입원환자도 1880년 1,055명에서 1889년 1,793명으로 늘었다.[38] 이 병원은 전형적인 서양식 병원건물로 채광과 통풍을 최적화하여 전

---

35 *The Hong Kong Government Gazette*, 17th October, 1874, p.576; Hong Kong Museum of Medical Sciences Society, *Plague, SARS and the Story of Medicine in Hong Kong*(Hong Kong: Hong Kong University Press, 2006), pp.85-88.
36 *The Hong Kong Government Gazette*, 21st November, 1874, p.660.
37 C. J. Wharry, "Government Civil Hospital," *The Hong Kong Government Gazette*, 22nd April, 1881.
38 PBC Ayres, *The Colonial Surgeon's Report for 1889* (27th June, 1890), p.306.

염병 병동 구성에도 유리한 환경을 구축하게 되었다. 1879년 11월 식민지 의관부 소속 하의 약제사이자 분석가로 부임한 맥칼럼(Hugh McCallum: 1853-1898)은 1880년 7월 성병의원 개원시에 실험실을 설치했다.[39] 맥칼럼의 주요한 역할은 수질관리, 독극물검사, 식품검사 등이었다.[40]

1880년대 이전까지 식민당국이 운영했던 정부공립의원과 성병의원 등에서는 세균검사실 등을 갖추고 있지 못했다. 1880년 이후 정부공립의원 내에서 실험실 운영을 담당했던 것은 맥칼럼, 크로우(Edward Crow), 왓슨(Malcolm Watson) 등이었다. 그러나 그들의 역할은 수질관리, 독극물검사, 식품검사 등으로 환자를 대상으로 한 세균검사와는 거리가 멀었다.[41]

1888년 앳킨슨이 정부공립의원의 책임자가 되었고, 1889년에는 이 병원에 실험실과 영안실이 건립되었다.[42] 새 병원은 기존 병원과 달리, 실험실, 영안실 이외에도 수술실, 전염병실, 예방접종실 등이 부속되어 있었다.[43] 병원의 새로운 공간구성이 병원의 공간구조의 성격을 변화시켰는지 살펴보기 위해서는 새 병원이 어떤 형태로 질병분류를 진행했는지를 검토할 필요가 있다.[44]

1880년대까지 식민지 의관의 질병분류는 증상에 따른 분류였지 세균학

---

39 Hugh McCallum, "Laboratory, Government Civil Hospital," *The Hong Kong Government Gazette*, 1st February, 1881, p.660.
40 C. J. Wharry, "Government Civil Hospital," *The Hong Kong Government Gazette*, 21st May 1883.
41 Edward Crow, "Report of the Government Analyst," *The Hong Kong Government Gazette*, 13rd July, 1889.
42 "Colonial Surgeon's Annual Report, 1888," *The Hong Kong Government Gazette*, 13th July, 1889, p.574.
43 1880년대 제중원의 공간 구성도 비슷한 양상을 보인다. 신규환, 「근대 병원건축의 공간변화와 성격: 제중원에서 세브란스병원으로의 변화를 중심으로」, 『역사와경계』 97, (2015. 12), 259쪽.
44 1901년 정부공립의원은 18개 병실, 124개 병상으로 구성되었고, 1901년 한 해 동안 입원환자는 2,948명이었고, 외래환자는 12,663명이었다. *Report on the Blue Book for 1901*, p.1793.

적 검사에 따른 분류는 아니었다. 앳킨슨은 1890년 아이리스의 지시에 따라 1889년 한 해 동안 정부공립의원에서의 사망원인 1,793건을 다음과 같이 분석했다.[45] 주요 사망원인은 일반 질환, 국소 질환, 독극물, 외상, 외과 수술 등으로 분류된다. 일반 질환은 병독 의존 질환, 외인 의존 질환, 발육병, 미분류 등으로 다시 분류된다. 병독 의존 질환과 외인 의존 질환은 각각 5가지 하위 그룹으로 다시 분류된다. 첫 번째 하위 그룹은 두창, 우두, 수두, 홍역, 장미진, 성홍열, 뎅기열, 티푸스, 페스트, 재귀열, 인플루엔자, 백일해, 볼거리, 디프테리아, 척추열, 단순 지속열, 장티푸스·유사 장티푸스, 콜레라·유사 콜레라·아시아틱 콜레라·유행성 콜레라, 산발성 콜레라·유사 산발성 콜레라·단순 콜레라·콜레라 노스트라스, 유행성 설사, 이질 등이다. 두 번째 하위 그룹은 말라리아와 각기병이다. 세 번째 하위 그룹은 침식성 궤양, 단독, 농혈증, 폐혈증 등이다. 네 번째 하위 그룹은 매독, 임질 등이다. 다섯 번째 하위 그룹은 광견병, 마비저, 마두, 비탈저 등이다. 국소 질환은 신경계 질환, 눈, 코, 입, 순환계 질환, 호흡계 질환, 소화계 질환, 림프계 질환, 갑상선, 부신 피막, 비뇨계 질환, 생식계 질환, 여성 가슴, 남성 가슴, 운동기관, 결합 조직, 피부 등이다.

영미계 질병 분류는 감염성 여부, 환경적 요인, 신체 계통 등을 중심으로 이루어졌다. 1870년대 이후 질병 분류 방식이 조금씩 변화되었지만, 감염, 발열, 신체 계통을 중심으로 한 분류는 지속되었다. 사망원인 분류 역시 전염병, 신체 부위, 계통 질환을 중심으로 분류되었으며, 주로 증상에 따른 분류였다.[46] 앳킨슨이 개인적으로 세균학에 관심을 두고 있었는지 여부와 상관없

---

45   PBC Ayres, *The Colonial Surgeon's Report for 1889* (27th June, 1890), pp.311-316.
46   신규환, 「20세기 전반 北京의 都市空間과 衛生: 空間의 再編과 龜裂을 중심으로」, 『동양사학연

정부공립의원과 감독관 관사(1900년)

이, 식민지의 공식보고서에는 기존의 질병 분류 방식을 그대로 사용하고 있음을 알 수 있다. 1890년대 정부공립의원은 병원공간의 변화에 필요한 하드웨어를 갖추어 가고 있었지만, 여전히 세균학적인 질병분류와 공간배치에 미온적인 상황이었다.

2. 윌리엄 헌터의 세균학 연구

1894년 페스트 방역 이후 홍콩에서 페스트는 여전히 확산과 소강 상태를 반

구』 128, (2014. 9), 390-391쪽; 신규환, 「근대 병원건축의 공간변화 성격: 제중원에서 세브란스 병원으로의 변화를 중심으로」, 『역사와경계』 97, (2015. 12), 243-255쪽.

복했다. 1900년 이후 페스트로 인한 반복적인 검역활동 때문에 홍콩 경제가 침체 일로를 걷게 되자, 1901년 4월, 블레이크 총독(Henry Arthur Blake: 1840-1918, 재임 1898-1903)은 정확한 원인 규명과 근본적인 대책 마련을 위해 본국에 세균학자의 파견을 정식으로 요청했다.[47] 이에 영국정부는 1901년 11월 세균학자인 윌리엄 헌터(William Hunter: 1875-1909)를 홍콩에 정식 파견했다. 그는 영국정부가 식민지 홍콩에 파견한 최초의 세균학자였다. 헌터는 1875년 스코틀랜드 밴프셔(Banffshire) 출생으로, 1897년 스코틀랜드 애버딘대학 의과대학을 최우등으로 졸업했다. 졸업 후 그는 베를린대학과 애버딘대학(Aberdeen University)에서 병리학을 공부했으며, 런던 병원의과대학(London Hospital Medical College) 등지에서 병리검사와 세균연구를 담당했다. 당시 홍콩에는 세균실험실이나 장비가 없었기 때문에, 한때 헌터는 홍콩 파견을 거부하기도 했다. 그러나 홍콩 식민당국이 그에게 필요한 실험실과 장비를 충분히 공급할 것이라는 약속을 확인하고서 헌터는 홍콩으로 떠나는 배에 올랐다. 1902년 2월 말, 홍콩에 도착한 헌터는 케네디타운 전염병원(Kennedy Town Infectious Disease Hospital)에 임시 실험실을 설치했다. 실험장비가 제대로 조달되지 않아 4개월이 지나서야 완비된 실험실을 구축했다.[48]

식민당국이 헌터에게 의뢰한 첫 번째 임무는 사망원인 분석이었다. 이에 헌터는 1902년 3월부터 세균학적 특징에 따라 사망원인을 분석했다. 그는

---

47 Henry A. Blake to Joseph Chamberlain, CO 129/305 no.25363, p.353.
48 Hong Kong Museum of Medical Sciences Society, *Plague, SARS and the Story of Medicine in Hong Kong*(Hong Kong: Hong Kong University Press, 2006), pp.147-151.

1902년 한 해 동안 2,816명의 사망원인을 조사했다. 주요 사망원인은 일반질환 27종, 국소질환 43종, 외상 5종 등으로 분류했다. 27종의 일반질환은 주요 전염병과 기타 질환을 포함하는데, 두창, 페스트, 장티푸스, 콜레라, 이질, 각기병, 말라리아, 말라리아 성악액질, 패혈증, 파상풍, 한센병, 후천성 매독, 선천성 매독, 결핵, 알콜중독, 빈혈, 신경쇠약, 기아, 화상, 조산, 호지킨병, 아편중독, 사산, 익사, 의사(縊死), 질식, 소모증 등 1,636명이다. 이 중에서 최대는 페스트(473명), 콜레라(379명), 결핵(151명) 등이었다. 국소질환은 신경계질환, 순환계질환, 호흡계질환, 소화계질환, 림프계질환, 비뇨계질환, 생식계질환 등으로 나뉜다. 국소질환은 총 1,099명으로 기관지 폐렴(141명), 원인미상 설사(102명), 결핵성 기관지 폐렴(100명) 순이었다. 그 밖에 외상은 81명이었다. 주요한 세균검사는 현미경 검사를 통해 이루어졌다.[49]

헌터의 두 번째 임무는 페스트의 감염원으로서 쥐를 확정하고, 모든 쥐에 대한 세균검사를 실시하는 것이었다. 예르생과 기타사토 등은 페스트균 발견 당시 이미 쥐를 포함한 동물 매개 감염을 의심하고 있었지만 이를 확정짓지는 못했다. 1898년 프랑스 과학자 폴-루이 시몽이 쥐벼룩설을 제기했고, 1901년 제1회 인도 페스트 위원회(the first Indian Plague Commission)는 쥐벼룩설을 공식 의제에 올려 논의했으나 결론을 내지 못한 상황이었다. 특히 1902-1903년 사이에 프랑스 과학자들이 쥐벼룩설을 지지했던 반면 영국 과학자들은 쥐벼룩설에 의심의 시선을 보내고 있었다.[50] 과학계에서 쥐벼룩설이 공인

---

49 William Hunter, *Report of the Government Bacteriologist for the Year 1902*(14th April, 1903), pp.213-221.
50 Myron Echenberg, *Plague Ports: The Global Urban Impact of Bubonic Plague 1894-1901* (New York and London: New York University Press, 2007), pp.69-70.

된 것은 1909년이었기 때문에, 1902년 헌터가 페스트 – 쥐벼룩설을 확정짓고 세균검사를 제도화한 것은 식민지 홍콩에서는 매우 획기적인 조치였다.

헌터는 자신의 신념을 구체화하기 위해 정부공립영안실(Government Public Mortuary) 옆 구 사인재판법정(Old Coroner's Court)에 쥐 검사실을 마련했다. 사인재판법정에는 두 개의 큰 방이 있었는데, 하나는 쥐 사체부검실로 사용했고, 다른 하나는 현미경 실험실로 사용했다. 1902년 3월 20일부터 헌터는 식민지에서 발견되는 모든 쥐에 대해서 세균검사를 실시했다. 이로부터 홍콩에서 쥐 사체부검과 현미경검사가 제도화되었다. 처음 세 달 동안은 헌터 혼자서 쥐 사체부검과 세균검사를 실시했는데, 5월부터는 4명의 일본인 의사가 전담했다. 10월 13일, 일본인 의사들이 귀국하자, 홍콩화인서의학원(香港華人西醫書院, 홍콩대학 의학원의 전신) 출신 3명의 중국인 의사들이 그 일을 대신했다. 매일 400여 마리의 쥐에 대한 세균검사가 실시되었으며, 1년 동안 117,839마리를 조사했고, 그 중에서 2,015마리에서 페스트균이 검출되었다.[51]

헌터의 세 번째 임무는 가축전염병과 페스트의 상관성을 해명하는 것이었다. 1898년 의무부의 연례보고서에 따르면, 앳킨슨은 린더페스트라는 우역(牛疫)이 1894년, 1896년, 1898년의 페스트에 앞서 발발했다는 사실에 주목했다. 헌터와 심슨(Prof. Sompson) 교수가 도착하자, 앳킨슨은 페스트 감염에 대한 동물들의 민감도를 검토해 줄 것을 요청했다. 그들은 데일리 팜과 케네디 타운 도살장의 동물 페스트를 조사했고, 돼지, 송아지, 양, 원숭이, 가금

---

51 William Hunter, *Report of the Government Bacteriologist for the Year 1902* (14th April, 1903), p.211, pp.221-222.

류 등이 치명적인 특성이 있는 페스트에 다소 민감하다는 것을 증명했다. 헌터는 조사를 계속하면서 다음과 같은 결론에 다다랐다.

첫째, 홍콩 페스트는 감염의 숙주인 쥐로 전염되는 선페스트이다. 둘째, 페스트는 주로 소화기계통을 통해 확산된다. 사람들은 음식물 감염의 가능성에 주의할 필요가 있다. 셋째, 고양이, 가금류, 송아지, 양, 그리고 돼지 등의 동물은 페스트 감염에 민감하다. 페스트는 일종의 가축 전염병이며, 일주일 내지 이 주일 내에 인간에게 전염될 수 있다. 넷째, 헌터는 페스트가 인간에게서 잠복할 가능성을 제기했다.[52] 이로써 페스트 방역조치는 인간뿐만 아니라 동물에게도 적용될 필요가 있었다.

헌터의 네 번째 임무는 세균실험을 위한 토대와 시스템을 구축하는 것이었다. 헌터는 정부공립의원 내부에 세균실험실을 설치하지 못했는데, 그를 대신해서 확보한 케네디타운 전염병원 임시 실험실은 여러 가지로 실험실 작업에 불리했다. 케네디타운 전염병원에는 숙소가 없었고, 정부백신연구소(Government Vaccine Institute)나 정부공립영안실(Government Public Mortuary) 등과 접근성이 떨어져서 백신 제작이나 부검 등에도 불편했다. 1902년 10월, 헌터가 정부백신연구소의 책임자로 임명됨으로서 시체부검, 세균검사, 백신개발 등 홍콩의 질병관리 업무를 사실상 총괄하게 되었다. 이 때문에 헌터가 자신의 활동 거점으로 삼아야 할 최적의 장소는 정부공립의원이나 타이핑산 인근이었다. 1906년 3월 15일, 타이핑산 인근에 세균학연구소(Bacteriological Institute) 부지가 확보됨에 따라 원활한 세균검사를 기대할

---

52 William Hunter, *A Research into Epidemic and Epizootic Plague*(Hong Kong: Noronha & Co. Government and General Printers and Publishers, 9th June 1904), iii-iv.

수 있게 되었다.

1902년 10월, 헌터가 정부백신연구소의 책임자가 되면서, 그는 사후부검, 백신개발, 세균검사를 통합하길 원했다. 질병관리와 자신의 활동을 최적화하기 위해 헌터는 병원의 외부에 "적절하게 장비를 갖추고 중심부에 위치한 세균연구소"를 확보하고자 했다.[53] 1903년 9월, 식민당국은 질병관리업무를 통합하기 위해 세균연구소 건립 계획을 승인했다. 1904년 초, 헌터는 힐 로드에 위치한 공립영안실을 겨우 확보할 수 있었다. 그곳에서 시체부검뿐만 아니라 쥐 사체부검을 위한 쥐검사실을 설치했다.[54]

1906년 3월 15일, 세균연구소가 개소되어 일상적인 세균검사와 연구업무가 시작되었다. 세균연구소는 레이(Leigh)와 오렌지(Orange) 두 사람이 디자인했다. 세균연구소는 1,390m^2의 넓이에 두 개의 주 건물에 두 개의 부속 건물로 구성되었다. 주 건물은 지하 1층, 지상 2층 건물인데, 홀과 계단, 작은 암실, 화장실 등 이외에 4개의 연구실, 도서관, 대기실 겸 사무실, 사진실, 예비실, 저장실, 배양실, 난방 및 냉동실 등의 설비를 포함했다. 부엌이 딸린 1층 부속건물에는 11명의 중국인들의 숙소로 사용되었다. 2층 부속건물에는 축사 하나(4개의 외양간과 2개의 마구간으로 구성되어 있는데, 소 다섯 마리, 송아지 여덟 마리), 양 우리 두 곳과 원숭이, 가금류, 생쥐, 들쥐, 기니피그, 토끼 등을 가둘 수 있는 축사 등을 포함했다. 그곳에는 옥수수 콘과 사료 저장실, 관리실, 수의사실 등이 있었다. 모든 건물은 적벽돌과 석회 모르타르가 사용되었

---

53 William Hunter, *Report of the Government Bacteriologist for the Year 1902*(14th April, 1903), p.212.
54 Hong Kong Museum of Medical Sciences Society, *Plague, SARS and the Story of Medicine in Hong Kong*(Hong Kong: Hong Kong University Press, 2006), p.161.

홍콩 세균학연구소(현 홍콩의학박물관)

고, 외부는 시멘트 모르타르로 이음새를 발랐다. 주 건물의 내부는 석고를 사용했고, 부속 건물은 내부 이음새에 석고를 발랐다. 각 건물들은 높은 천정과 큰 창문을 가지고 있기 때문에 채광과 환기에 유리했다. 건물의 시멘트 콘크리트와 모르타르는 외관과 위생을 향상시키는 데도 기여했다.[55] 세균연구소는 이러한 기초설비를 바탕으로 시체부검, 백신개발, 세균검사 등을 이상적으로 결합시켰다. 이러한 공간구성은 세균설로 도시공간을 관리하려고 했던 헌터의 의도를 현실화하는 것이었다.

헌터의 세균학 연구의 역사적 의미는 홍콩에서 시체부검을 제도화시켰을 뿐만 아니라 페스트 전염원인 쥐 사체부검과 현미경검사를 제도화시켰다

---

55   W. Chatham, *Report of the Director of Public Works, for the Year 1905* (1906), p.548.

는 데 있다. 더 나아가 헌터는 페스트와 가축전염병과의 상관성을 규명하고자 했다. 무엇보다도 헌터는 기존의 병원 내부를 재배치하지 않고, 병원 주변의 시설을 부검과 세균실험실로 재구축하거나 신축하는 방안을 모색했다. 1902년 3월, 사인재판법정에 세균검사실을 마련했고, 1904년 초에는 새로운 공립영안실에 부검실과 세균검사실을 마련했으며, 1906년 3월에는 세균학연구소를 건립하는 등 헌터는 홍콩에서 세균실험 공간의 점진적 확대를 통해 세균실험을 제도화했다.

1894년 홍콩 페스트의 유행은 페스트 역사, 동아시아 의학사, 홍콩근대사 등에서 새로운 전환점이 되었다. 그러나 식민당국의 페스트 방역은 서양의학에 의한 일방적 승리도 아니었으며 과학적 의학지식에 근거한 합리적인 방역도 아니었다. 홍콩의 위생행정은 19세기 중반 콜레라 유행 이래로 영국과 식민지의 위생행정에 강력한 영향력을 미쳤던 에드윈 채드윅의 「공중보건법」(1848)과 오스버트 채드윅의 「공중보건조례」(1887) 등에 기대고 있었다. 미아즈마설에 기초한 채드윅 방식의 방역조치는 불결한 주거환경을 일소하고 상하수도 시설을 개선하는 것으로 전염병을 예방할 수 있다는 것이었다. 실제로 이러한 방역조치가 무의미한 것은 아니었다. 수인성 전염병인 콜레라 방역에서는 어느 정도 성과를 내고 있었다. 그러나 이러한 방역조치들이 페스트 방역에 효과적인 것은 아니었다. 선페스트 질환의 경우, 쥐벼룩을 통한 감염경로 확인, 호흡기 감염 여부 확인 등을 전제로 격리조치가 뒤따라야 했기 때문이다. 마스크 착용, 소독 등이 전제되지 않고 호구검역과 강제격리에만 집중할 경우, 방역실무자 등도 감염의 위협이 있는 등 방역효과가 반감될 가능성이 적지 않았다. 그런 점에서 로손의 방역조치는 군사력을 위시한 강력한 조치이긴 했지만, 오히려 환자와 피검자들의 반발을 초래할 가능성도 크고 방역 성과도 의문의 여지가 있었다. 그럼에도 불구하고 홍콩의 보건관료들은 기존 방역조치를 고수했다. 그들은 오염지구를 불태우고 철거했으며 감염 가능성이 있는 환자를 강제 격리했다. 이러한 조치들은 19세기 중반 이후 반세기 동안 영국을 지배했던 미아즈마설과 환경위생 개혁운동의 강력한 여파이기도 했지만, 최신 의과학 지식의 수용에 대한 보수적 태도에 기인하고 있는 것이기도 했다. 홍콩의 보건관료들은 새로운 의과학 지식에 관심을 보였지만, 그것을 정책에 반영하는 것에는 미온적이었다.

홍콩 식민당국이 방역정책에 새로운 전환점을 맞이하게 된 것은 1894년 6월 예르생과 기타사토 등 세계적인 세균학자들이 홍콩 현지에서 세균학 연구를 본격화하면서부터였다. 페스트는 더이상 미아즈마설의 시각에서 이해될 수 없었으며, 현미경과 세균설에 의해서 새롭게 해석되어야 했다. 홍콩에 페스트가 확산된 이후에도, 홍콩 식민당국은 페스트균이 어떤 것인지에 대해서는 관심이 없었고, 페스트 환자가 어디서 발견되는지 그리고 페스트를 어떻게 해야 막을 수 있는지에 대해서만 관심을 가졌다. 미아즈마설에 입각한 방역조치는 엄격하고도 잔혹한 방식 때문에 때때로 강력하고 효과적이기도 했다. 그러나 미아즈마적 조치들은 환경개선과 오염물 제거 등을 위해 많은 인력과 비용이 소요되었기 때문에 방역효과를 장기간 유지하기가 쉽지 않았다. 반면 세균학적 조치를 위해서는 세균학 지식과 장비를 갖춘 새로운 인력이 요구되었다.

홍콩 경제적 지속적으로 침체됨에 따라, 블레이크(Henry Blake) 총독은 더이상 세균학적 조치들을 미룰 수 없다고 판단했다. 1901년 10월, 그는 본국에 페스트 등 전염병 관리를 위해 세균학자가 필요하다고 요청했고, 1902년 2월, 세균학자인 헌터(William Hunter)가 홍콩에 도착했다. 헌터는 병원의 외부에서 "적절하게 장비를 갖추고 중심부에 위치한 세균연구소"를 확보하고자 했고, 시체부검, 백신개발, 세균검사 등을 결합시키기를 원했다. 1906년 3월, 헌터는 타이핑산 일대에 세균학 연구소(Bacteriological Institute)를 설립하여 세균학 연구를 본격적으로 진행할 수 있었다.

세균설의 등장으로 질병분류체계에도 중요한 변화가 나타났다. 1890년

대까지 홍콩 식민당국은 사망원인을 분류할 때, 전염병, 신체 부위, 계통 질환을 중심으로 분류했으며, 주로 증상에 따른 것이었다. 홍콩에서 세균학적인 사망원인 분류는 1902년 이후 세균학자인 헌터에 의해서 시작되었다. 헌터는 사망원인을 분류할 때, 현미경에 의한 세균학적인 검사를 적극적으로 활용했다. 새로운 질병인식과 의학인식은 근대 병원공간에도 엄청난 변화를 가져왔다. 특히 1880년대부터 1900년대 초까지 서양의학계는 미아즈마설에서 세균설로 전환되고 있었고, 그것은 홍콩 병원의 공간변화에도 영향을 미쳤다.

홍콩사회에 세균설이 등장함에 따라, 세균 실험실과 격리병동은 필수적인 시설이 되었고, 병원 공간은 재편되었다. 그러나 식민당국과 지역 엘리트의 전략은 달랐다. 정부의 세균학자인 헌터는 몇 개의 실험실을 통합시킬 수 있는 중앙 기구를 건립하여 병원 외부에서 도시공간을 관리하고자 했다. 반면 지역 엘리트가 주도하는 동화의원은 식민당국과는 다른 절충적 전략을 사용했다. 그럼에도 불구하고 1894년 홍콩 페스트는 세균설의 도입과 병원공간의 재편을 촉진시켰다.

2

홍콩 페스트와 동화의원

동화의원(東華醫院)은 홍콩의 중국인을 위한 대표적인 중의병원으로 1870년 홍콩의 상인들을 중심으로 설립되었다. 1894년 홍콩 페스트 유행 이후, 식민당국은 페스트 전염원으로 동화의원을 지목했고, 동화의원은 존폐의 위기 속에서 1897년 서양의학의 도입을 공식화했다. 지금까지 동화의원에 관한 연구는 준정부기관·지역엘리트·화교네트워크의 구심점으로서 동화의원의 역할, 병원 내외에서 전개된 동서의학의 대립과 갈등 등 다양한 시각에서 연구가 진행되어 왔다. 서로 다른 연구방향 속에서도 기존 연구들이 공통적으로 지적하고 있는 사항은 1894년 홍콩 페스트 유행은 동화의원이 서양의학을 도입하는 중요한 계기가 되었으며 동화의원 발전에서 중요한 전환점이 되었다는 점이다.[1]

　기존 연구들은 페스트 유행이 동화의원 발전에 중요한 계기가 되었다고 주장했지만, 페스트 유행과 대응 과정에서 중국인의 질병인식과 병원공간의

1　Carol Benedict, *Bubonic Plague in Nineteenth-Century China*, Stanford University Press, 1996; Elizabeth Sinn, *Power and Charity: A Chinese Merchant Elite in Colonial Hong Kong*, Hong Kong University Press, 2003; Li Pui-tak, "Colonialism versus Nationalism: The Plague of Hong Kong in 1894," *The Journal of Northeast Asian History*, Vol. 10, No. 1, Summer 2013; 劉潤和, 『香港市議會史1883-1999: 從潔淨局到市政局及區域市政局』(康樂及文化事務署, 2002); 冼玉儀·劉潤和 主編, 『益善行道: 東華三院135周年紀念專題文集』(三聯書店, 2006); 楊祥銀, 「殖民權力與醫療空間: 香港東華三院中西醫服務變遷(1894-1941年)」, 香港中文大學 歷史課程 哲學博士論文, 2007; 帆刈浩之, 『越境する身體の社會史: 華僑ネットワークにおける慈善と醫療』(風響社, 2015).

변화 양상에는 그다지 주목하지 않았다. 근대사회에서 병원은 단순히 환자를 진료하는 데 그치지 않고, 병원 공간 자체가 분과별, 질병별로 전문화되고 세분화된다. 말하자면 병원의 공간구조는 당대의 질병분류 체계와 밀접한 관계를 가지고 있고, 근대적 질병분류 체계를 바탕으로 한 병원 기획자의 의학인식은 병원의 공간구조 구축에 영향을 미치게 된다.[2]

홍콩에서 세균학적인 조사와 질병분류가 시작된 것은 세계적인 세균학자인 예르생과 기타사토 등이 방문하면서부터였고, 본격적인 세균학적인 질병분류와 공간배치는 1901년 11월 홍콩에 세균학자인 윌리엄 헌터가 파견된 이후였다. 헌터는 세균학적 특징에 따라 사망원인을 분류했고, 실험실을 설치하고 세균검사를 제도화했으며, 세균검사, 사후부검, 백신개발을 통합할 수 있는 세균학연구소의 설립을 주도했다.[3]

홍콩 페스트 유행 이후, 홍콩 식민당국이 주도하는 정부병원에서 이전과는 다른 새로운 차원으로 병원공간이 재편되고 있었다면, 중의학에 의존하던 동화의원은 어떻게 변모해 나갔을까? 이미 지적한 바와 같이, 페스트 유행 시기 동화의원은 전염병의 온상으로 지목되어 존폐위기에 직면했고, 동화의원은 병원환경의 개선과 구조변화 등을 통해 새로운 돌파구를 찾아야 했다. 페스트 유행 이후 동화의원에서 병원공간이 어떻게 변모했는지 살펴볼 수 있다면, 동아시아에서 전염병 유행과 세균설이 병원공간의 구조변화에 미친 영향을 설명할 수 있을 것이다. 특히 페스트 유행 이후의 동화의원은 동서의학이

---

2 신규환, 「근대 병원건축의 공간변화와 성격: 제중원에서 세브란스병원으로의 변화를 중심으로」, 『역사와경계』 97, 2015.
3 Sihn Kyu-hwan, "Reorganizing Hospital Space: The 1894 Plague Epidemic in Hong Kong and the Germ Theory," *Korean Journal of Medical History* 26-1, 2017.

병존하는 상황 속에서 병원공간이 어떻게 재편되는지를 보여주는 구체적 사례가 될 것이다.

최근 도시공간의 근대화 과정에서 도시공간의 재편과 균열 가능성에 관한 연구가 대두하고 있고, 근대의학의 공간화 과정에서 저항적, 이질적, 복합적, 중층적 양상들이 관찰되고 있다. 이에 대해 필자는 '공간의 재편(reorganization)과 균열(rupture)'이라는 관점에서 도시공간의 성격을 해명하고자 했는데, 이 글에서는 '위생의 혼종성(hygienic hybridity)'이라는 관점을 새롭게 제기하고자 한다.[4] 위생의 혼종성이란 근대의학의 공간화 과정에서 전통의학과 민간의료 등으로 구성되는 민간사회의 의료공간이 근대의학에 저항하고 균열되는 양상을 보이는데, 단순히 전통으로 회귀하거나 퇴행되지 않고 근대의학적 요소를 민중문화적 관점으로 재해석하는 과정에서 새롭게 등장하는 특성이나 양상을 말한다. 홍콩 페스트 유행 이후 도시사회에서 위생의 혼종성이 어떻게 나타나는지를 통해 이 글은 19세기 말 전염병 유행과 병원 공간구조의 상관성을 해명하고자 하며, 이는 동아시아 근대 도시에서 도시 공간의 변화와 재편과정을 이해하는 데 도움이 될 것이다.

---

4   신규환, 『북경의 붉은 의사들: 20세기 청년 의사들의 도시건설과 위생실험』(역사공간, 2020)을 참고.

동화의원의 설립과 발전

1. 광복의사(廣福義祠) 사건과 동화의원의 창립

명·청시기 이래로 중국의 강남지역에는 선당(善堂)이라는 지방 유력자층이 주도하는 자선기관이 번창했다. 선당은 그 규모와 성격에 따라 지역사회에서 다양한 역할을 담당했는데, 일반적으로는 의료, 빈민구제와 각종 자선활동이 대표적으로 거론된다. 그 밖에는 세금징수, 교육, 구제, 사체보관 등 다양한 역할을 수행했다. 그 중 장례와 사체보관 및 매장은 선당의 부속기관인 의사(義祠)나 의총(義塚)이 담당했다. 이러한 자선기관들은 대토지 소유가 발달한 강남사회에서 계급갈등의 완화와 사회적 통합에 기여했다.[5]

아편전쟁 이후 난징조약이 체결되면서 홍콩은 영국에 할양되었고, 1849년 식민당국은 거류민의 건강과 위생 관리를 위해 정부공립의원(Government Civil Hospital)을 건립했다. 그러나 정부공립의원을 이용하는 사람은 영국 거류민과 중국인 관원 등에 한정되었고, 중국인을 위한 다른 의

---

5 신규환, 『질병의 사회사: 동아시아의학의 재발견』(살림출판사, 2006), 80-83쪽.

료시설도 존재하지 않았다. 중국인들은 중병을 앓게 되면 중의에 의존해 자가 치료를 받거나 고향에 되돌아갈 수밖에 없었다. 당시 홍콩에서 중국인들에게 제공된 유일한 공적 의료기관은 1851년 홍콩섬 사이완(西環) 타이핑산(太平山) 인근에 홍콩 상인들 주도로 건립된 광복의사(廣福義祠, Kwong Fook I Tsz)였다.

광복의사는 원래 조상신을 제사하는 곳이었는데, 점차 사체 보관을 위한 장소로 사용됨에 따라 조상제사와 사체보관을 위한 장소로 사용되었다. 광복의사는 기본적으로 의료를 제공하기 위한 것이 아니었지만, 중병으로 인해 치료를 받다가 사망을 대기하는 장소로 여겨져 점차 난민과 중병환자를 수용하는 장소로 발전해 나갔다. 광복의사에는 부속된 의료시설이나 의료진이 없었지만, 환자 가족들이 그곳에 중의를 초빙하여 환자를 진료하게 했다. 그러나 광복의사는 기본적으로 간단한 제사를 지내거나 사체를 보관하기 위한 장소였고, 사체와 환자가 뒤섞여 있어서 환자를 치료하기에는 위생상 문제가 적지 않았다. 1869년 4월, 이민국을 거쳐 온 남성 한 명이 광복의사에서 사망했는데, 식민당국이 이 사건을 조사하면서 광복의사의 열악한 상황이 외부로 알려지기 시작했다. 결국 지역신문이 광복의사의 열악한 상황을 폭로하기에 이르렀는데, 신문은 열악한 공간에 사체와 중환자가 섞여 있으며, 분뇨와 소변냄새가 진동한다고 보도했다.[6] 이에 식민당국은 광복의사를 영구 폐쇄하려고 했으나 중국인 사회가 강력히 반대하여 일시 폐쇄했다. 광복의사를 폐쇄하는 것으로 사체 유기 문제와 부족한 의료서비스 문제가 근본적으로 해결되는 것은 아

---

6   Elizabeth Sinn, *Power and Charity: A Chinese Merchant Elite in Colonial Hong Kong* (Hong Kong University Press, 2003), pp.32-49.

니었기 때문이다. 이에 중국인 사회에서는 중국인을 위한 병원건립을 제안하고 있었고, 식민당국 역시 병원 건립을 통해서 이 문제를 해결할 수 있다고 보았다. 결국 식민당국과 중국인 지도자들은 중국인 병원을 짓기로 협의하고, 당국의 지원(대지와 지원금 11만 위안)과 중국인 사회의 모금(3만 위안)을 기반으로 병원 건립을 시작했다. 1870년 3월, 홍콩 식민당국은 홍콩 최초의 중국인 병원인 동화의원의 건립을 발표했다. 광복의사는 동화의원에 통합되었다.[7]

광복의사 사건과 동화의원의 건립은 식민지 홍콩의 열악한 의료상황을 단적으로 보여주는 사건이었다. 그런데 동화의원은 서의병원이 아닌 중의병원으로 설립되었다. 중국인들이 정부공립의원의 치료를 거부하고 전문의료 인력과 시설이 없는 광복의사를 선택한 것에서 볼 수 있는 것처럼, 중국인들은 서의병원이 비싸고 중국인들의 정서에도 잘 맞지 않다고 생각했다. 예컨대 정부공립의원은 병원 사망의 경우 사인 규명을 위해 사체 부검을 실시했는데, 이것은 중국인의 관습상 받아들이기 어려운 일이었다. 식민당국으로서도 굳이 비싼 비용 구조를 가진 서의병원을 고집할 필요가 없었다. 당시 홍콩 총독인 맥도널(Richard Graves MacDonnell, 麥當奴, 재임 1866-1872)도 이 점을 잘 알고 있었고, 그는 중국인을 위해 무료로 운영되는 중의병원을 기획했다. 『1870년 동화의원조례』에서 정식으로 병원조례를 확정했는데, 동화의원의 창립 목적은 가난하고 병든 중국인의 의료수요를 충족시키기 위한 것이며, 병원은 완전히 중의중약으로 치료하고 비용은 무료라고 규정했다. 동화의원은 1872년 2월 14일 정식으로 개원했다. 동화의원은 중국인들의 환영을 받았

---

7   冼玉儀·劉潤和 主編, 『益善行道: 東華三院135周年紀念專題文集』(三聯書店, 2006); 丁新豹, 『善與人同: 與香港同步成長的東華三院 1870-1997』(三聯書店, 2010).

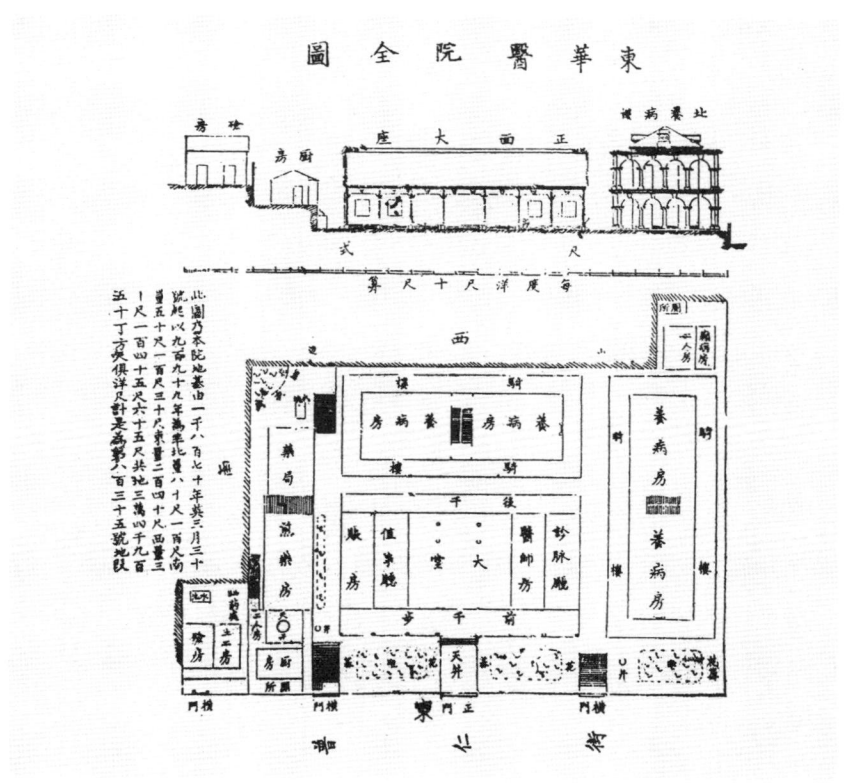

1872년 동화의원의 배치도[8]

는데, 1869년 6월 임시 개원 후 6개월 동안 211명이 치료를 받았다. 이것은 1870년 한 해 동안 정부공립의원에서 치료받은 중국인이 286명이었던 것과 대조되는 일이었다. 홍콩 인구가 1872년 115,564명에서 1891년 210,995명

---

8 冼玉儀·劉潤和 主編, 같은 책, 2006, 38쪽.

홍콩 페스트와 동화의원 73

으로 증가되는 동안, 동화의원의 외래환자 역시 50,000명에서 99,446명으로 증가했다.[9]

동화의원은 2층으로 건조된 중앙 본관과 우측 병실, 중앙 후측 병실, 1층으로 된 주방, 약국, 전약실[煎藥房], 시체안치실[殮房], 정신질환 병실[癲症房] 등으로 구성되었다. 중앙 본관은 진료실[診脈廳], 의사실, 원무과[賬房], 당직실[値班廳] 등으로 구성되고, 정 중앙에 홀[大堂]을 두어 각종 중요 회의나 행사시 사용되었다. 후측 병실[福壽樓]은 2층 7칸이고, 동측 병실[平安樓]는 2층 10칸으로 구성되었다. 병실은 80-100병상 규모였으며, 1층에는 무료 병실, 2층에는 유료병실로 구성되었다.[10] 동화의원은 근대적 병원건축이라기보다는 일종의 전통 사당 같은 규모와 구성이었다. 그 밖에 전약실이나 진맥청과 같은 공간구성은 이 병원이 중의중약에 기초한 병원임을 알게 한다. 특히 동화의원은 독립된 수술실이나 예방접종실, 실험실 등을 구비하지 않아 서양식 병원 운영은 애초부터 염두에 두지 않았음을 알 수 있다. 그러나 진료실, 정신질환 병실, 분동형 병실 등을 구축하여 최소한의 근대적 병원공간은 구성한 것으로 평가할 수 있다. 시체안치실은 비교적 소규모로 구성되었는데, 인근의 광복의사 건물을 활용할 수 있었기 때문이다. 시체안치실은 점차 확대시키는 추세였고, 이는 동화의원의 중요 특성 중의 하나가 되었다.

---

9   冼玉儀·劉潤和 主編, 같은 책, 2006, 40쪽.
10 冼玉儀·劉潤和 主編, 같은 책, 2006; 黃棣才, 『圖說香港歷史建築 1841-1896』(中華書局, 2012), 66-67쪽.

2. 페스트 유행 이후: 중의에서 중의와 서의의 병존으로

병원의 운영비는 모금으로 유지했고, 이사회[董事局]가 전권을 가지고 있었다. 이렇게 정부공립의원과는 완전히 다른 "중국인이 관리하고, 중의중약으로 치료하고 중국인에게 서비스를 제공하는" 동화의원이 정식으로 설립되었다. 그러나 정부는 병원에 대한 효과적인 감독권을 보증하기 위해 긴급 상황에는 정부가 병원을 폐쇄할 수 있는 권한이 있다는 규정을 포함시켰다. 또한 식민지 의관(Colonial Surgeon)과 총등기관(General Registrar) 등은 수시로 병원을 순시할 수 있었다. 이러한 규정은 언제라도 정부가 동화의원에 간섭하거나 통제할 수 있는 가능성을 내포한 것이었고, 실제로도 그와 같았다.

그러나 일상적인 병원 운영 중에 동화의원의 중의중약 치료원칙은 오히려 식민당국 보건관료들의 지적과 비판을 받았다. 그들의 비판점은 중의중약의 치료효과뿐만 아니라 동화의원의 사망률이 매우 높다는 것에도 있었다. 그로 인해 그들은 동화의원의 진단과 치료 기능에 회의를 품고 있었다. 그들이 보기에 동화의원은 치료에 중점을 둔 병원이라기보다는 매장과 제사 기능 위주였던 의사(義祠)와 크게 다를 게 없었다. 동화의원은 여전히 죽어가는 환자의 '사망가옥'(dying house)에 불과했다. 통계에 의하면, 1872년 동화의원의 입원인수는 922명이고 사망은 287명으로 사망률은 30%에 달했다. 아울러 19세기 말까지 동화의원의 사망률은 최고 40-50%에 이르렀다. 이렇게 높은 병원사망률은 대부분의 환자가 사망 직전에 병원에 와서 사망했기 때문이었다. 그 이유는 다음 세 가지로 정리될 수 있다.

첫째는 당시 동화의원은 무료로 관을 제공하고 장례를 치러줬기 때문에 가난한 사람들은 동화의원에 가서 죽기를 소원했다. 두 번째로는 동화의원에 온 환자들은 입원치료를 원하지 않았을 뿐만 아니라 대부분은 죽음을 앞둔 중병자들이 많았다. 세 번째로는 중국인들은 병자들이 집안에서 죽는 것을 꺼렸는데, 병자의 죽음이 집안 사람들에게 불길한 징조를 가져다준다고 여겨 죽음이 임박하면 환자를 동화의원으로 옮기려고 했다.[11]

이러한 폐단을 극복하기 위해 식민당국의 보건관료들은 병원의 의료기능을 개선하고 중국인들의 심리를 계몽할 수 있는 서양의학의 도입이 시급하다고 보았다. 1872년 식민당국은 동화의원에 일부 서의치료를 도입하거나 다른 지역에서 서의서약으로 치료할 수 있는 병원의 설치를 제안한 바 있다. 그러나 동화의원의 반대 속에서 이 계획은 실행되지 못했다. 1894년 홍콩에 페스트가 유행하자 식민당국은 동화의원을 개혁할 수 있는 명분을 얻게 되었고, 개혁의 핵심은 동화의원에 서양의학을 도입하는 것이었다.

1894년 5월 홍콩에 페스트가 유행하자, 식민당국은 동화의원에 보내진 모든 환자와 시체는 서양의사의 검진을 받도록 했다. 이러한 조치는 처음에는 단지 페스트가 확산되지 않도록 하기 위한 것이었다. 페스트가 심각한 수준으로 확산되자 동화의원, 식민당국, 중국인 사회 사이에 위기가 고조되었고, 보건관료들 중에서는 페스트 감염원으로서 동화의원을 지목하고 동화의원을 폐쇄해야 한다는 주장도 제기되었다. 결국 홍콩 총독은 동화의원 조사위원회(Tungwah Hospital Commission)를 조직하여 동화의원을 살펴보도록 했다.[12] 이 위원회는 1896년 2월 성립했고, 수백 페이지의 보고서를 발간

---

11   楊祥銀, 앞의 논문, 2007, 제1장 참고.
12   Tung Wa Hospital Commission, *Report of the Commission, Appointed by His Excellency Sir William Robinson, K.C.M.G., to Enquire into the Working and Organization of the Tung Wa [sic] Hospital, together with the Evidence taken before the Commission, and other*

했다. 이 보고서는 동화의원의 발전에 심대한 영향을 미쳐 1897년 동화의원에 서양의학을 본격적으로 도입하는 계기가 되었으며, 동화의원은 중의와 서의가 병존하는 새로운 의료공간이 되었다. 동시에 페스트 유행을 계기로 동화의원은 중국인 사회의 위신과 대표성에도 심각한 도전을 받게 되었다.

    동화의원은 서양의학 도입 이후에도 끊임없는 비판과 도전을 받았지만, 동화의원의 문진 및 우두접종 수치는 점차 증가하는 추세였으며, 중국인 사회의 환영을 받았다. 그러나 홍콩 인구의 증가에 따라, 병원의 병상도 점차 부족해지고 병상 만원사례가 종종 등장했다. 당시 카오룬(九龍: Kowloon) 지역에는 병원이 없었고, 1906년에 중국인 지도자들은 카오룬 지역에 중국인 병원을 세울 것을 제안했다. 그 결과, 1911년 5월 카오룬 야우마테이(油麻地)에 광화의원(光華醫院)을 준공했으며, 같은 해 10월 정식 개원했다. 광화의원은 독자적인 이사회를 가지고 있었으나, 동화의원이 광화의원에 대한 감독 및 관리권한을 가졌다. 카오룬 지역에는 다른 병원이 없었기 때문에, 이들 병원은 이 지구의 경찰 및 기타 정부 공무원들에게 일정한 의료서비스를 제공했고, 화민정무사(華民政務司)도 광화의원의 서비스가 중국인의 자선 범위를 넘어서는 것이라고 칭찬했다. 1929년 11월에는 홍콩섬 동구(東區)에 동화동원(東華東院)이 설립되었으며, 이 역시 동화의원의 관리를 받았다.

    동화의원과 비교해 볼 때, 광화의원과 동화동원은 개원시부터 중의와 서의가 공존했다. 그러나 병원공간의 조닝(zoning)은 광화의원과 동화동원이 매우 달랐다. 1911년 설립된 광화의원이 동화의원과 거의 유사한 전통적 건

Appendices (Government Printer, 1896).

물 형태와 조닝을 가지고 있었던 반면, 1929년 설립된 동화동원은 완전히 새로운 서양식 건물과 새로운 조닝을 구축하고 있었기 때문이다. 동화동원은 채광과 통풍에 유리하도록 설계했고, 본관 주변에 분동형의 건물을 배치하여 전염병 관리에 만전을 기했다. 특히 동화동원은 화장실, 목욕실, 세탁실을 별도의 건물에 배치했고, 엑스레이실, 수술실과 같은 최신 서양의학 시설을 갖추었으며, 냉온수기와 엘리베이터 시설까지 갖추었다.[13]

 1897년 동화의원에 서양의학이 도입된 이래로, 동화삼원(東華三院)으로 불리는 세 병원 모두 서양의학이 중국인 사회에 확산되는 데 중요한 공헌을 했다. 이처럼 동화의원의 초창기 창립 목적은 서양의학을 혐오하고 두려워하는 중국인들에게 중의중약을 제공하기 위한 것이었으나, 아이러니컬하게도 오히려 동화의원은 서양의학을 전파하는 중요한 장소가 되었다. 이러한 신속한 태도변화는 식민당국의 보건관료들조차도 예상하지 못했던 일이었다. 1897년 동화의원에 서양의학의 도입이 공식화된 이래로, 초기에는 입원 환자의 서의 선택비율은 13% 내외에 불과했는데, 1938년에는 서의의 선택 비중이 70%에 육박할 정도로 서의 선택비율이 중의를 훨씬 능가하고 있었다. 서의 문진은 중의 문진에 비해 적었지만, 서의 문진 서비스 내용은 계속 확장되어, 심지어 소아과, 부인과, 산과, 안과 등 전문적인 진료를 받을 수 있었다. 광화의원과 동화동원의 서의 서비스의 발전 역시 이와 유사했다. 중국인들의 서양의학에 대한 편견과 배척 정서가 점차 감소하고 있었다.[14]

---

13 丁新豹, 『善與人同: 與香港同步成長的東華三院 1870-1997』(三聯書店, 2010), pp.186-187.
14 楊祥銀, 「殖民權力與醫療空間: 香港東華三院中西醫服務變遷(1894-1945年)」, 『歷史研究』, 2016年 2期.

동화의원의 공간구성과
서양의학

1. 동화의원 조사위원회의 활동과 서양의학 도입

식민지의관으로 대표되는 홍콩 식민당국의 보건관료들은 동화의원의 의료 활동에 대해 부정적인 인식을 가지고 있었다. 1872년 당시 정부공립의원의 원장 겸 식민지의관인 도즈(Dr. G. Dods)는 중의치료에 대한 반감을 표시했고, 중국인 환자들에 대한 적절한 치료를 위해서는 서양의학의 도입이 시급하다고 주장했다. 다만 그는 서양식 우두접종만은 동화의원의 성과로 인정할 수 있다고 평가했다. 1873년 식민지의관으로 새로 임명된 아이리스 역시 동화의원은 병원이라 할 수 없고, 단지 빈민수용소의 역할만을 수행하고 있다고 주장했다.[15] 그는 도즈와 마찬가지로 서양식 우두접종만을 동화의원의 유일한 업적으로 평가했으며, 식민지의관으로 재임했던 1873년부터 1896년까지 동화의원의 중의치료에 대해서 지속적인 불만을 제기했다.[16]

---

15   PBC Ayres, "Report of the Colonial Surgeon, with Retirns annexed, for the Year 1873," *The Hong Kong Government Gazette*, 4th April, 1874, pp.156-166.
16   冼玉儀·劉潤和 主編, 앞의 책, 2006, 43-44쪽.

홍콩 페스트 유행시기 페스트 방역을 담당했던 로손은 보고서를 통해 동화의원이 페스트 환자를 진단조차 하지 못하고 있으며, 동화의원이 오히려 전염병의 온상이 되고 있다고 비난했다.[17] 그러나 식민당국이 직접 운영한 케네디타운 병원과 동화의원에서 페스트 환자의 사망률은 별 차이가 없었다.[18] 더군다나 서양의학과 중의학에 의한 페스트 치료효과도 별 차이가 없었다.[19] 로손의 동화의원 폐지 요구 속에서 로빈슨 총독은 1896년 2월 5일 동화의원 조사위원회를 구성하고 동화의원의 조직과 실태 등을 조사하도록 했다.[20]

조사위원회는 모두 5명으로 조직되었는데, 보정사(輔政司) 겸 총등기관 로크를 위원장으로, 재정관 대리[署理庫政司] 톰슨(Alexander MacDonald Thomson), 호카이(何啓, Ho Kai: 1859-1914), 채터(Catchick Paul Chater), 화이트헤드(Thomas Henderson Whitehead: 1851-1933) 등이었다. 호카이는 중국인 대표였고, 채터는 상인과 자선가를 대표했으며, 화이트헤드는 차타드뱅크(Chartered Bank of India, Australia and China)의 중국지점장이

---

17   James A. Lowson, "Bubonic Plague," 16 May 1894, enclosed in Robinson to Ripon, 17 May 1894, CO 129/263; James A. Lowson, *Medical Report: Hong Kong, the Epidemic of Bubonic Plague in 1894*(Noronha & Company, 1895), pp.32-34.

18   아오야마 타네미치(靑山胤通: 1859-1917)의 보고에 의하면, 케네디타운 병원의 페스트 환자 사망률은 70%이고, 동화의원의 페스트 환자 사망률은 80-90%였다. 靑山胤通, 『香港ニ於ケル「ペスト」調査ノ略報』, 1894, pp.44-45.

19   1903년 홍콩총독인 Henry Blake(1840-1918)는 중의학과 서양의학의 페스트 치료실험을 실시한 바 있는데, 중의학과 서양의학에 의한 페스트 환자의 치료결과 1.83%의 사망률 차이를 보였다. Henry Blake, *Bubonic Plague in Hong Kong: Memorandum; On the Result of the Treatment of Patients in Their Own Houses and in Local Hospitals, During the Epidemic of 1903*(Noronha, 1903), p.8.

20   Tung Wa Hospital Commission, *Report of the Commission, Appointed by His Excellency Sir William Robinson, K.C.M.G., to Enquire into the Working and Organization of the Tung Wa [sic] Hospital, together with the Evidence taken before the Commission, and other Appendices* (Government Printer, 1896).

었다. 로크, 톰슨, 호카이 등이 비교적 온건한 다수파 입장을 취했으며, 채터와 화이트헤드는 별도의 보고서를 통해 소수파 의견을 제출했다. 로빈슨 총독은 다수 온건파의 입장을 수용했다.

조사위원회는 1896년 2월부터 7월까지 13명의 증인을 채택했으며 9차례 개최되었다. 조사위원회는 동화의원이 적절한 위생관리(특히 병실 내 변기 사용 문제)를 시행하고 있지 못하며, 중의 치료도 효과가 없어 중국인들에게 적절한 치료를 제공하고 있지 못하다고 결론지었다. 특히 동화의원 안에서는 외과수술이 시행되지 못해 많은 환자들이 생명의 위협에 빠지고 있다고 지적했다. 더 나아가 조사위원회는 동화의원의 정상적인 운영을 위해서는 서양의학을 도입해야 한다고 주장했다. 조사위원회는 중국인들의 서의 치료에 대한 불신 원인 중의 하나는 언어 소통문제라고 보았다. 만약 중국인 서의가 환자들에게 수술의 중요성을 설명한다면 중국인들이 서의 치료를 신뢰할 것으로 보았다.

그러나 앳킨슨과 로손 등 식민당국의 보건관료들은 동화의원 이사회 등이 서의 치료를 방해하고 있다고 여겼으며, 동화의원을 폐지하고 중국인을 위한 서의 무료병원을 개설할 것을 요구했다. 식민당국 보건관료들의 이러한 태도는 동화의원의 공간 개편에도 부정적인 요인으로 작용했다. 홍콩 페스트 유행 당시 방역책임자였던 로손은 세균설이 본격화된 시기에 의학교육을 받았지만, 그의 의학인식은 에드윈 채드윅의 공중보건운동을 벗어나지 않은 것이었다. 홍콩은 19세기 말까지 채드윅의 공중보건운동과 미아즈마설을 근간으로 한 영국의 제국의학의 범주를 벗어나지 못했다. 1882년 에드윈 채드윅의 아들인 오스버트 채드윅이 홍콩을 방문하여 홍콩의 위생상태가 심각하다는 점을 지적하며 과밀하고 폐쇄된 공간이 질병의 온상이 된다는 점을 강조했다.

오스버트 채드윅의 주장은 법제화되지만, 곧바로 전면적인 개선이 이루어지지는 못했다. 그런 와중에 페스트가 유행하기 시작했고, 20년간 홍콩의 위생행정을 책임졌던 아이리스 역시 오스버트 채드윅의 주장을 되풀이했다. 로손 역시 채드윅과 아이리스의 인식에 공감했다. 홍콩에 페스트가 유행하자 아이리스와 로손은 과밀하고 폐쇄된 중국인 거류지의 문제점을 집중적으로 부각시켰다. 페스트를 일소하기 위해서는 과밀하고 지저분한 환경을 일소해야 한다는 것이었다. 이를 위해 식민당국은 군대와 경찰을 동원하여 중국인거류지의 철거와 소각 등 대대적인 방역을 실시했다. 1894년 6월, 세계적인 세균학자인 기타사토와의 만남은 로손의 질병인식에서 새로운 전환점이었다. 로손은 기타사토의 부검과 페스트균 발견을 지원했다. 로손은 페스트의 발병원인이 페스트균이라는 사실을 부인하지 않았다. 그러나 그에게 페스트 발병의 더 중요한 요인은 인구과밀과 더러운 환경이었다. 아이리스와 로손은 미아즈마설에 입각하여 동화의원을 폐쇄해야 한다는 주장만을 반복했으며, 세균학적 입장에서 병원공간을 어떻게 재편할 것인지에는 관심을 보이지 않았다.[21]

반면 조사위원회의 호카이는 중국인들의 입장을 대변하는 역할을 수행했다. 그는 동화의원에서 서양의학을 받아들이는 대신 케네디타운 유리공장 격리병원을 동화의원 분원으로 운영할 것을 주장했고, 동화의원의 폐쇄조치를 중단할 것을 요청했다. 결국 식민당국은 새로운 병원의 건립에 따르는 비용 문제 등을 고려하여 병원을 전면적으로 개조하기 보다는 우선은 동화의원에 서양의사를 배치하고 서양의학을 시술하는 것으로 결정했다. 그 결과 식민

---

21 Sihn Kyu-hwan, "Reorganizing Hospital Space: The 1894 Plague Epidemic in Hong Kong and the Germ Theory," *Korean Journal of Medical History* 26-1, 2017, pp.70-73.

당국은 1897년 1월 1일부터 서의인 종징위(鍾景裕)가 동화의원에서 근무하도록 했으며, 앨리스기념병원 원장이었던 톰슨(Dr. J. C. Thomson)으로 하여금 매일 두 차례 동화의원을 순시하도록 했다.[22] 종징위의 임무는 사망통계의 작성과 동화의원의 의무관련 기록을 관장하는 것이었으며, 톰슨의 임무는 동화의원의 위생환경과 종징위의 업무를 감독하는 것이었다.[23]

2. 병원 구성과 공간 기능

광복의사는 제사, 주술, 사체보관, 진료 등의 기능을 가진 사원사묘 타입의 병원이었다. 그러나 실제로 광복의사는 공간 자체가 협소하여 환자들에게 대한 진료와 입원 등 정상적인 병원 기능을 제공하기 어려웠다. 반면 동화의원은 3개 부(section)와 8개 과(department)로 구성되고 초기에서는 80-100명까지 입원할 수 있었고, 최대 144명까지 수용할 수 있었다. 1명의 종두의와 3명의 의사가 상주했는데, 의사는 5명까지 증원될 예정이었다. 1층의 2개 병실 중심에는 각각 목재 칸막이가 놓여 있고, 극빈자를 위한 24개 병상을 마련했다. 2층은 환기와 일조가 양호하며 좋은 상태의 베란다, 천정, 마루바닥 등을 갖추고 있어 경비를 지불할 수 있는 유료 환자를 위한 시설로 사용되었다.[24]

---

22 *Annual Report of the Inspecting Medical Officer of the Tung Wa Hospital for 1897* (Hong Kong, 1898).
23 冼玉儀·劉潤和 主編, 앞의 책, 2006, 57쪽.
24 "Opening of the New Chinese Hospital," *Daily Advertizer*, 14 February 1872; 何佩然 編著, 『源與流: 東華醫院的創立與演進』(三聯書店, 2010), p.49.

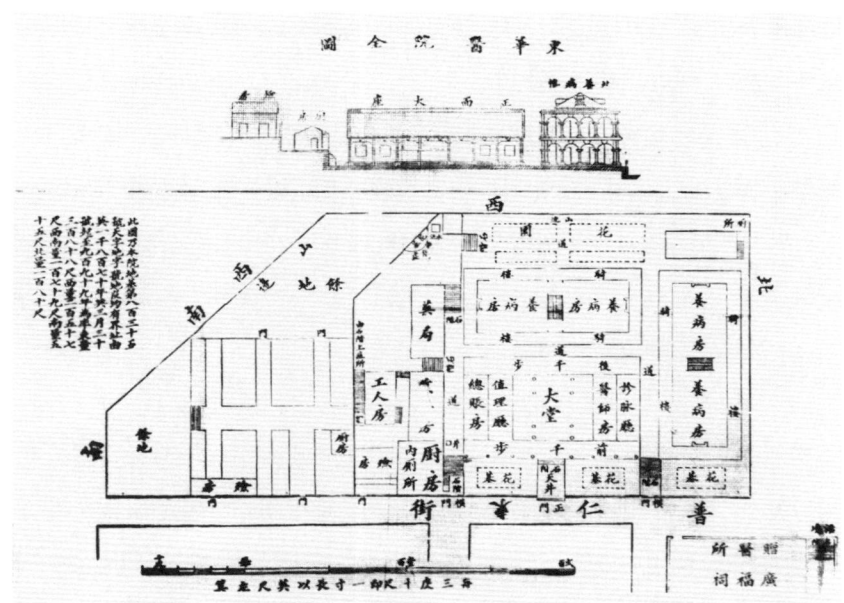

1903년 동화의원 배치도

　　전면에 위치한 홀[大堂]은 각종 회의, 심의 등을 위한 다목적 공간이다. 홀 주변에 진료실, 의사실, 당직실, 원무과 등으로 구분된다. 1층 북측과 서측에는 54병상 규모의 병실이 배치되었다. 1층 남측에도 외과 환자를 위한 24개 병상이 마련되어 있었다. 2층 북측과 서측에는 64개 병상 규모로 병실이 마련되었다. 그 밖에 약국과 사체안치실이 별도로 마련되었다. 사체안치실의 규모가 크지 않았던 것은 동화의원 인근에 광복의사가 부속되어 있었기 때문이다. 1903년 동화의원의 증축 이후의 배치도를 살펴보면, 병실 뒤쪽에 화원이 조성된 것과 사체안치실이 크게 확장된 것을 알 수 있다. 서의들이 동화의원의 전염병 관리에서 가장 문제를 삼았던 것은 병실이 분리되어 있지 않다는 점이었다. 페스트 유행 전까지 동화의원의 병실은 별다른 구분이 없었는데, 로손은 동화의원을 순시하면서 일반 외상 환자가 전염병 환자와 동일 병실에 거처하고 있는 것을 발견하기도 했다.[25]

동화의원이 설립되면서 광복의사가 동화의원에 부속되었고, 광복의사의 의료 기능은 동화의원으로 이전되었다. 다른 한편으로는 광복의사의 주술적이고 민간의료적인 성격과 사체보관 등과 같은 비의료적인 요소도 상당 부분 동화의원에 흡수되었다. 그 단적인 사례가 동화의원의 운영 방식에 나타났다. 원래 동화의원은 개원 이래로 내원환자가 오면, 환자는 중의사의 이름이 적힌 상자에서 쪽지 한 장을 추첨했다. 쪽지에 적힌 중의사는 환자를 진단하고, 진단 결과에 따라 입원 여부 등을 결정했다.[26] 이것은 광복의사에서 일상적으로 행해지는 주술적 제의를 본 딴 것이었다. 환자와 가족들은 제사를 지내면서 뽑기를 하는데, 뽑기에 따라 그 날의 운수와 환자의 명운이 달려 있다고 여겼다. 동화의원에서의 진료도 환자가 어떤 의사를 뽑느냐에 따라 자신의 명운이 달라질 수 있다고 본 것이다.

1894년 페스트 유행 이후, 이러한 관행에 변화가 생겼다. 추첨식의 중의사 선택은 불가능했고, 어떤 방식으로든 서의의 개입이 불가피해졌다. 식민 당국이 서의의 개입과 격리병실의 운영 등 서양의학적인 전염병 관리를 요구해 왔기 때문이다. 이에 동화의원은 수증방(收症房: Receiving Ward)이라는 새로운 제도를 도입했다. 수증방이란 일종의 예비 격리병실로 병원에 상주하는 주치의(Resident Surgeon)가 내원환자에 대한 검사와 진단을 실시한 다

---

25 *Tung Wah Commission Report*, evidence, p.39.
26 *Tung Wah Commission Report*, evidence, p.25.

음, 환자를 질병별로 구분하여 1차 격리병실에 배치했다. 최종적으로 외부 감독관인 순회의관(Inspecting Medical Officer)이 병원을 방문한 후 주치의의 진단결과를 확진하여 환자를 재배치했다. 그런 다음 격리병실을 관리하는 병원 잡역부(coolie)가 환자에게 서의 혹은 중의 치료 여부를 물어본 후, 환자가 서의 혹은 중의를 선택하여 원하는 치료를 받게 된다.[27] 수증방 제도의 설치와 운용은 서의가 전염병 진단에 적극 개입한다는 것을 의미했다. 수증방 제도는 진료절차에 병원 내 주치의 이외에 외부 감독관과 병원 잡역부 등의 불필요한 간섭이 부가되어 일부 사람들의 불만을 샀지만, 1896년 동화의원 조사위원회의 다수 보고서는 전염병 관리를 위해서는 수증방 제도가 효과적이라고 판단했다.[28] 적어도 일반 환자와 전염병 환자가 뒤섞여서 병원 내에서 전염병이 확산되는 것을 막을 수 있었기 때문이다.

수증방 제도 중 원내 주치의와 외부 감독관인 순회의관의 역할은 서양의학의 전염병 관리방식을 수용한 것이다. 반면 병원 잡역부를 환자 진단체계에 편입시킨 것은 그들이 광복의사 이래로 사자(死者)와 환자의 경계를 오가는 중개인의 역할을 담당해왔기 때문이다.[29] 식민당국은 환자 진료체계에 병원 잡역부를 끌어들이는 것을 용납할 수 없었지만, 동화의원은 광복의사 설립 이래로 관례상 그들의 역할이 필요하다고 간주했다. 동화의원 조사위원회는 전염병 관리에서 운영상의 모순보다는 그 효과에 주목했다. 말하자면, 동화의원의 수증방 제도는 서양의학적 전염병 관리와 민간사회의 의료 관행 사이에

---

27 *Annual Report of the Inspecting Medical Officer of the Tung Wa Hospital for 1897*(Hong Kong, 1898).
28 *Tung Wah Commission Report*, xiii.
29 *Tung Wah Commission Report*, v‑vi.

〈표 1〉 1897년 동화의원의 병실 배치상황[30]

위치		병실 명칭	병상 수량	질병 명칭
서측 (West Block)	1층	Hong	15	설사와 이질(Diarrhea and Dysentery)
		Ning	15	일반 내과질환(General Medical Cases)
	2층	Fuk	15	말라리아(Malaria Fevers)
		Shau	15	폐병(Lung Diseases)
북측 (North Block)	1층	Tik	8	극빈자(Destitutes)
		Kat	16	극빈자와 만성질환(Destitutes and Chronics)
	2층	Ping	17	각기병(Beri-Beri)
		On	17	일반 내과질환(General Medical Cases)
남측 병실 (South Wards)		Chuen	13	외과(Surgical)
		Hing	11	외과(Surgical)

서 형성된 '위생의 혼종성'을 보여주는 대표적 사례였다.

수증방 제도 운영 이후, 동화의원의 공간배치상 중요한 변화가 확인된다. 병실을 15개 병상 내외로 구성하여 질병별로 운영했다는 점이다. 전통 양식의 병원 특성상, 완전한 형태의 분동형 격리병실 구성은 어려웠지만, 본관과 동떨어져 있는 서측 병실에 전염병 환자들을 집중 배치함으로써 전염병 관리에 만전을 기했다. 또한 질병 분류상 설사와 이질, 말라리아, 폐병, 각기병 등에 대해서는 중의의 접근을 배제하여 서양의학적 전염병 관리를 강화하고자 했다.[31]

---

30 *Annual Report of the Inspecting Medical Officer of the Tung Wa Hospital for 1897*(Hong Kong, 1898).

31 이러한 관행은 1930-40년대에도 확인된다. 鄭洪, 「近代香港東華醫院中醫事業的變遷」, 『中華醫史雜誌』 46-3, (2016. 5), 168쪽.

동화의원 배치도상에서 수술실이나 세균검사실의 존재 여부를 확인하기 어렵지만, 실제로는 동화의원의 중의들이 외과적 시술을 시행하기도 했다. 이 때문에 식민지 보건관료들은 동화의원의 외과수술을 '외과폭행'이라고 비난했다. 소독, 마취, 청결이 보장되지 않은 외과수술은 폭행이나 마찬가지라는 주장이었다. 1890년대 외과수술을 둘러싸고 식민지의관과 중의 사이에서 논쟁이 일기도 했다. 그 후 동화의원에 서의가 고용되어 본격적으로 외과수술이 시행되었다. 동화의원 최초의 서의인 종징위는 원래 앨리스기념의원의 외과의사였다. 1898년 그는 대퇴부절단술, 방광결석제거술 등 10여 차례의 외과수술을 실시했다. 동화의원에 수술실이 설치된 것은 1899년이었고, 제대로 된 설비를 갖춘 수술실이 마련된 것은 1903년이었다.[32] 다만 1903년 동화의원의 배치도상에서 수술실이나 세균검사실을 확인할 수는 없었다.

1872년과 1903년 동화의원의 배치도는 진료실과 입원실 이외에 사체안치실[殮房], 약국 등 초보적인 형태의 근대 병원의 기능만을 보여준다. 동화의원의 공간 배치는 30년의 차이에도 불구하고 별다른 변화가 없어 보인다. 그러나 실제로는 1894년 페스트 유행 이후 동화의원은 많은 것이 변화되었다. 수증방 제도의 실시로 격리시스템이 구축되었고, 서양 외과수술을 위해 수술실이 마련되었다. 이것은 비슷한 시기 식민당국이 운영하는 정부공립의원 등에서 수술실, 실험실, 예방접종실, 세균검사실 등이 운용되었던 것과 비교하면 미미한 것처럼 보이지만, 중의병원으로서 동화의원의 태생적 한계를 생각한다면 이러한 변화들은 30년만에 등장한 새로운 변화였다.

---

32 *Annual Report of the Principal Civil Medical Officer for 1899*; *Hong Kong Telegraph*, 25 November 1899.

1894년 홍콩 페스트의 방역과정에서 식민당국의 보건관료들은 중의병원인 동화의원을 어떻게 처리할 것인가로 고심했다. 그들은 동화의원이 전염병을 치료하는 장소가 아니라 전염병을 확산시키는 장소라고 여겼다. 동화의원은 중국인 하층민들의 집단 거류지역인 타이핑산 일대에 위치하고 있어 전염병 관리에서 중요한 거점이었던 것은 분명했다. 식민당국은 군대와 경찰 등 공권력을 동원하여 강제 격리와 소독 등을 실시했고, 심지어 오염지의 봉쇄와 철거 등 강경책을 고수했다. 페스트 방역이 종결된 이후에도 아이리스와 로손 등은 동화의원의 폐쇄를 계속해서 주장했다. 불굴의 의지로 강경책을 고수한 로손은 홍콩 페스트의 '이름 없는 영웅'으로 간주되기도 했다. 결국 로빈슨 총독은 동화의원 조사위원회를 구성하여 독립적인 조사를 실시했다. 그 결과 총독은 동화의원에 서양의학을 도입하는 것으로 동화의원 논란을 종결시켰다. 폐쇄 위기에 몰렸던 동화의원 이사회로서는 서양의학의 도입을 거부할 수 없었다.

동아시아 각국은 서양의학의 도입과정에서 질병인식과 의학인식에 기초하여 엄청난 병원공간의 변화를 경험했다. 특히 1880년대부터 1900년대 초까지 서양의학계는 미아즈마설에서 세균설을 거쳐 실험의학으로 나아가는 급격한 변화의 시기였고, 병원공간 역시도 이러한 변화에 민감하게 대응했다. 홍콩 식민당국이 1849년 중완(中還) 지역에 설립한 정부공립의원은 2층짜리 소형 목조건물이었는데 태풍으로 붕괴되었다. 1878년 사이잉푼(西營盤) 지역에 새로 지은 정부공립의원은 3층의 조적식 건물로 최소 100병상 이상을 보유할 수 있게 되었다. 새 건물이 유럽에서의 세균학적 발전에 대응하기 위한 것은 아니었지만, 통풍과 채광, 병실 규모와 다양한 공간구성 등 전염병 관리와 연구에 최적화된 여건을 갖추게 되었다.

반면 동화의원은 개원 직후인 1872년 배치도와 개축 이후인 1903년 배치도를 비교해 볼 때, 무려 30년의 시간 차이에도 불구하고 병원의 공간구성과 배치에 있어 현격한 차이를 발견하기 어렵다. 동화의원 설립부터 개조에 이르기까지 식민정부 내외에서 엄청난 논쟁과 대립이 있었던 것과 달리 배치도상에서는 수술실, 예방접종실, 전염병실 등 서양의학의 직접적인 영향과 급격한 변화상을 찾아보기 어렵다.

홍콩 페스트 유행 이후, 홍콩 도시사회가 급변하고 있었음에도 불구하고, 동화의원의 공간구성에서 세균설이나 실험의학의 영향을 찾기 어려운 이유는 크게 두 가지였다고 생각된다. 하나는 홍콩 페스트 방역을 주도했던 보건관료들의 위생인식과 관련이 있다. 홍콩 식민당국은 본국의 의학인식에 영향을 받고 있었고, 19세기 홍콩의 보건관료들은 환경개선을 최상의 가치로 삼는 채드윅의 공중보건운동 이론에서 벗어나지 않았다. 식민당국의 보건관료들은 미아즈마설에 입각하여 동화의원을 폐쇄해야 한다는 주장만을 반복했으며, 세균학적 입장에서 병원공간을 어떻게 재편할 것인지에는 관심을 보이지 않았다.

다른 하나는 중의병원으로 출범한 동화의원의 태생적 한계와 서양의학 도입이 전면적이 아니라 절충적이었다는 점이다. 홍콩 페스트 유행 이후, 동화의원에 서양의학이 도입되었지만, 비용문제나 중국인들의 관습을 고려할 때 근대식 서양병원에서 중요한 공간이었던 수술실, 실험실, 접종실, 독립적인 전염병실을 갑작스럽게 설치하기는 어려웠다. 우선적으로 필요한 외과수술을 실시하고, 환자 분류를 통해 전염병 환자를 격리시키는 것이 가장 중요했다. 이를 위해 동화의원은 서의를 고용하여 외과수술을 도입했고, 수증방 제도를 도입하여 전염병 관리에 신경을 썼다. 수증방이란 일종의 예비 격리병실을 뜻한다. 병원에 상주하는 주치의가 1차 진단을 통해 질병에 따라 환자를 분류하고, 감독관인 순회의관의 2차 진단을 통해 질병을 확진하는 제도였다. 수증방 제도가 전염병 관리에 필요한 실험실과 검사장비의 부실을 근본적으로 만회할 수는 없었지만, 2차례에 걸친 진단으로 오진의 가능성을 줄이고자 했다는 점, 서양의학을 전면적으로 실시할 수 없었던 제한적인 환경에서 전염병관리를 유지했다는 점은 높이 평가할 만하다. 아울러 동화의원은 서양식 외과수술의 도입을 통해 서양식 감염관리와 서양의학의 점진적 확산에도 공을 들였다. 이러한 절충적이면서 점진적인 병원공간의 변화는 동화의원이 관리했던 광화의원과 동화동원의 건립을 통해서도 확인된다. 광화의원과 동화동원은 개원시부터 중의와 서의가 공존했으며, 동화동원은 세균실험실과 엑스레이실까지 포함된 최신식 병원으로 설립되었다.

 홍콩에서 서양의학과 근대식 서양병원의 도입은 제국의학과 선교의학이 주도했다. 반면 민간이 주도한 동화의원은 처음에는 중의학과 전통식 병원공간으로 구성되었지만, 홍콩 페스트 유행을 계기로 서양의학의 도입과 근대식 병원공간의 재편이 점진적이면서 절충적으로 이루어졌다. 동화의원은 식민지 홍콩의 도시사회가 페스트 유행을 계기로 공간 변화의 요구 속에서 어떻게 대처해 나갔는지를 보여주는 흥미로운 사례로 생각된다. 더 나아가 근대의학의 공간화 과정에서 근대의학에 저항하고 균열되는 양상을 위생의 혼종성이라는 시각에서 살펴보자면, 동화의원은 자신의 관점에서 근대의학의 공간화를 실현해 간 하나의 사례가 될 것이다.

3

전통적 질병관의 변화와
중국사회의 대응

인류 역사상 전세계적인 팬데믹과 각종 전염병이 유행한 배경에는 기후, 전쟁, 교역, 기근, 도시화 등 생태환경의 변화가 결정적인 원인으로 작용했다. 그 중에서도 기후변화는 전염병과 사회변화를 일으키는 직접적인 원인으로 지목받아왔다. 동아시아에서 기후변화와 질병의 관계가 가장 잘 드러나는 사례는 17세기 소빙기(小氷期)의 기후변동과 20세기 초의 기후변동으로 인한 전염병의 유행을 들 수 있다.[1] 대략 이 시기 동안 평년대비 2℃ 내외로 기온이 강하했는데, 이 시기의 기온 강하는 페스트 등 전염병의 창궐로 이어졌다.[2] 또한 이 시기 중국사회는 전염병 유행을 거친 후 명·청교체와 청·민국교체 등 정치적 변화가 일어났던 시기였다.

그러나 이러한 일련의 사건을 기후변화 – 질병유행 – 왕조교체 등으로

---

1 유소민 지음, 박기수 옮김, 『기후의 반역』(성균관대출판부, 2005); 17세기 소빙기의 기후변동에 대해서는 김문기에 의한 일련의 연구가 있다. 김문기, 「명청시기 강남의 기후변동과 동정감귤」, 『명청사연구』 14, 2001; 김문기, 「명말 강남의 기후와 숭정 14년의 기황」, 『중국사연구』 37, 2005; 김문기, 「17세기 강남의 재해와 민간신앙-유맹장신앙의 전변을 중심으로」, 『역사학연구』 29, 2007; 김문기, 「17세기 강남의 소빙기 기후」, 『명청사연구』 27, 2007; 김문기, 「17세기 강남의 기후와 농업: 『歷年記』에 대한 분석을 중심으로」, 『동양사학연구』 99, (2007. 6).
2 흥미롭게도 이 두 시기는 페스트가 창궐했던 시기이기도 하다. 명말에 창궐했던 전염병이 페스트인지 여부는 논쟁적인 주제이며, 기후변화와 전염병 유행의 관련성을 지적하는 연구도 있다. 이에 대해서는 邱仲麟, 「明代北京的瘟疫與帝國醫療體系的應變」, 『中央研究院歷史語言研究所集刊』 75-2, (2004. 6)를 참조.

단순화시켜서 말하기는 어렵다.³ 예컨대, 17세기 소빙기의 기후변동으로 조선에서는 경신대기근(庚申大饑饉)과 을병대기근(乙丙大饑饉)이 발생했고, 왜란과 호란 등 전쟁이 그치지 않았다. 그렇지만 이 경우에 기후변화가 질병유행이나 왕조교체의 직접적인 원인이 되지는 않았다.⁴ 말하자면 기후변화는 각종 질병과 사회변화를 일으키는 다양한 요인 가운데 한 가지는 될 수 있을지언정 질병과 사회변화를 일으키는 직접적인 변수였다고 단언하기는 어렵다. 이 때문에 청대 강남의 전염병을 연구한 위신중(余新忠)은 전염병은 재해, 인구, 환경 등에 의한 복합적 요인으로 발생하는 것이며, 청대 두 차례의 한랭기가 전염병 발생의 직접적 원인은 아니었다고 단언하기도 했다.⁵

반면 동아시아 전통사회에서 기후변화가 질병에 영향을 준다는 사고방식은 오랜 전통을 가지고 있는데, 『황제내경(黃帝內經)』에 근거한 운기설(運氣說)이 대표적인 기후 – 질병이론이라 할 수 있다. 하늘의 기후변화에 따라서 땅위의 사물들은 변화를 계속하는데, 운기설은 그 변화에 내포된 일정한 규칙을 파악하려는 이론이다. 운기설은 자연계의 모든 변화를 기(氣) 운행(運行)의 결과라고 보며, 기후변화 역시 그 일부였다.⁶

이 운기설을 기초로 시대와 지역에 따라 새롭게 등장한 질병이론이 상한론(傷寒論)과 온병학(溫病學)이다. 중국 한대(漢代)에 등장한 상한론은 겨울

---

3   김문기는 기후변동과 왕조교체를 테마로 삼았지만, 기후변화로 인한 질병유행보다는 황정시스템의 작동여부가 왕조교체의 중요한 계기였음을 지적한 바 있다. 김문기, 「17세기 강남의 기후변동과 명청교체」, 부경대학교 사학과 박사학위논문, 2008.
4   김덕진, 『대기근, 조선을 뒤덮다』(푸른역사, 2014).
5   余新忠, 『淸代江南的瘟疫與社會: 一項醫療社會史的硏究』(中國人民大學出版社, 2003), 169쪽.
6   陳震霖, 「陝西氣候, 疾病與運氣理論的相關性硏究」, 廣州中醫藥大學 博士學位論文, (2008. 4).

철 한사(寒邪)가 봄철의 따뜻한 기운을 받아 질병을 일으킨다는 인식인데, 계절적 요인에 따른 기후변화가 인체의 균형에 영향을 주고 또한 그것이 질병을 초래한다고 여겼다.[7] 반면 명·청시기(明淸時期)에는 강남의 이상고온과 더불어 사시사철 전염병이 빈발했고, 기존 상한론적 인식과 처방으로 전염병을 인식하고 통제하는 데 한계를 드러내고 있었다.[8] 그에 따라 중국 남방지역에서는 상한론을 대신하여 특정 지역의 물질적 조건과 기후적 조건이 결합하여 전염병을 일으킨다는 온병학이 크게 유행했다.[9] 상한론이 한사와 발열을 제거하기 위해 발한, 구토, 사하(瀉下) 등과 같은 공격적인 처방을 사용했던 것에 비해, 온병학에서는 화기(火氣)를 제거하기 위한 찬 성질의 약을 처방하는 데 집중했다.

말하자면 상한론은 고대 북방문화에서 탄생한 질병이론이고, 온병학은 명·청시기 남방문화에서 탄생한 질병이론이라고 말할 수 있다. 그러나 19세기 후반 서구열강의 동아시아 침략이 본격화되면서 서양의학의 도입이 봇물을 이뤘고, 세균설을 중심으로 한 서양의학적 질병관은 상한론과 온병학적 인식 모두에 도전했다. 그렇다면 19세기 말 20세기 초 페스트가 중국사회에서 맹위를 떨쳐가기 시작했을 때, 중국인들은 페스트를 어떻게 인식하고 어떻게 대응했을까?

인류가 경험한 세 차례의 페스트 팬데믹 중 세 번째는 19세기 말 20세

7　李致重,「談傷寒和溫病的關係」,『中國中醫基礎醫學雜誌』(2003. 3); 은석민 지음,『傷寒溫病學史略』(서울: 주민출판사, 2007).

8　신순식,「청대 온병학설의 성립 배경에 관한 연구」,『의공학회지』3-2, 1994.

9　Marta E. Hanson, *Speaking of Epidemics in Chinese Medicine: Disease and the Geographic Imagination in Late Imperial China* (London and New York: Routledge, 2011).

기 초 중국과 만주 일대에 유행했던 페스트였다. 세 번째 페스트 팬데믹은 동서의학의 질병인식과 방역대책이 경합하고 충돌하는 장이었으며, 이를 계기로 의학지식과 방역의 주도권을 둘러싸고 중국과 일본, 구미열강 등이 경쟁했다.[10]

19세기 말 20세기 초 기후변화와 전염병 유행을 계기로 중국인들의 질병관이 어떻게 구성되고 변화되었던 것일까? 이 시기는 17세기 시작된 소빙기의 한랭한 기운이 마지막으로 중국 대륙을 강타한 시기이며, 중국 남부연안과 만주를 중심으로 페스트가 창궐한 시기이기도 하다.[11] 여기서는 기후변화가 질병의 확산에 미친 직접적인 영향을 검토하기보다는 기후변화와 질병을 둘러싼 중국인의 전통적인 사고방식이 19-20세기의 생태환경의 변화와 구미열강의 정치적 역학구도 속에서 어떻게 변화되고 굴절되는지에 초점을 두고자 한다. 이를 통해 19-20세기 페스트 유행을 계기로 중국인의 질병관이 어떻게 변모하는지 살펴볼 수 있을 뿐만 아니라 중국사회가 페스트에 어떻게 대응해 나갔는지 살펴볼 수 있을 것이다.

---

10   신규환, 「제국의 과학과 동아시아 정치: 1910-11년 만주 페스트의 유행과 방역법규의 제정」, 『東方學志』 167, (2014. 9).
11   王紹武·葉瑾琳·龔道溢, 「中國小冰期的氣候」, 『第四紀硏究』 第1期, 1998年 2月.

중의학의 질병관과
운기설의 진화

『황제내경』은 전국시대(戰國時代)로부터 서한(西漢)시기에 걸쳐 집대성되고 위진(魏晉)시기까지 보완되어 완성된 중국의학의 대표적인 이론서이다. 『황제내경』의 의학이론은 음양오행설(陰陽五行說)과 운기설(運氣說)에 기초한 것인데, 음양오행은 한대에 발달한 상수역학(象數易學)과 주역(周易) 체계의 영향을 받은 것이고, 운기설은 동한(東漢)과 위진시기 오운육기설(五運六氣說)의 영향을 받은 것이다.[12] 특히 오운육기설은 의가(醫家)들이 질병의 외부적 요인(기후와 계절)을 파악하여 질병 발생의 객관적 조건을 탐구하고 미래를 예견하기 위해 적극 수용하게 된 것이다. 『소문(素門)·오운행대론(五運行大論)』은 오행 속성을 기준으로 만물의 분류체계를 정리했는데, 금 - 목 - 수 - 화 - 토의 오행에 따라 오운이 작동한다는 것을 설명했다. 또한 『소문(素門)·천원기대론(天元紀大論)』에서는 음양(陰陽)과 육기(六氣)의 관계를 논하고 있는데, 육기는 음양의 많고 적음에 따라 풍(風)·한(寒)·서(暑)·습

---

12 김혜랑, 「『황제내경』 오행론의 형성: 초기 오행 사유에서 운기설까지」, 『동방학』 29, (2013. 11), 102-103; 김혜랑, 「『황제내경』 오행론의 형성과 전개」, 한국학중앙연구원 한국학대학원 철학전공 박사논문, 2014.

(濕)·조(燥)·화(火) 등 기후변화를 크게 6가지로 나누고 있다.[13]

『황제내경』에서 질병은 일시적이고 미미한 고통에서 일반적인 통증이나 무능력에 이르기까지 매우 포괄적이다. 간단히 말하자면 『황제내경』이 말하는 질병은 음양의 조화가 깨진 인체의 상태를 말하는데, 그 원인은 대체로 풍한서습조화 등과 같은 외부적인 요인과 섭생이나 감정 같은 내부적인 요인이 상호결합된 것이다.[14] 반면 전염병의 발생은 개인의 섭생이나 감정보다는 기후조건 같은 외부적 요인이 더 크게 작용하게 된다. 그 전염병을 중국의학에서는 상한(傷寒), 온병(溫病), 열병(熱病) 등으로 불렀다. 『소문(素門)·열론(熱論)』에서 "대저 열병(熱病)이라는 것은 모두가 상한(傷寒)이다"라고 했고, 겨울에 한랭한 기운에 상하게 되면 봄에 온병이 생긴다[동상어한(冬傷於寒), 춘필병온(春必病溫)]고 했다. 『난경(難經)·오십팔난(五十八難)』에서 상한에 다섯 가지가 있다고 했는데, 중풍(中風), 상한(傷寒), 습온(濕溫), 열병(熱病), 온병(溫病) 등이 그것이다. 상한의 범위에 대해서는 후대에 오랫동안 논쟁거리가 되었는데, 넓은 의미의 상한은 일종의 병인(病因)으로서 일체의 외감열병(外感熱病)을 통칭하는 것이고, 좁은 의미의 상한은 외감열병 중 하나의 병명(病名)을 지칭하는 것이었다.

『황제내경』의 질병이론은 후한대의 장기(張機: 150-219)에 의해서 발전되었다. 장기는 허난성(河南省) 난양(南陽) 사람으로 후난성(湖南省) 창샤(長沙) 태수(太守) 등을 지냈다. 장기의 자는 중경(仲景)으로 흔히 장중경(張仲

---

13 최우진, 「운기론의 육기와 삼음삼양 연구: 오운육기와 기상학적 관점에서」, 『Korean Journal of Acupuncture』 31-3, (2014), 122-123쪽.
14 김희정, 『몸·국가·우주 하나를 꿈꾸다: 황제사경, 관자사편, 회남자, 황제내경 연구』(서울: 궁리, 2008), 266-268쪽.

景)이라고 불린다. 장기의 일족은 200여 명에 달했는데, 상한으로 3분의 2가 사망하자, 이를 안타까워하는 마음에서 『상한잡병론(傷寒雜病論)』 16卷을 지었다. 그 중 상한은 『상한론(傷寒論)』으로, 잡병은 『금궤요략(金匱要略)』으로 후대에 전해졌다.[15]

『황제내경』은 육경[六經: 태양(太陽) · 양명(陽明) · 소양(少陽) · 태음(太陰) · 소음(少陰) · 궐음(厥陰)]과 육경(六經)의 기(氣), 즉 육기[六氣: 풍(風) · 한(寒) · 서(暑) · 습(濕) · 조(燥) · 화(火)]에 대한 언급을 통해 기후변화가 인체에 영향을 미치고 그로 인해 질병이 발생한다고 보았다. 『상한론』은 삼음삼양(三陰三陽)으로 태양의 가장 가벼운 단계에서 궐음의 가장 심각한 단계에 이르기까지 육경변증체계를 확립함으로써 6단계의 외감열병의 단계를 적시하여 그에 맞는 치료법을 제시하고자 했다.

『상한론』이 육경변증을 통해 기후변화에 적절히 대응하고자 했던 데 비해, 남방에서 빈발하는 급성전염병의 발발과 치료에 대해서는 별다른 대응책을 제공하지 못했다. 말하자면, 기존의 상한론적인 시각에서는 남방에서 사시사철 발생하는 질병을 해석하고 처방하는 데는 한계가 있었다. 남방지역과 같은 새로운 환경에서 질병에 대처하기 위해서는 기존 약재에 대한 임상적 검토와 의학이론에 대한 전면적인 검토가 필요했다. 중국에서 남방이 부와 풍요의 상징이 된 것은 남송대의 강남개발 이후이다. 중국에서 남방은 창강(長江) 이남, 후이허(淮河) 이남, 타이링(泰嶺) 이남 등을 가리키는데, 대체로 그 지역은 아열대 기후대에 속하고 남쪽으로 내려갈수록 열대성 기

15　傅延齡 主編, 『張仲景醫學源流』(北京: 中國醫藥科技出版社, 2012), 18-19쪽.

후를 나타낸다. 전통적으로 중국 지식인들에게 남방은 만장지구(蠻瘴地區)라 하여 미지의 질병으로 가득 찬 사지와 같은 곳으로 여겨졌다. 당대(唐代) 유우석(劉禹錫)과 같은 지식인들이 강남지역으로 유배를 떠나기에 앞서 『전신방(傳信方)』과 같은 의서편찬을 준비했던 것은 미지의 질병에 대처하기 위한 것이었다.[16]

『사기(史記)』나 『수서(隋書)』와 같은 역사서에서도 남방지역은 날씨가 무덥고 습도가 높으며, 더위와 습기가 심하다고 말하고 있고, 이런 지역에는 장역(瘴疫)이 많아 사람의 수명이 짧다고 말한 바 있다. 『사기』와 『수서』는 출간시기가 700년의 차이가 있음에도 불구하고 공통적으로 남방지구가 지세가 낮고 기후가 습윤하다고 말하고 있다.[17] 남방의 기후조건과 전염병에 대해서는 지식인과 의학자들 사이에서 오랫동안 인식되고 있었지만, 북방 중심의 문화 속에서 남방의 전염병에 대해서 본격적인 분석은 송대 이후에야 등장했다.

송대 강남개발 이후 온병학의 발전에 커다란 공헌을 한 의학자들은 금원사대가(金元四大家)로 지칭된다. 금원사대가는 금원시대의 유완소(劉完素)·장종정(張從正)·이고(李杲)·주진형(朱震亨) 등을 지칭한다. 이들은 공통적으로 화기(火氣)와 질병의 문제에 집착했다. 특히 유완소(1120-1200)는 질병의 원인이 화기에 있다는 화열론을 제기하여 명·청대 온병학의 번성에 크게 기여했다. 온병학자들은 병인으로서 풍한(風寒)보다 화기(火氣)를 강조했으며, 상한(傷寒)보다 열병(熱病)에 초점을 맞추었다.

---

16 연세대학교 의학사연구소 엮음, 『동아시아 역사 속의 의사들』(서울: 역사공간, 2015).
17 「貨殖列傳」, 『史記』 卷129, (北京: 中華書局, 1959), 3268쪽; 「殖貨志」, 『隋書』 卷24, (北京: 中華書局, 1973), 673쪽.

그 대표적인 인물이 장쑤성(江蘇省) 쑤저우(蘇州) 출신인 우유싱(吳有性)(1582-1652, 자(字)는 유자(又家))인데, 그는 온병학이 상한론에서 독립하는 데 결정적 기여를 했다. 그는 『온역론(溫疫論)』(1642)에서 일종의 특이한 비정상적 기[여기(戾氣) 혹은 잡기(雜氣)]가 온역을 일으키고, 그것은 사람들의 호흡기를 통해서 감염된다고 주장했다. 그 이후 온역(溫疫)은 온병(溫病)의 가장 심각한 상태로 규정되었다. 그러나 여기서 주의해야 할 것은 우유싱의 온역론 혹은 잡기설이 서양의 세균설과는 다르다는 점이다. 그는 상한이 기후적 기에 의해 비전염성으로 발생한다고 간주했으며, 남방의 전염병은 잡기가 일으키는 시역(時疫)이 코나 입을 통해 전염되고 사람 대 사람으로 전염된다고 생각하지는 않았다. 말하자면 남방의 전염병은 사람 대 사람으로 전염되는 것이 아니라 전염병을 일으키는 나쁜 기운이 개별적으로 감염시킨다고 본 것이다.[18]

이와 같이 질병이 어떤 지역의 특정한 기운이나 토양으로 인해 발생할 수 있다는 인식은 17세기 강남지역에서 보편적으로 공유되기 시작한 인식이다. 명대까지 강남과 중원지역에서 발병한 전염병을 상한론에 의거하여 치료했으나 별다른 효과가 없었다. 명말의 우유싱은 당대의 전염병에 대한 새로운 이론을 제기했다. 우유싱은 상한론에서 말하는 풍한서습조화 등 육기(六氣)로 인해 질병이 발생한다고 보지 않았다. 그는 잡기라는 개념을 고안하여 일반적으로 상한병을 일으키는 기후나 일기변화에 의한 기보다도 특정한 토양에 의한 기운 즉 방토지기(方土之氣)가 치명적인 전염병을 일으

---

18 Angela Ki Che Leung, "The Evolution of Idea of Chuanran Contagion in late imperial China," Angela Ki Che Leung and Charlotte Furth eds., *Health and Hygiene in Chinese East Asia: Policies and Publics in the Long Twentieth Century* (Duke University Press, 2010).

킨다고 보았다. 우유싱에게 계절적 변화 등 기후변화는 여전히 질병의 원인을 설명하는 여러 요인 중의 하나였다. 다만 그는 기후변화가 사악한 기운을 몰고 올 수 있지만 질병을 발생시키는 직접적인 요인은 잡기에 있다고 여긴 것이다. 중국의 의학자들이 열병(熱病)의 온기(溫氣)를 잡기 위해 노력했는데, 우유싱은 온병(溫病)의 치료는 열기(熱氣)에 대한 치료가 아니라 질병의 원인인 사기(邪氣)를 치료해야 한다고 보았다.[19] 이처럼 『황제내경』과 『상한론』에서 절대적인 지위를 차지했던 운기설은 온병학에서는 더이상 질병의 직접적인 원인이 아니라 질병 메카니즘을 설명하는 보완적인 지위로 격하되었다고 할 수 있다.

중국에서 전염 개념은 명·청시기에 흥미로운 변화를 경험했다. 기존의 전염이 접촉, 유전, 성교 등 개인적 행위에 의해 이루어지는 만성질환을 지칭하는 것이었다면, 명·청시기에 들어와서 전염은 지역적 특성과 시체 유기물의 더러움과 같은 구체적 요인이 강조되었다. 지역의 잡기가 계절에 맞지 않는 환경적인 기보다 위험한 것으로 설명되었고, 급성전염병이든 만성전염병이든 코와 입을 통해 전염된다고 보았다.[20]

---

19 淸代의 온병학은 크게 보아 두 가지 추세로 발전하는데, 하나는 葉天士, 薛生白, 吳鞠通, 王孟英 등을 대표로 하는 溫熱學派로 衛氣營血, 三焦辨證 등의 변증논치체계가 확립되었고, 다른 하나는 明代 吳有性, 戴天章, 余師愚 등을 대표로 하는 溫疫學派로 이 학설은 邪가 없으면 病이 없다는 이론이었다. 온역학파에 따르면, 邪氣가 本이 되고, 發熱이 標이 되고(無邪不病, 邪氣爲本, 發熱爲標), 다만 그 邪를 치료할 수 있으면, 그 熱을 치료하지 않아도 熱은 스스로 낫는다(但能治其邪, 不治其熱而熱自己)고 생각하였다. 嚴世主編, 『中醫學術史』(上海: 上海中醫學院出版社, 1989), 406-407; 陳大舜 등, 『各家學說』(서울: 대성의학사, 2001), 361-473쪽.

20 Angela Ki Che Leung, "The Evolution of Idea of Chuanran Contagion in late imperial China," Angela Ki Che Leung and Charlotte Furth eds., *Health and Hygiene in Chinese East Asia: Policies and Publics in the Long Twentieth Century* (Duke University Press, 2010).

청대에는 온병학의 발달로 기존의 상한학파에 대응하여 온병학파가 부상했다. 『황제내경』은 모든 열병은 상한이라고 언급한 바 있고, 『난경』과 『상한론』은 상한에는 중풍, 상한, 습온, 열병, 온병 등이 있다고 주장했다. 말하자면 상한에는 광의의 상한과 협의의 상한이 있는 것이다. 장중경이 『상한론』에 주장한 상한은 일체의 외감열병을 총칭하는 것이고, 온병은 그 하위 범주 중의 하나로 보는 것이 상한학파의 일반적인 주장이다. 반면 온병학파는 상한과 온병은 외감열병의 양대 축이라고 보았다. 온병학파는 금원사대가 중의 하나인 유완소(河間 출신으로 유하간으로도 불림)를 추숭했으며, 모든 질병이 화열에 의해 발생한다고 보았다. 유완소는 허베이성(河北省) 쑤닝현(肅寧縣) 출신으로, 북방인들의 체질적 특성을 강조했으며, 열병에 온열한 약을 쓰는 고방을 그대로 적용해서는 안된다고 보았다. 질병을 일으키는 풍한서습조화 등 육기가 모두 (火)에서 변화된 것이므로, 질병을 치료하기 위해서는 차고 서늘한 성질의 약인 한량약(寒凉藥)을 위주로 처방해야 한다고 했다.[21]

진한시기까지 상한의 치료는 발한치법(發汗治法), 온열(溫熱)한 약으로 발한해표(發汗解表) 하는 것이 일반적인 원칙이었다. 수·당 시기부터는 신량한 처방을 보완적으로 사용했으며, 송·금·원부터는 신량한 처방을 기초적으로 사용하는 기반이 마련되었다. 원말명초의 왕안도(王安道)는 상한처방으로는 온병을 치료할 수 없다는 관점을 제시했다. 청대의 온병학설에서 온병은 봄철에 발병하기만 하지 않고, 사계절 모두 발병 가능하다고 보았다. 청대 온병학가들은 신량해표법을 외감열병표증의 기본 치법으로 간주했는데, 대

---

21 李致重, 「談傷寒和溫病的關係」, 『中國中醫基礎醫學雜誌』(2003. 3); 錢超塵·溫長路 主編, 『張仲景研究集成』下, (中醫古籍出版社, 2004), 2047-2051쪽.

표적인 신량해표방(辛凉解表方)인 오국통(吳鞠通)의 은교산(銀翹散), 상국음(桑菊飮) 등은 오늘날에도 광범위하게 사용되고 있다. 명·청 대의 온병치료는 상한처방에 반대하여 신량해표방을 기본 치법으로 간주했다.[22]

---

22 은석민 지음, 『傷寒溫病學史略』(주민출판사, 2007).

광둥 페스트의 유행과
『서역휘편(鼠疫彙編)』

1. 중의학의 페스트 인식

중국 고대의 페스트에 관한 기록은 매우 적은데, 의학사가인 판싱준(范行准)이 그의『중국의학사략(中國醫學史略)』에서 중국 고대의 페스트에 관한 기록을 지적했다. 그에 따르면, 동한(東漢)시대의『금궤요략(金匱要略)』중의 음양독(陰陽毒), 송대 말기의 주밀(周密)의『제동야어(齊東野語)』중의 후폐(喉閉), 양씨(楊氏)『증제방(拯濟方)』중의 시역흘탑(時疫肐瘩), 정유(程𪩘)의『의안(醫按)』과 우유싱(吳有性)의『온역론(溫疫論)』중의 하막온(虾莫瘟), 과양온(瓜瓤瘟) 등의 명칭이 페스트를 지칭하는 것이라고 했다.[23] 그러나 그와 같은 명칭만으로 중국 고대에 페스트가 유행했다고 단정하기는 어렵다. 페스트의 증상이 특정되거나 페스트균의 숙주인 쥐벼룩 또는 쥐와의 관련성이 있어야 하기 때문이다.

전염병의 명칭에 쥐와 관련성이 언급되기 시작한 것은 18세기 청(淸) 건륭연간(乾隆年間) 자오저우(趙州) 스다오난(師道南)의『서사행(鼠死行)』이

---

23   范行准,『中國醫學史略』(北京: 中醫古籍出版社, 1986), 241-242쪽.

라는 저작에서이다. 이 책은 전염병과 죽은 쥐의 상관성을 말했고, 그로 인한 전염병의 참상을 서술했다. 사도남 역시 이 병으로 사망한 것으로 보인다. 홍즈춘(洪稚存)의 『북강시화(北江詩話)』에서 "불수일도남역이서괴사(不數日道南亦以鼠怪死, 며칠 되지 않아 사도남 또한 서괴로 사망했다)"라고 했다. 여기에서 언급한 서괴(鼠怪)가 페스트를 지칭하는 것으로 보이는데, 이 때까지만 해도 서역(鼠疫)이라는 명칭은 등장하지 않았다.[24]

서역이라는 명칭을 본격적으로 쓰기 시작한 페스트 전문서적은 1891년 우쉬안충(吳宣崇)의 『치서역법(治鼠疫法)』이 처음이고, 그 후 청말민국초기(淸末民國初期)에만 10여 종이 집중적으로 출현했다. 천자오샹(陳兆祥)의 『구급서역전염양방(救急鼠疫傳染良方)』(1894), 뤄루란(羅汝蘭)의 『서역휘편(鼠疫彙編)』(1897), 리페이란(黎佩蘭)의 『시증양방석의(時症良方釋疑)』(1901), 정샤오옌(鄭肖巖)의 『서역약편(鼠疫約編)』(1902), 라오서우선(勞守愼)의 『악핵양방석의(惡核良方釋疑)』(1903), 황중셴(黃仲賢)의 『서역비역육경조변(鼠疫非疫六經條辨)』(1909), 위바이타오(余伯陶)의 『서역결미(鼠疫抉微)』(1910), 위원야오(郁聞堯)의 『서역양방회편(鼠疫良方滙編)』(1910), 윙자오취안(翁兆全)의 『온병서역론(瘟病鼠疫論)』(1910) 등이 그것이다.[25]

---

24 朱建平, 『近代中醫界重大創新之硏究』(北京: 中醫古籍出版社, 2009), 204-205쪽.
25 민국시기에도 10여 종의 페스트 전문서적이 발간되었다. 黃在福의 『鼠疫證治』(1915), 冉雪峰의 『溫病鼠疫問題解決合編』(1918), 陳繼武의 『鼠疫要覽』(1918), 譚其廉의 『鼠疫』(1918), 陸錦燧의 『鼠疫要節』(1921), 席令의 『鼠疫自療新法』(1939), 張百長의 『鼠疫之硏核及治療』(1939), 葉古紅의 『鼠疫問答』(未詳), 兪松筠·祝紀煌의 『鼠疫槪要』(1941) 등이다. 이밖에 서양의학에서도 페스트 전문서적을 출간하였다. 대표적으로 伍連德의 『鼠疫及消毒法』(1911), 伯力士의 『鼠疫防治實施辦法』(1940), 廣東省衛生處의 『鼠疫防治槪要』(1940) 등이 있다. 李建梅, 「嶺南醫家羅芝園『鼠疫滙編』整理及相關硏究」, 廣州中醫藥大學 碩士論文, (2005. 5.), 3쪽.

이러한 페스트 전문서적의 등장은 중국사회에서 페스트 유행을 반증하는 것이다. 하지만 이것만으로 중국에서 페스트가 토착적인 질병이었는지 단언하기 어렵다. 다만 19세기 중반 이후로 페스트가 윈난과 광둥지역의 대표적인 지방병으로 자리잡고 있었고, 19세기 말에는 페스트가 중국의학에서도 중요한 전염병으로 인식되고 있었음을 알 수 있다. 1894년 홍콩 페스트의 유행 역시 광둥지역에서 유입된 페스트가 확산되어 나타난 것이다.

중국의 페스트 전문서적 중 체계적으로 페스트를 인식하기 시작한 것은 1891년 등장한 우쉬안충의 『치서역법』이라는 책이다. 우쉬안충은 광둥성(廣東省) 우촨현(吳川縣) 출신으로 1890년-1891년 광둥성에서 페스트가 유행하자 각 지역의 페스트 경험방을 묶어서 책으로 출간할 생각을 하게 되었다. 책 제목에 서역(鼠疫)이라는 말이 포함되어 있는데, 본문 중에서 서역이란 "전염병으로 먼저 쥐가 죽은 후에, 사람이 역기(疫氣)에 감염되어 번번이 나려(瘰癧)가 일어나 늦으면 3-5일 만에 사망하고, 빠르면 곧 사망했다"고 했다. 우쉬안충은 전염병 유행시에 한 무리의 쥐가 먼저 죽는 현상에 근거하여 이 전염병을 서역이라고 칭했던 것이다.

그렇다면 우쉬안충은 페스트의 발병원인에 어디에 있다고 판단했을까? 우쉬안충은 서역의 발병원인이 지기(地氣)에 있다고 보았다. 우쉬안충은 1890-1891년 광둥에서 페스트가 유행하는 상황을 다음과 같이 묘사했다.

아, 진정 이[페스트 유행]는 지기(地氣)때문이지, 천기(天氣) 때문에 그런 것이 아니구나라고 탄식하게 되었다. 왜냐하면 같은 읍에 있으면서도, 도시에 있는 사람들은 죽고, 산림에 있는 사람들은 죽음을 면했기 때문이다. 같은 집에 있었으면서도 땅이 진흙으로 되어 있고 검은 빛을 띠며 습기가 있는 곳에 있던 사람들은 죽었고, 벽돌을 깔고 회를 발라 지은 곳에 있던 사람들은 죽음을 면했다. 방이 어둡고 바람을 차단한 경우에는 죽었고, 대청이나 누각에 살던 경우에는 죽음을 면했다.[26]

우쉬안충이 말하는 지기는 인간의 주거환경과 밀접한 관련을 가지고 있고, 쥐가 죽어서 토양과 공기를 오염시키는 것을 포함한다. 우쉬안충은 서역의 근원으로서 쥐 자체뿐만 아니라 더럽고 통풍이 되지 않는 불결한 환경도 함께 지목했다. 우쉬안충은 서역 발생시 지상(地上)에 역기가 상승하는데, 맹렬할 때는 굴뚝에서 연기가 뿜어 나오듯 하고, 완만할 때는 화로에서 연기가 피어오르듯 한다고 했다. 여기에 저촉되면 머리가 어지럽고 눈이 충혈되며 심장이 메말라져서 급하게 찬바람을 맞게 되어 병이 나며, 그 때에 집안에 있는 사람은 기에 감화되지만 느끼지는 못한다고 했다.

우쉬안충은 서역이 유행할 때 한 무리의 쥐들이 먼저 죽는 현상에 주목했다. 그는 서역이 쥐들과 직접적인 관련이 있으며, 쥐들이 토중에 구멍을 파고, 지기(地氣)를 받아 독조(獨早)하기 때문에 발생하는 것으로 보았다. 그는 서역을 예방하기 위해서는 죽은 쥐를 매장하여 전염원을 단절시키고 그 독기(毒氣)를 피해야 한다고 보았다.

우쉬안충에 이어 광둥성 출신의 뤄루란(羅汝蘭)은 우쉬안충의 『치서역법』을 첨삭하여 『서역휘편(鼠疫彙編)』(1897)을 지었고, 푸젠성(福建省) 민허우현(閩侯縣) 출신의 정샤오옌(鄭肖巖, 1848-1920)은 『치서역법』과 『서

26　羅汝蘭, 『鼠疫彙編』(1897); 『鼠疫滙編』(廣州: 科技出版社, 2008), 30쪽.

역휘편』을 참고하여 비주(批注)를 달고 검안(檢案)을 첨가하여『서역약편(鼠疫約編)』(1902)을 지었다.[27] 뤄루란은 서역이란 쥐가 죽어서 전염병을 일으키는 것이라고 했고, 정샤오옌은 서역이라는 것은 역병이 일어나 쥐가 먼저 폐사하고, 사람들이 그 기운에 저촉되어 전염병이 된다고 했다. 정초암에 따르면, 대개 지기가 폭발한 것으로 쥐들이 먼저 영향을 받게 되고, 서역에 중독되면 열과 갈증이 심해지고, 물로 구료할 수 있다고 여긴다고 했다. 따라서 물을 찾게 되고 심지어 찻잔과 약간의 물도 구분하지 않고 먹게 되면서 독기운이 퍼져간다. 따라서 쥐들의 폐사를 목도하게 되면 코를 막아도 그 기운에 저촉되게 된다고 했다.

장쑤성(江蘇省) 자딩현(嘉定縣) 출신의 위바이타오(余伯陶)는 1906년 이래로 상하이에서 주로 활동했는데, 상하이(上海)에서 페스트가 유행하자 위바이타오는『서역휘편』과『서역약편』을 기초로『서역결미(鼠疫抉微)』(1910)를 지었다. 위원야오(郁聞堯), 딩중후(丁仲祜), 양신메이(楊心梅) 등은『서역양방회편(鼠疫良方滙編)』(1910)을 지었는데, 대부분『서역휘편』,『서역약편』,『서역결미』등을 참고한 것이다. 이들『치서역법』,『서역휘편』,『서역약편』,『서역결미』등은 청대의 4대 페스트 서적으로 일컬어지며 중의학의 페스트 진단과 치료에 막대한 영향을 미쳤다.[28]

27　李禾·賴文,「羅芝園『鼠疫滙編』在岭南鼠疫病史之地位及價値」,『中華醫史雜誌』1999年 2期.
28　吳文淸,「中國第一部防治鼠疫的專著-『治鼠疫法』」,『中華醫史雜誌』2004年 2期.

2. 뤄루란의 『서역휘편』

『서역휘편』(1897)은 현존하는 페스트 처방에 관한 저작 중 가장 오래된 것이다. 또한 『서역휘편』이 『치서역법』의 내용을 포함하고 있고, 『서역약편』과 『서역결미』가 앞의 두 저작의 내용을 요약하고 있다는 점에서 페스트 서적 가운데 가장 중요한 저작이라고 말할 수 있다. 만주 페스트 유행 이후에도 『서역휘편』이 지속적으로 출판이 이루어진 점에 비추어볼 때, 페스트 서적 중에서 가장 오래되고 가장 영향력이 컸던 저작으로 평가된다. 『서역휘편』의 「서문」에 따르면, 서적의 처방대로 처방한 경우에는 80-90%가 완치되었고, 효험을 보지 못한 경우는 너무 중할 경우에만 처방약을 조제하거나 처방대로 조제하지 않는 경우였다면서 페스트 치료에 강한 자신감을 내비쳤다.[29]

뤄루란[羅汝蘭, 자는 즈위안(芝園)]은 광둥성(廣東省) 스청현[石城縣, 현 옌장현(廉江縣)] 출신으로 그가 활동하던 1875-1908년은 광둥성에서 페스트가 창궐하던 시기였다. 뤄루란은 페스트가 쥐와 매우 밀접한 관련을 가지고 있으며, 증상이 나타난 후 늦어도 5일 안에 사망할 수 있으며, 대체로 11월부터 5월까지 유행한다는 것을 알았다. 또한 그가 페스트 환자의 증상과 이행 과정을 관찰해 보니, 겨드랑이나 사타구니에 연주창과 같은 멍울이 생기고 고열이 발생한다는 사실을 목도했다. 그는 이것을 열독이 혈관으로 들어가 막혀

---

29   그러한 자신감은 페스트 치료에서 중의학이나 서양의학이나 별 차이가 없었기 때문에 가능했다. 1903년 홍콩총독인 Henry Blake(1840-1918)는 중의학과 서양의학의 페스트 치료실험을 실시한 바 있는데, 중의학과 서양의학에 의한 페스트 환자의 치료결과 1.83%의 사망률 차이를 보였다. Henry Blake, *Bubonic Plague in Hong Kong: Memorandum; On the Result of the Treatment of Patients in Their Own Houses and in Local Hospitals, During the Epidemic of 1903*(Hong Kong: Noronha, 1903), p.8.

서 어혈이 생기고 심하면 정신을 잃거나 죽게 된다고 설명했다.

또한 뤄루란은 음양이 조화를 잃게 되면서 페스트가 발병하고, 쥐가 죽고 난 다음에 페스트가 확산된다고 보았다. 페스트의 사기(邪氣)는 신체의 모공을 통해 잠입하는데, 열독(熱毒)이 혈관에 들어가 혈이 막혀 운행하지 못하고 종기가 생긴다. 열독이 어혈을 만들고 심한 경우 어혈이 터지게 된다. 열독이 어혈을 일으키고 심장을 공격해서 열로 인해 정신을 잃고 죽게 된다. 처방에는 우선 혈을 다스리고 사기(邪氣)를 표출하는 방법을 겸하면 병증을 다스릴 수 있다고 보았다.

이러한 페스트 병인론은 우유싱의 여기설(戾氣說), 우쉬안충의 지기설(地氣說) 등에 이어 뤄루란의 천지지기설(天地之氣說)로 이어지는 기초가 되었다. 우유싱은 본래 페스트를 직접 말하진 않았지만, 청대 온병학에서 중요한 이론적 기초를 정립했다. 온병학은 본래 운기학설을 매우 중시했고, 이에 기초하여 육기(六氣)가 화기(火氣)로 변하여 질병이 초래된다는 이론을 구축했다. 반면 우유싱은 육기는 질병을 초래하는 직접적인 원인이 아니라 음기의 형태로 상존하는 존재이고, 질병을 일으키는 직접적인 원인은 인체에 침입하는 여기(戾氣)라고 보았다. 여기는 코와 입을 통해 외부에서 인체 내부로 침입한다고 했다. 말하자면 우유싱의 여기설은 더이상 운기학설에 기대지 않고서 독자적인 질병관을 구축했다는 점에서 온병학사(溫病學史)에서 중대한 공헌을 한 것이다.

우쉬안충은 우유싱의 여기설을 적극적으로 수용하여, 새로운 페스트 병인론을 제시할 수 있었는데, 역기를 품은 지기가 퍼져 질병이 발생한다고 주장했다. 우쉬안충은 페스트 전파과정에 대한 관찰을 통해 같은 지역 사람들이 같은 질병이 걸리지 않고, 같은 종류의 처방을 받아도 치료효과가 서로 다르다는 점에 주목했다. 그것은 지기가 잘 발산되는 도시에서 감염이 쉽고, 지기가 잘 차단된 곳에서 감염이 잘 되지 않는다는 이유가 되었다. 또한 지기를 입었다 하더라도 서늘한 바람을 쐬는 등 지기가 신체에 머물지 않도록 하면 감염을 줄일 수 있다고 보았다. 우쉬안충은 페스트에 대한 처방에 대해서는 지기의 열독이 혈에 있을 때는 혈을 시원하게 하고 독을 풀며 열을 쏟아내는 방법을 찾아야 한다고 했다.

이에 대해 뤄루란은 지기(地氣)만으로 질병의 유행을 모두 설명할 수는 없다고 보았다. 지기가 질병의 유행에 중요한 작용을 한다 해도 그것을 모든 상황에 일반화하기는 어렵다고 보았다. 또한 그는 지기의 차단, 통풍, 호흡기의 청결 등만으로는 페스트 예방과 치료에 별다른 효과를 보지 못한다는 점도 지기설의 한계라고 생각했다. 이에 뤄루란은 천지지기설(天地之氣說)를 제기했다.

> 역(疫)이란 것은 천지지기(天地之氣)가 고정되어 있기 때문에 발생한다. 그러나 천기(天氣)는 하강하고, 지기(地氣)는 상승하는데 이런 것이 보편적인 이치이다. 어찌하여 이것이 변하여 역이 되는가? 내가 도시와 농촌에서 경험해 보건대 그 원인을 알 수 있다. 대개 도시는 오염물이 많은데, 점차 많아지면 나쁜 기운[沴]이 되어 그 독(毒)을 보게 된다. 반면 농촌에는 오염물이 적다.[30]

뤄루란은 서역이 근본적으로 지기에서 기원하는 것을 부인하지 않았지

---

30 羅汝蘭, 『鼠疫彙編』(1897); 『鼠疫滙編』(廣州: 科技出版社, 2008), 35쪽.

만, 천지지기가 상호작용한 결과라고 보았다. 아울러 그는 페스트의 열독은 호흡기로 감염되는 것이 아니라 모공을 통해서 주입되고 혈관에 도달된다고 보았다. 페스트 치료 역시 따뜻한 성질의 약을 써서는 안 되고 열독을 제거하는 한량한 성질의 처방을 제시했다.

이 같은 관찰과 질병인식에 기초하여 적지 않은 중의들이 페스트 치료를 위해 열독의 제거와 해독을 위해 다양한 처방전을 내놓았다. 뤼루란이 주목한 처방은 왕칭런(王淸任: 1768-1831)의 『의림개착(醫林改着)』과 우쉬안충의 『치서역법』이었다. 우쉬안충은 이미 왕칭런의 『의림개착』에서 "열독은 기관을 통해 혈관에 도달하여 기혈을 응어리지게 하고 막아서 운행하지 못하게 한다"라는 전염병에 주목하고, 페스트가 그와 같은 질병이라고 판단했다. 우쉬안충은 왕칭런이 제시한 혈을 다스리고 사기를 몰아내는 처방인 활혈해독탕(活血解毒湯)이 페스트 처방에도 유효하다고 판단했다. 왕칭런의 원처방은 연교(連翹) 2전(錢), 갈근(葛根) 2전, 시호(柴胡) 3전, 당귀(當歸) 2전, 생지황(生地黃) 5전, 적작(赤芍) 3전, 도인(桃仁) 8전, 홍화(紅花) 5전, 지곡(枳穀) 1전, 감초(甘草) 2전 등으로 구성된다.[31] 활혈해독탕은 혈독의 해소, 혈열의 제거, 어혈의 복구를 목표로 처방한 것으로 페스트 처방으로 강남사회에서 광범위한 지지를 받았다.[32] 우쉬안충의 처방은 왕칭런의 활혈해독탕을 근간으로 증상에 따라 백호(白虎), 승기(承氣) 등의 처방과 영서(羚犀) 등을 부가했다. 뤼루란 역시 활혈해독탕을 근간으로 탱자[枳穀] 대신 천박(川樸) 등을

31　李永宸·賴文,「嶺南醫家活用王淸任解毒活血湯治療鼠疫」,『中華中醫藥雜誌』 2006年7期, 387쪽.
32　李玉尙,「近代中國的鼠疫應對機制」,『歷史硏究』, 2002(1), 3-4쪽.

사용하여 온병학적 전통을 유지했다.[33] 그는 활혈해독탕의 원리를 정리했는데, 도인과 홍화를 군약(君藥)으로 연교와 적작을 신약(臣藥)으로 삼았으며, 감초와 천박을 좌사(左使)로 삼았다. 도인과 홍화는 찬 성질의 핵심적인 약재로서 혈독의 제거와 혈액순환을 개선시키는 대표적인 처방이었으며, 연교와 적작은 열을 내리고 혈기를 북돋는 대표적인 처방이었다. 감초와 천박은 약을 조화롭게 하고 혈을 통하게 하는 처방이었다.[34]

페스트 처방의 계보학에서 청대 온병학의 영향을 주목하지 않을 수 없다. 운기학설의 영향 속에서 온병학은 육기가 화기로 변하여 질병을 초래한다고 보았고, 우유싱은 특정 지역의 여기가 더 중요한 작용을 한다고 보았다. 우쉬안충은 우유싱의 여기설(戾氣說)을 발전시켜 특정 지역의 지기가 페스트를 발병시켰다는 지기설(地氣說)을 주장했다. 반면 뤄루란은 천지지기설(天地之氣說)를 주장하여 지기설을 보완하고자 했다. 말하자면 청대 중의학의 페스트 이론은 온병학의 전통 속에서 보완, 발전된 것이며, 페스트 처방 역시 기본적으로 온병학의 전통 속에서 한량한 처방을 선호했음을 알 수 있다.

33　李禾·賴文,「羅芝園《鼠疫滙編》在嶺南鼠疫病史之地位及价值」,『中華醫史雜志』29-2, (1999. 4).
34　羅汝蘭,『鼠疫彙編』(1897);『鼠疫滙編』(廣州: 科技出版社, 2008), 11쪽, 17쪽.

만주 폐페스트의 유행과
중서의학의 대응

1890년대에 등장한 페스트 서적은 광동지역의 페스트 유행에 대응하는 과정에서 등장한 것이고, 1910년대에 등장한 페스트 서적 역시 새롭게 등장한 것이 아니라 기존 처방전을 다시 정리한 것이었다. 페스트는 겨울 내내 유행하다가 봄철에 유행 정도가 완화되었기 때문에, 북방에서 정립된 상한론적 설명으로는 잘 맞지 않았지만, 특정 지역의 나쁜 기운으로 인해 질병이 발생할 수 있다는 남방에서 정립된 온병학적 설명이 오히려 잘 맞아 떨어졌다.

그렇다면 남방의 토착병으로 여겨졌던 페스트가 왜 북방에서 유행했을까? 왜 양쯔강(揚子江) 이북에서 황허(黃河)에 이르는 화중지방에서는 페스트가 유행하지 않았을까? 현재로선 페스트가 왜 중국 전역이 아닌 중국 남부 연안과 북만주지역에 집중되었는지 설명하기는 쉽지 않다. 중국 남부연안의 페스트는 윈난 일대에서 토착화된 페스트가 확산된 것이며, 북만주의 페스트는 그와는 전혀 다른 중앙아시아에서 기원한 것으로 보인다(본서의 프롤로그 참고). 20세기 초의 기온강하가 만주 페스트 유행의 직접적인 계기가 되었는지 인과관계를 설명하기는 어렵다. 다만 북만주의 혹한의 날씨와 노동자들의 집단거주 문화 등이 페스트 확산을 부추긴 것은 분명하다.

또한 1910년 러시아와 접경한 만저우리(滿洲里) 인근에서 시작되어 북만주 지역으로 확산된 만주 페스트는 남방지역에서 유행했던 페스트와 달랐다. 선페스트가 아닌 폐페스트였고, 이전과 달리 감염의 전파 속도가 빨랐으며 희생자가 속출했다. 일반인 희생자들이 급속히 늘어남과 동시에 페스트 방역에 참여했던 의사들과 방역 담당자들도 적지 않은 희생자를 내게 되었다. 1910-1911년 제1차 만주 페스트 유행시 푸자뎬(傅家甸) 방역에 참여했던 2,943명 중 297명이 사망하여 사망률이 10%에 달했는데, 그 중에서 서의는 20명 중 1명이 사망했고, 중의는 9명 중 4명이 사망했다. 단순 수치상으로만 보면, 서의의 사망률은 5%였고, 중의의 사망률은 44%였다.[35] 방역 당국의 마스크 착용지시에도 불구하고, 중의들은 마스크 착용의 필요성을 인식하지 못하고 있었기 때문에, 방역에 참여했던 중의들의 사망률은 더 높았을 것이다.

제1차 만주 폐페스트의 유행으로 이미 6만여 명 이상의 사상자가 발생했고, 그 후 10년 동안 만주지역에서는 거의 매년 크고 작은 규모의 페스트 환자와 사망자가 발생했다. 선페스트와 폐페스트의 유행이 교차했는데, 비교적 규모가 큰 것으로는 1만 6천여 명이 사망한 1917-1918년 선페스트와 9천여 명이 사망한 1920-1921년의 폐페스트 유행 등이 있다.[36] 그 중에서 1920-1921년 폐페스트는 제2차 만주 페스트로 불리고 있다. 그렇다면 이런 페스트의 확산에 대해서 서의와 중의는 어떻게 대응했을까?

중국정부는 서의인 우롄더를 방역책임자로 임명하여 서구열강의 주권 개입을 차단하고 방역행정을 제도화하고자 했다. 중국정부로서는 서구열강과 경

---

35 Richard P. Strong ed., *Report of the International Plague Conference Held at Mukden* (April, 1911), p.242.
36 "Plague in the Orient with Special Reference to the Manchurian Outbreaks," *The China Medical Journal* 36-1 (January 1922), p.25.

쟁하면서 국가건설을 추진하기 위해서는 서양의학이 절대적으로 필요했다. 서양의학 역시 이를 계기로 국가영역에서 중의학을 압도하기 시작했다. 그러나 서양의학적 방역행정이란 강제적인 검역과 격리를 핵심으로 했기 때문에 다양한 세력들이 경쟁하고 대립했다. 특히 청말의 정치역학 구도상 중앙정부와 지방정부의 갈등, 정부와 민간사회의 갈등, 중국정부와 서구열강과의 갈등, 서양의학과 중의학의 갈등 등 다양한 요소들이 우롄더의 방역행정을 가로막고 있었다.[37]

1910-1911년 만주방역에서 중국정부가 서양의학을 통해 방역행정을 집행하려고 했던 것과 달리, 민간사회에서는 신상(紳商) 등 지역 유력자층과 중의들이 결합하여 중의학을 활용한 중의(中醫)병원 등의 건립을 통해 환자를 수용하고 치료하고자 했다. 민간사회가 중의병원의 건립에 적극적이었던 것은 서양병원의 강제와 폭력에 대한 불만에 대응하는 차원도 있었고, 자신들의 자율적인 영역을 확보하고자 하는 의도도 있었다.

만주 페스트의 1차 방어선이었던 하얼빈 지역에서는 민간사회의 지원을 받는 중의병원이 계속해서 설립되었다.[38] 중의병원이 계속해서 설립될 수 있었던 배경에는 고위관료들의 중의에 대한 지지도 중요한 역할을 했다. 동삼성 총독 시량(錫良: 1853-1917)은 1902년 다음과 같은 발언을 했다.

> 이 질병들은 혈과 경을 통해 들어와 다양한 병을 일으키는 위생독충(衛生毒蟲)에 의해 발생한다. 이러한 벌레들은 매우 빠르게 증식되고, 전염도 빠르다.

37　신규환, 「제국의 과학과 동아시아 정치: 1910-11년 만주 페스트의 유행과 방역법규의 제정」, 『東方學志』 167, (2014. 9).

38　胡成, 「近代檢疫過程中"進步"與"落後"的反思: 以1910-1911年冬春之際的東三省肺鼠疫爲中心」, 『開放時代』 2011년 10期, 54-57쪽.

나는 이런 벌레들이 화생지물(化生之物)이라고 생각하는데, 벌레의 증식을 일으키는 화충지독기(化蟲之毒氣)가 있을 것이다.

이 발언은 벌레가 질병을 일으키는 오염적 요소이고 독기가 병원체적 생태를 구성한다라고 여기는 중의학적 관념을 반영하고 있다. 중의학의 세례를 받은 중국지식인과 관료들은 서양의학에서 말하는 세균을 독기에 오염된 벌레의 변형물로 이해했다. 시량에게 페스트는 일종의 비전염성 상한병이었다.[39]

빈장도윤(濱江道尹) 동스인(董士恩)은 우롄더의 방역행정을 적극적으로 지원했지만, 중의에 대한 사회적 요구도 무시할 수 없었다. 그는 정부 기금으로 중의치료를 담당할 수 있는 4천 달러 규모의 병원을 설립하기로 결정했다. 1921년 4월 1일, 12명의 중의들로 구성된 중의병원을 개원했다. 그들은 매달 100달러를 받기로 했다. 개원 첫날부터 나흘간 10명의 페스트 환자를 받았다. 그들 모두 사망했다. 다섯째 되던 날, 중의들은 더이상 환자를 보내지 말라는 편지를 우롄더에게 보냈다. 더이상 환자를 치료할 수 없다고 판단했기 때문이다.[40]

만주를 포함한 북방의 중의들은 기존 남방의 처방에서 크게 벗어나지 않는 처방을 했다. 톈진의 대표적인 중의인 딩궈루이(丁國瑞: 1870-1935)는 톈진의약연구회(天津醫藥硏究會)를 조직하여 전통의학의 연구를 활성화하려

---

39 Angela Ki Che Leung, "The Evolution of Idea of Chuanran Contagion in late imperial China," Angela Ki Che Leung and Charlotte Furth eds,, *Health and Hygiene in Chinese East Asia: Policies and Publics in the Long Twentieth Century* (Duke University Press, 2010).
40 "Notes from Hospitals in China," *The China Medical Journal* 36-6(Nov. 1922), p.498.

고 했고, 방역보위의원(防疫保衛醫院)을 건립하여 전통의학에 기반한 페스트 치료를 진행했다.[41] 딩궈루이는 톈진지역의 유명한 중의이자 정치평론가로서 정부정책에 대해서 자신의 입장을 밝혔다. 그는 중국정부의 페스트 방역에 비판적인 입장을 나타냈는데, 공공위생의 중요성을 인정하면서도 서양의학의 맹목적인 격리, 무차별적 위협, 가혹한 처사 등에 대해서 비난했다. 특히 그는 서양의학의 세균설과 면역치료의 성과를 인정하면서도 서양의학은 치료에 관심을 두지 않고 격리와 검사에만 열중하고 있다고 비난했다. 그에게 중요한 것은 격리와 검사가 아니라 페스트에 감염된 환자를 어떻게 치료할 것인가에 있었다.[42] 그리고 그는 그 해법을 『서역휘편』에서 찾았다. 딩궈루이는 『설역(說疫)』(1918)에서 "뤄루란의 『서역휘편』을 열람했는데, 1890-91년 광동에서 발생하고 홍콩에서 서역(鼠疫)이라 칭해졌던 대역(大疫)은 이 증상이었고, 해독활혈탕으로 치료했다는 것을 알았다. 이것과 나의 처방은 대동소이했다."[43]라고 말하고 있다. 말하자면 딩궈루이가 인정했듯이 북방의 페스트 치료 역시 남방과 크게 다르지 않았던 것이다.

딩궈루이와 달리 서양의학을 적극적으로 소개했던 중의도 있었다. 지린 출신의 차오팅제(曹廷杰: 1850-1916)는 『방역추언(防疫芻言)』(1911. 8)에서 만주 페스트의 심각성을 지적하면서 서양의학의 소독법과 격리법 등을 소개했다. 그는 환자 치료에 필요한 침구법 역시 소개하고 있지만, 페스트의 확산

---

41 戶部健, 「淸末天津におけるペストの流行とそれへの對應」, 『史潮』 69, (2011. 8).
42 신규환, 『국가, 도시, 위생: 1930년대 베이핑시정부의 위생행정과 국가의료』(서울: 아카넷, 2008), 55-57쪽.
43 丁國瑞, 『說疫』(天津: 天津敬愼醫室, 1918), 25쪽.

을 막기 위해서는 격리와 소독을 통한 조치가 반드시 필요하다고 주장했다.⁴⁴

페스트 치료를 둘러싸고 서의와 중의는 극도로 대립했지만, 언론의 생각은 달랐다. 서의의 페스트 증상, 전염, 예방법 등에 대해 소개하면서도 중의의 치료법에 대해서도 상세히 소개했다. 하얼빈의 대표적인 신문이었던 『원동보(遠東報)』와 『빈장시보(濱江時報)』 등은 중의학으로 페스트를 치료한 사례를 소개하며 비방을 제조한 중의와 그 원리 및 처방 등을 소개했다.

1921년 2월, 『원동보』는 페스트를 치료할 수 있는 해독활혈탕의 처방을 소개했다.⁴⁵ 『서역휘편』의 해독활혈탕과 사실상 같은 처방이며, 서각(犀角), 영양각(羚羊角)이 새로 첨가되었다. 서각과 영양각은 대표적인 한량 처방으로 해독활혈탕의 성질을 더욱 강화하기 위한 것으로 보인다. 1921년 3월과 4월, 『빈장시보』 역시 페스트 처방을 공개하고, 페스트 치료로 유명한 명의를 소개했다.⁴⁶ 그의 처방 역시 『서역휘편』과 같은 처방이었다. 『서역휘편』은 북만주에서도 어김없이 명성을 떨쳤다. 해독활혈탕을 구성하는 군신좌사의 기본 처방 역시 이전과 다르지 않았다. 이 시기는 제2차 만주 폐페스트의 유행 시기로 서양의학이 상당한 지지를 확보해 나가고 있었음에도 불구하고, 지역 언론이 페스트 명의의 처방을 공개하면서 『서역휘편』과 별반 다르지 않은 처방을 소개했다는 점은 다소 이채롭다. 당시 지역 언론들은 페스트 방역과 정부정책을 선전하고 계몽하는 역할을 담당하고 있었기 때문이다.

44　曹廷杰, 「例言」, 『重校防疫芻言』(北京: 京師警察廳, 1918); 董曉燕, 李岩, 李平, 「重校防疫芻言評介」, 『鍼灸臨床雜誌』 第23卷, 2007年 第10期.
45　「特別紀載: 治疫解毒活血神效湯散」, 『遠東報』(1921. 2. 4), 3면.
46　「醫士無雙」, 『濱江時報』(1921. 3. 23), 제5판; 「注意治疫之良方」, 『濱江時報』(1921. 4. 5), 제5판.

중국 역사상 기후변화가 질병의 발생을 초래한 사건은 17세기와 20세기 초 소빙기의 기온강하를 배경으로 발생했다. 흥미롭게도 두 가지 전염병 모두 페스트인 것으로 추정되고 있다. 그러나 인류 역사상 많은 경험들은 기후변화의 직접적인 원인으로 질병이 발생했다기보다는 전쟁, 재해, 무역, 도시화, 환경변화 등 생태환경의 변화를 보다 근본적인 전염병 발생 원인으로 지목하고 있다. 반면 기후변화와 질병의 발생이 직접적인 인과관계가 있다는 사고방식은 중국인의 전통적인 사고방식 속에 깊이 내재해 있었다. 따라서 중국인의 일상생활 속에서 질병은 기후변화 자체보다는 기후변화가 신체에 미치는 영향에 어떻게 대처할 것인가가 보다 더 근본적인 문제였다.

    이 글은 기후변화와 질병의 직접적인 인과관계를 추적하기보다는 기후변화와 질병에 대한 중국인의 전통적인 질병관이 근대세계에서 어떻게 변화되는가에 초점을 두고자 했다. 운기설은 중국의학의 대표적인 질병관으로 다양한 기후조건이 신체에 영향을 줘서 질병의 발생을 초래한다는 학설이다. 운기설은 상한론과 온병학에도 직접적인 영향을 주었다. 상한론이 북방문화에서 탄생한 고대의 대표적인 질병이론이었다면, 온병학은 명·청대 이래로 남방문화를 배경으로 발전했다. 남송 이래로 강남개발이 본격화되면서 겨울철 한사가 봄철에 유행성 전염병으로 발생한다는 상한론은 사시사철 전염병이 발생하는 남방지역에서는 더이상 설득력을 가질 수 없었다. 우유성이 여기설을 제기한 이후 특정지역의 나쁜 기운이 질병을 일으킨다는 온병학은 남방지역에서 많은 지지를 얻었다.

    19세기 말 광둥, 푸젠, 윈난 일대에서 페스트가 창궐하자, 온병학자들은 이를 지역사회의 특정한 기운이 결합한 결과로서 판단하고 이를 극복하고자 노력했다. 온병학자들은 기후변화를 사악한 기운을 일으키는 필요조건으로 이해했지만, 질병을 일으키는 직접적인 요인이라고 간주하지 않았다. 오히려 잡기가 발생하는 지역적 특성을 더 강조하려는 경향이 있었다. 우쉬안충은 『치서역법』에서 지기설을 제시했고, 뤄루란은 『서역휘편』에서 천지지기설을 제시하여 페스트 진단과 치료법을 확립했다. 결과적으로 온병학자들의 이러한 질병관은 질병의 인과관계를 설명하는 데는 훨씬 유리했다. 흥미롭게도 온병학자들의 페스트 처방은 왕칭런의 『의림개착』에서 전염병 처방으로 사용했던 활혈해독탕을 가감하여 응용한 것이었다. 왕칭런의 활혈해독탕은 원래 페스트와 무관했지만, 온병학자들의 시각에서는 몸안의 독소를 제거하고 혈액순환을 증진시켜주는 한량한 처방으로서 활혈해독탕 만큼 페스트에 최적화된 처방은 없다고 여겼다.

　　20세기 초 페스트가 만주지역에서 발생하자, 중국정부와 서구열강은 서양의학과 세균설에 기초하여 강제 검역과 격리를 강행했고, 민간사회를 중심으로 독자적인 병원건립과 중의치료를 도모했다. 중의학의 페스트 치료법은 강남지역을 배경으로 발전한 독특한 질병관을 기초로 발전한 것이었는데, 만주지역에서 유행한 페스트에 대한 질병관과 치료법은 기존 설명방식과 거의 달라지지 않았다. 이전에는 중의를 중심으로 공유되던 페스트 관련 지식이 오히려 언론매체를 통해 사회 일반으로 확산되는 경향도 있었다.

　　1910-1911년과 1920-1921년 만주에서 유행한 페스트는 폐페스트로서 기존 강남지역의 지역사회에서는 경험해보지 못한 지역성과 실증성을 넘어서는 새로운 지식이었다. 그러나 중의들은 이전과 같이 다양한 치료법과 질병관을 발전시키기보다는 기존의 치료법을 묵수하거나 서양의학적 질병관

을 수용하는 쪽으로 선회했다. 아마도 만주 페스트의 경우에는 폐페스트로 감염의 속도가 빠르고 희생자가 더 많이 배출되는 경향이 있었고, 서양의학 역시 강제 검역과 격리 이외에는 별다른 치료책을 갖고 있지 않았기 때문에, 기존 중의 치료법에 강하게 기대는 경향도 없지 않았을 것이다. 또 한편으로는 우유싱, 우쉬안충, 뤄루란을 거치면서 특정 지역에 유행하는 지방병으로서의 페스트에 대한 처방이 기후와 지역이 완전히 다른 곳에서도 여전히 설득력을 가진 처방으로서 보편성을 획득해 나갔고, 이미 페스트에 대한 진단과 처방은 이론적으로 완성된 단계에 도달했다고 볼 수도 있을 것이다. 바꿔 말하면, 기후변화와 지역특성에 민감하게 대응했던 중국인의 전통적인 질병관이 점차 기후변화와 지역을 초월한 보편적인 질병관으로 변모해 나갔다고 할 수 있다.

4

1890년대 대만과
일본의 페스트 유행

1894년 홍콩 페스트 유행 이후, 페스트는 1895년 마카오, 1896년 대만, 1896-98년 인도, 1899년 고베 및 오사카, 1899년 샌프란시스코, 1900-1903년 호주 등지로 확산되어 나갔다. 19세기 말 홍콩의 페스트 유행에 이은 대만과 일본에서의 페스트 유행은 동아시아에서 페스트 유행 경로를 보여주는 사례로서 일본 본국과 식민지에서 페스트 방역체계의 작동 여부를 시험할 수 있는 계기였다. 대만과 일본에서 페스트 유입 이후 10여 년 동안, 사망자는 각각 2만여 명과 2천여 명을 상회하고 있었고, 치사율은 80%에 육박하고 있었기 때문에, 페스트에 대한 의과학 지식의 정립과 방역대책의 확립은 일본 제국으로서는 매우 긴요한 문제였다. 특히 세계적인 세균학자인 기타사토 시바사부로(北里柴三郎: 1852-1931)가 페스트균을 발견했음에도 그 진위 여부가 논란이 되고 있었기 때문에, 일본 정부로서는 조속히 논란을 종식할 필요도 있었다. 또한 대만에서 페스트는 일본 제국 내에서 발생한 첫 번째 페스트로서 제국의 존립근거를 뒤흔들 수 있는 파괴력을 지닌 것이었다. 다른 한 편으로는 일본은 페스트 방역을 계기로 대만 사회에 침투하여 식민통치를 강화하고,[1] 대만 공중위생 발전의 중요한 계기로 삼을 수 있었다.[2] 대만 식민초

---

1 飯島渉, 『ペストと近代中國』(東京: 研文出版, 2000).
2 范燕秋, 「鼠疫與臺灣之公共衛生(1896-1917)」, 『國立中央圖書館臺灣分館館刊』 1-3, (1995. 3).

기 위생행정을 주도했던 것은 고토 심페이(後藤新平: 1857-1929)였다. 고토는 본국의 제도와 법령을 이식·동화시키는 것에 반대하고 식민지의 관습과 문화를 중시하는 구관온존주의에 입각한 위생정책을 실시했다. 말하자면 고토 등장 이후 식민지 방역행정이 대만의 독자성을 강조하는 방향으로 설정될 가능성이 높았다. 고토가 대만 페스트에 어떻게 대응했는지 살펴볼 필요가 있다.

1896년 대만의 페스트 유행에 이어 1899년부터는 일본에서도 페스트가 유행했다. 메이지시기 일본에서 페스트 유행은 대체로 세 시기로 구분된다. 제1기(1899-1900)는 고베와 오사카를 중심으로 환자가 발생했고, 효고현(兵庫縣, 실질적으로는 고베시), 오사카시, 와카야마현(和歌山縣), 시즈오카현(靜岡縣), 나가사키현(長崎縣) 등으로 철도와 선박을 통해 확산되었다. 고베에서 25명의 환자가 발생했고, 22명이 사망했다. 오사카에서 161명의 환자가 발생했고, 사망자는 146명이었다. 고베와 오사카의 페스트 치사율은 90.3%에 달했다. 제2기(1902-1903)는 도쿄와 요코하마 등지에서 페스트 환자가 처음 발생한 시기이다. 도쿄에서 11명의 환자와 9명의 사망자가 발생했고, 요코하마에서 57명의 환자와 46명의 사망자가 발생했다. 도쿄와 요코하마의 페스트 치사율은 80.9%에 달했다. 제3기(1904-1910)는 오사카와 고베에서 피해가 계속된 시기이다. 오사카에서 959명의 환자가 발생하고 842명이 사망했고, 고베에서는 726명의 환자가 발생하고 565명이 사망했다. 이 시기 오사카와 고베의 페스트 치사율은 83.5%에 달했다. 메이지시기 오사카와 고베 두 곳에서만 1,579명이 사망했고, 이는 전체의 76.2%에 달하는 수치였다. 특히 오사카에서는 1907년에만 500명이 사망했다. 1909-1910년에는 페스트가 에

히메현(愛媛縣), 고치현(高知縣) 등 시고쿠(四國)로 확대되었다.[3] 1899년부터 1926년까지 전국적으로 2,914명의 환자가 발생하고, 2,377명이 사망했다. 페스트 사망자가 다른 급성 전염병에 비해 많지는 않았지만, 치사율은 81.6%에 이를 정도로 일본에서 페스트는 죽음의 질병으로 여겨졌다.[4]

홍콩에서 페스트균 발견에 주도적으로 참여했던 기타사토가 대만의 페스트 방역에서 배제되었다가 방역 현장에 복귀한 것은 일본에서 페스트가 유행하면서부터였다. 기타사토는 페스트균 염색법과 관련한 논란 때문에 대만의 페스트 방역에서는 배제되어 있었다. 기타사토가 방역 현장에 복귀할 수 있는지 여부는 한 과학자의 학문적 위상뿐만 아니라 제국의학의 명운이 걸린 문제였다. 지금까지 대만과 일본의 페스트 유행에 대해서는 각국 수준에서 단편적인 양상만이 소개되었을 뿐이다.[5] 최근 이이지마(飯島涉) 등은 제국의학의 형

---

3 關根房雄,「19世紀末以降のアジア貿易の展開とペストの日本襲來」,『商學研究論集』39, (2013. 9), 264-265쪽.
4 內閣統計局,『日本帝國統計年鑑』, 明治, 大正期 統計에서 集計.
5 대만의 페스트 연구에 대해서는 다음을 참고. 范燕秋,「鼠疫與臺灣之公共衛生(1896-1917)」,『國立中央圖書館臺灣分館館刊』1-3, (1995. 3); 飯島涉,『ペストと近代中國』(東京: 硏究出版, 2000); 黎樂,「日据初期臺灣的鼠疫與衛生防疫事務 — 以總督府公文檔案爲中心的考察」, 華東師範大學 歷史學係 碩士學位論文, (2011. 9); 栗原純,「台灣總督府の衛生政策と地域社會: ペストマラリア對策を中心に」, 松田利言 編,『植民地帝國日本における支配と地域社會』, 國際日本文化センター, 2013; 芹澤良子,「臺灣 1896年: 日本の帝國醫療の搖籃」, 永島剛·市川智生·飯島涉 編,『衛生と近代: ペスト流行にみる東アジアの統治·醫療·社會』(法政大學出版局, 2017). 일본의 페스트 연구에 대해서는 다음을 참고. 春日忠善,『日本のペスト流行史』(北里メディカルニュース編集部, 1986); 原田敬一·小林丈廣·安保則夫,『ミナト神戶コレラ·ペスト·スラム: 社會的差別形成史の研究』(學藝出版社, 1989); 坂口誠,「近代大阪のペスト流行, 1905-1910年」,『三田學會雜誌』97-4, (2005. 1); 廣川和花,「近代大阪のペスト流行にみる衛生行政の展開と醫療·衛生環境」,『歷史評論』726, (2010. 10); 關根房雄,「19世紀末以降のアジア貿易の展開とペストの日本襲來」,『商學研究論集』39, (2013. 9); 市川智生,「神戶 1899年: 開港場の防疫と外國人社會」, 永島剛·市川智生·飯島涉 編,『衛生と近代: ペスト流行にみる東アジアの統治·醫療·社會』(法政大學出版局, 2017).

성이라는 맥락에서 페스트를 검토할 것을 제안했다.[6] 그러나 그는 '식민지의 학은 일본의학의 토착화'이고, '제국의학은 식민지의학 지식의 축적이 행정화'된 것으로 단순화시키고 있다. 일반적으로 제국의학은 제국주의가 본국과 식민지 경영에 필요한 통치술의 하나로 활용되는 의학지식을 지칭한다.[7] 제국의학이 지식으로서의 의학뿐만 아니라 실천으로서의 위생행정까지 포괄한다고 할 때, 제국의학의 본국과 식민지에서의 실천은 보다 복잡한 양상을 나타내게 된다. 그런 의미에서 이 글은 이 시기 일본의 대표적인 의학자이자 위생행정가인 기타사토와 고토의 행적에 주목하고자 한다. 이들은 밀월관계를 유지하면서 본국과 식민지에서 페스트 방역의 최전선을 담당했기 때문에, 이들의 행적은 제국의학의 전개양상을 이해하는 데 도움이 될 것이다. 또한 대만과 일본에서 페스트 유행과 방역 상황을 점검하면서 이들이 제국의학 지식을 본국과 식민지 방역현장에서 어떻게 적용시키고 있었는지, 또 어떻게 달라졌는지를 검토할 것이다. 이를 통해 의학지식의 '생산-유통-실천' 체계가 본국과 식민지 수준에서 어떻게 작동했는지 살펴볼 것이다.

---

6 永島剛・市川智生・飯島渉 編, 『衛生と近代: ペスト流行にみる東アジアの統治・醫療・社會』(法政大學出版局, 2017), 12-22쪽.

7 奧野克已, 『帝国医療と人類学』(横浜: 春風社, 2006), 6쪽; 見市雅俊・斎藤修・脇村孝平・飯島渉 編, 『疾病・開発・帝国医療』(東京:東京大学出版会, 2001), 26쪽.

1896년과 1897년 대만의
페스트 유행과 방역

1. 페스트 유행과 대만총독부의 방역대책

1894-1895년 청일전쟁의 결과, 대만은 일본의 식민지가 되었다. 1895년 5월, 대만총독부가 성립되었다. 1896년 3월 11일, 대만총독부는 홍콩 주재 일본영사로부터 홍콩에서 페스트가 유행하고 있다는 보고를 받았다. 4월 24일, 홍콩 및 샤먼(廈門) 주재 일본영사로부터 페스트 유행에 관한 상세한 보고가 이루어진 이후, 대만총독부는 「선박검역가수속(船舶檢疫假手續)」을 발표하여 지룽(基隆), 단수이(淡水), 루강(鹿港), 안핑(安平), 다거우(打狗, 현 高雄) 등 5개 항구에서 해항검역을 실시하도록 했다. 4월 30일, 대만총독부는 「선박검역방(船舶檢疫方)」을 반포하여 홍콩, 광둥, 샤먼 등지로부터 입항하는 선박에 대해서 경찰과 의료진을 파견하여 검역을 실시하도록 했다.[8]

안핑은 타이난(台南) 인근에 위치한 항구로 구 대만부(台灣府)의 주부(主

---

8   이하 대만 페스트 유행상황은 다음을 참고. 臺灣總督府民政局衛生課, 『明治二十九年本島ペスト病流行紀事(手記本)』(臺北: 臺灣總督府, 1897); 臺灣總督府民政局衛生課, 『明治二十九年臺灣ペスト病流行紀事』(臺北: 臺灣總督府, 1898).

府)가 설치되었던 곳으로, 세관과 영국영사관이 존재했던 곳이다. 5월 1일, 안핑경찰출장소는 안핑항에서 다수의 환자와 사망자가 발생하고 있다는 사실을 인지하고 호구조사를 실시한 결과, 사망자가 급증하고 있다는 사실을 발견했다. 5월 3일, 안핑경찰출장소는 일종의 유행성 전염병의 발생 사실을 상부에 보고하고 의사의 파견을 요청했다. 이에 대만총독부는 민정지부(民政支部) 소속 2명의 의사를 파견하고, 군부에서도 2명의 군의를 파견하기로 했다. 5월 3일, 민정지부 소속 네모토(根本) 의사 등은 경찰관과 함께 안핑지역에 대한 전염병 조사를 실시했다. 5월 4일, 군부는 대만수비대 군의[台灣守備混成 第3旅團 台灣守備野戰砲兵 第3中隊 2等 軍醫] 무라카미 미호와카(村上弥穗若)와 타이난위수병원 군의[台南衛戍病院 3等 軍醫] 야마다 고지로(山田孝次郎)를 현지에 급파했다. 군의들은 안핑에서 군대 주둔에 문제점이 없는지, 전염병이 페스트인지 여부를 확인하라는 명령을 받았다. 민정지부 소속 의사들과 군의들은 조사와 연구에 협력하고 그 지역의 전염병을 유사페스트병으로 진단했다. 5월 5일에는 안핑경찰출장소에 검역위원출장소를 설치하고, 페스트 유행지인 샤먼과 홍콩에서 안핑항으로 입항하는 선박에 대한 검역을 실시했다. 동시에 호구조사를 실시하여 환자와 사망자 발생 상황을 파악하는 데 주력했다. 5월 6일, 제3여단 군의부는 현미경 검사를 실시한 결과 '순수한 페스트 미균(黴菌)'임을 확인했다.[9] 5월 8일, 제3여단 군의부로부터 연락을 받은 대만총독부는 타이난현에 「페스트병박멸방」을 공표하기도 했다.

    5월 9일, 대만총독부는 각 지방청에 「페스트병 예방주의」를 발표했다.

---

9   台灣總督府民政局衛生課, 『明治二十九年台灣ペスト病流行紀事』(臺北: 臺灣總督府, 1898), 37쪽.

「페스트병 예방주의」는 홍콩, 광둥 지방에서 유행한 페스트가 안핑으로 확산되어 페스트유사증이 확인되었다고 기록하고 있는데, 페스트 환자 발견시에는 격리와 소독을 실시하도록 규정했다. 5월 12일, 안핑에서 발생했던 전염균이 페스트균이라고 인식되어, 타이난현에 「페스트병 박멸방」이 하달되었다. 5월 14일, 타이난현은 안핑 시가에서 페스트 유행시 「전염병에 부치는 심득방(傳染病ニ付心得方)」을 포고하여 주민들에게 전염병 예방에 주의해야 할 사항을 전달하고자 했다. 5월 18일, 타이난 현지사(縣知事)는 「페스트병 해항검역심득」을 공포했다. 그에 따르면, 제1조는 홍콩, 광둥, 샤먼 지방에서 온 선박에 대해서 경찰관 및 의원이 승무원 및 승객에 대한 해상검역을 실시하고, 페스트 환자 혹은 사망자가 발견되면 환자는 피병원에 격리하고, 사망자는 소독 후 화장 혹은 매장하도록 했다. 제2조는 구체적인 소독방법과 격리방법을 규정했다. 제3조는 정크선에 대한 대응책, 제4조는 보고방법 등을 규정했다.[10] 안핑검역소는 이른바 의사검사(醫師檢查)를 실시했는데, 이는 페스트 환자 혹은 사망자와 접촉한 자만 격리시키고 나머지 승객은 하선할 수 있도록 한 것이었다. 말하자면, 의사검사는 일반적인 해항검역보다는 느슨한 조치였다.[11] 안핑에서 페스트는 7월 말 종결되었다. 4월 27일부터 7월 27일까지 대만총독부 조사에 의하면, 안핑에서 방역 결과는 페스트 환자 52명, 페스트 사망자 45명, 완치자 7명 등으로 나타났다.[12]

---

10 台灣總督府民政局衛生課, 『明治二十九年台灣ペスト病流行紀事』(臺北: 臺灣總督府, 1898), 20-23쪽.
11 永島剛·市川智生·飯島涉 編, 『衛生と近代: ペスト流行にみる東アジアの統治·醫療·社會』(法政大學出版局, 2017), 71쪽.
12 台灣總督府民政局衛生課, 『明治二十九年台灣ペスト病流行紀事』(臺北: 臺灣總督府, 1898), 90쪽.

안핑 페스트가 인근 타이난현(臺南縣)으로도 확산되었지만, 8월 이후로는 소강상태를 보였다. 그러다가 1896년 10월 27일, 타이베이에서 페스트로 의심되는 대만인 여성의 시체가 발견되었다. 그녀는 사망한 지 이미 5-6일 지난 상태였고, 타이베이에서는 이미 2-3주 전부터 악성 열병이 유행하고 있다는 소문이 돌고 있었다. 페스트 의심 시체가 발견된 그날 밤, 타이베이 시먼제(西門街) 우편전신국 숙소에서 일본인 우편배달부 3명이 발열과 임파선 부종 등의 증상을 보여 타이베이현 피병원(避病院)에 격리되었고, 다음날 페스트라는 판정을 받았다. 타이베이에서 발생한 최초의 일본인 환자였다. 페스트가 만연될 조짐을 보이자, 대만총독부는 민생국 위생과 기사인 이와타 세이자부로(岩田淸三郎)를 검역위원장에 임명하고, 민정국 기수(技手)를 검역위원에 임명했다. 대만총독부는 검역활동을 강화하고 임시페스트예방위원회를 조직하는 등 페스트 방역에 만전을 기했다.[13]

주목할 만한 것은 대만에서 페스트와 죽은 쥐의 상관성에 대한 주민들의 보고가 끊이지 않았고, 늦어도 1896년 10월경에는 일본 군부에서도 그 상관성을 인식하고 있었다.[14] 1896년 10월 30일 『대만일일신보』상의 「흑사병의 예방심득」에서도 "쥐와 접촉하지 않도록 주의해야 한다"는 항목을 적시해 놓았다.[15] 대만에서 쥐와 페스트의 상관성을 일본학자들이 과학적으로 증명한 것은 1896년 12월의 일이었다.[16] 그러나 대만에서 포서정책(捕鼠政策)이 본

---

13 永島剛·市川智生·飯島涉 編, 『衛生と近代: ペスト流行にみる東アジアの統治·醫療·社會』(法政大學出版局, 2017), 77-78쪽.
14 中村綠野, 「台北ニ於ケルペストニ就テ」, 『軍醫學會雜誌』 第79號, 1896쪽.
15 「黑死病の豫防心得」, 『台灣日日新報』(1896. 10. 30), 3면.
16 中村綠野, 「台北ニ於ケルペストニ就テ」, 『軍醫學會雜誌』 第79號, 1896쪽.

격화된 것은 그로부터 5년 후인 1901년 1월의 일이었다. 후술하겠지만 제국의학의 성과라고 할 수 있는 포서정책이 곧바로 실시되지 않고, 5년여의 공백이 존재했다는 것은 제국의학의 본국과 식민지에서의 실천 관계를 설명하는 중요한 단서가 된다. 1899년 일본에서는 페스트 유행기에 기타사토의 검증을 거쳐 포서정책이 곧바로 실시되었기 때문이다.

1896년 11월 6일, 타이베이현이「위생조합규칙(衛生組合規則)」(1896. 11. 6, 台北縣令 제27호)을 반포함에 따라, 멍자위생회(艋舺衛生會), 다다오청지구위생조합(大稻埕地區衛生組合) 등 대만인 위생조합과 타이베이성내위생회, 다다오청가내사무소 등 일본인 위생조합 등이 성립되었다. 11월 8일, 타이베이 현지사 하시구찌 분조(橋口文藏: 1853-1903)는「임시페스트병 예방소독규정」(1896. 11. 8)을 반포하고, 경찰서 위생과에 임시검역본부를 설치하고 타이베이경찰서, 멍자분서, 다다오청파출소 등에 검역지부를 설치하여 검역업무를 담당하게 했다. 「임시페스트병 예방소독규정」 제1조는 "타이베이 시가의 공중위생을 보급하기 위해 위생조합을 설치해야 한다"라고 규정했는데, 타이베이 당국은 일본에서 콜레라 유행시에 만들어진 위생조합의 조직을 통해 민간에도 일정한 역할을 부여하고자 했다. 10월 말부터 유행했던 타이베이 페스트는 12월 중순 이후 점차 약화되었다.[17]

대만총독부 조사에 따르면, 1896년 10-12월까지 세 달 동안 페스트 유행으로 타이베이에서는 126명의 환자(일본인 102명, 대만인 24명)와 74명의 사

17　栗原純,「台灣總督府の衛生政策と地域社會: ペストマラリア對策を中心に」, 松田利言 編,『植民地帝國日本における支配と地域社會』, 國際日本文化センター, 2013.

망자(일본인 57명, 대만인 17명)가 발생한 것으로 보고되었다.[18] 상식적으로 인구 구성상 압도적인 비율을 차지하고 있는 대만인보다 소수자인 일본인에게서 페스트가 많이 발생한 이유를 설명하기란 쉽지 않다. 아마도 통계 자체가 문제가 있다라기보다는 대만인과 일본인의 질병보고체계, 인적 네트워크, 면역체계 등의 차이가 복합적으로 작용했을 가능성이 높다. 결과적으로 타이베이 페스트는 일본인들에게 피해를 입히고 있었을 뿐만 아니라 일본인들의 피해는 대만인들의 피해를 능가하고 있었기 때문에, 식민당국으로서는 페스트 방역을 위한 제도정비에 적극 나서야 했다. 1896년 11월의 「위생조합규칙」의 반포와 1898년 8월의 「보갑조례(保甲條例)」(1898. 8. 30, 율령 제21호) 반포는 대만의 자치기능을 강화하기 위한 조치로 이해된다.[19]

안핑에서 페스트가 유행하는 동안 대만총독부는 「대만전염병소독예방심득」(훈령 제72호, 1896. 7. 21), 「대만전염병예방규칙」(율령 제8호, 1896. 10. 15), 「대만기차검역가수속」(훈령 제131호, 1896. 10. 30) 등을 공포하여, 전염병 유행에 적극적으로 대응하고자 했다. 「대만전염병예방규칙」이 법정 전염병으로 정한 질병은 콜레라, 페스트, 이질, 두창, 발진티푸스, 장티푸스, 디프테리아, 성홍열 등 8종이었다. 1880년 7월, 일본에서 제정된 「전염병예

---

18   台灣總督府民政局衛生課, 『明治二十九年台灣ペスト病流行紀事』(臺北: 臺灣總督府, 1898), 95쪽. 대만총독부의 페스트 조사자료는 대만의학회 자료와 약간의 차이가 있다. 대만의학회가 편찬한 『臺灣衛生槪要』에 따르면, 1896년 페스트 유행으로 안핑에서는 74명의 환자와 63명의 사망자가 발생하였고, 타이베이에서는 180명의 환자와 90명의 사망자가 발생한 것으로 보고되었다. 臺灣醫學會編, 『臺灣衛生槪要』(臺北: 臺灣醫學會, 1913), 139쪽; 范燕秋, 「鼠疫與臺灣之公共衛生(1896-1917)」, 『國立中央圖書館臺灣分館館刊』 1-3, (1995. 3), 70쪽.

19   飯島涉는 대만에서 위생조합 설치를 고토 심페이의 정책이념이 작용한 결과로 파악한다. 그러나 위생조합은 내지연장주의의 산물이고, 오히려 보갑제도가 그의 구관온존적 의학사상에 잘 부합한다. 飯島涉의 주장은 飯島涉, 『ペストと近代中國』(東京: 硏文出版, 2000), 113-114쪽을 참고.

방규칙」(태정관포고 제34호, 1880. 7. 9)은 6종에 불과했다. 1897년 4월, 일본 정부는 「전염병예방법」(법률 36호, 1897. 4. 1)을 제정하고, 페스트와 성홍열을 추가시켰다. 그 밖에도 「전염병예방법」은 기존의 환자보고, 교통차단, 격리 등의 방역조치를 유지하면서도 위생조합과 같은 자치적 요소를 강화한 특징을 보였다.[20] 「대만전염병예방규칙」이 일본의 「전염병예방법」보다 5개월 정도 앞서 8종으로 제정된 것은 안핑에서 페스트 유행에 적극 대응하고자 했기 때문에 가능한 일이었다.[21]

「대만전염병예방규칙」(전문11조)은 8종의 전염병을 법정전염병으로 하고, 전염병 관리를 지방장관의 책임하에 두게 했다(제1조). 실질적으로는 전염병 환자나 사망자가 발생하면 의사의 확진이 필요하고, 의사는 경찰서(위생과) 혹은 헌병부에 즉시 보고하도록 했다(제2조). 그 중에서도 전염병 통제와 아편관리 등 현지 위생행정의 말단을 담당했던 것은 공의(公醫)와 위생경찰이었다. 페스트 환자 및 사망자 발생시 소독업무 역시 경찰의 지휘를 받도록 했다.[22] 1896년 6월에 제정된 「대만공의규칙(臺灣公醫規則)」에 따라, 공의는 전염병 검역과 예방 등 구역 내 공중위생과 관련된 업무를 담당해야 했고, 경찰과 협력하여 위생업무를 추진하게 되었다.

1896년 11월, 「위생조합규칙」에 의거, 타이베이 각지에서 위생조합이

20　尾崎耕司,「傳染病豫防法考-市町村自治の機關委任事務に關する一考察」,『新しい歷史學のために』213, 1994; 竹原万雄,「『伝染病予防法』の制定とその背景」,『東北芸術工科大学東北文化研究センター研究紀要』(8), 17-26, (2009. 3).

21　永島剛·市川智生·飯島渉 編,『衛生と近代: ペスト流行にみる東アジアの統治·醫療·社會』(法政大學出版局, 2017), 77-80쪽.

22　張秀蓉·邱鈺珊·徐廷瑋等,『日治臺灣醫療公衛五十年』(國立臺灣大學出版中心, 2015), 513-514쪽.

설치되었고, 1897년 2월에는 자문기구로 대만중앙위생회가 설립되었다. 1898년 8월에는 「보갑조례시행규칙」(1898. 8. 26)이 실시됨에 따라 보갑 조직에 의한 위생활동이 강화되었다. 1갑은 10호로 구성되며, 1보는 10갑으로 구성되는데, 식민당국은 지역사회의 치안질서를 유지하기 위해 보갑제도를 경찰의 지휘하에 두고 이를 활용하고자 했다. 원래 보갑제도는 청대의 지방자치 조직으로 치안유지와 지방행정을 보완하기 위한 조직이었는데, 식민당국은 기존 보갑제도를 활용하여 기층조직에 침투하여 말단의 위생행정을 보완하고자 했다. 1899년 6월, 대만총독부는 「대만지방병조사회 및 전염병조사회」를 설치했다. 이렇게 식민당국은 중앙에 자문기구와 연구조사회 등을 구축하여 페스트 유행에 대응하고자 했으며, 지역사회에서는 공의와 경찰조직을 통해 방역행정을 강화하고자 했다.[23] 또한 식민당국은 일본식 기층조직인 위생조합과 대만의 전통적인 기층조직인 보갑제도를 적극적으로 활용하여 방역행정에 주민참여를 유도하고자 했다.[24]

2. 고토 심페이와 '구관온존'의 위생정책

고토 심페이(後藤新平: 1857-1929)는 이와테현(岩手縣) 미즈자와(水澤)의 몰락한 중급 무사의 집안에서 태어났는데, 지역 인재로 발탁되어 후쿠시마 지

---

23 劉士永,「日本植民醫學的特徵與展開」, 劉士永·王文基 主編,『東亞醫療史』(臺北: 聯經, 2017), 128쪽.
24 栗原純,「台灣總督府の衛生政策と地域社會: ペストマラリア對策を中心に」, 2013, 46-47쪽; 문명기,「공의제도의 비교를 통해 본 식민지 대만과 조선의 의료·위생 네트워크: 제도외적 측면을 중심으로」,『한국학논총』(국민대) 42, 2014, 331-340쪽.

역의 스카가와의학교(須賀川醫學校)에서 서양식 의학교육을 받았다. 1876년 의학교 졸업 후, 그는 아이치현의학교(愛知縣醫學校)와 병원에서 근무했는데, 1877년 콜레라 방역의 경험을 바탕으로 주민의 건강관리를 위해 '건강경찰의관'을 처음으로 제안했다. 고토가 제안한 건강경찰은 전문적 식견을 갖춘 의사가 지역사회의 주체적인 예방활동에 참여하게 하는 방안이었는데, 이러한 구상은 자치위생

고토 심페이

과 의사의 역할을 중시했던 나가요 센사이(長与專斋: 1838-1902)의 관심을 사게 되었고, 1882년 내무성 위생관료로 발탁되는 계기가 되었다.[25]

1882년 2월, 고토는 내무성 위생국에 입성하여 위생시찰과 병원사무 등을 담당했다. 그는 1890-1891년 독일에서 세균학과 위생공학을 공부하고 박사학위를 받았다. 1892년 12월, 고토는 나가요 센사이의 추천으로 내무성 위생국장(재임 1892-1893, 1895-1898)에 취임했다. 1896년 4월, 고토는 내무성 위생국장이자 대만총독부 위생고문으로 촉탁되었다. 그는 1898년 3월부터 1906년 11월까지 대만총독부의 2인자라고 할 수 있는 대만총독부 민정국장(1898년 6월부터 민정장관으로 개칭)을 역임했다. 그는 의사 출신 관료로서

25　신규환, 「1870-80년대 일본의 콜레라 유행과 근대적 방역체계의 형성」, 『사림』 64, (2018. 4), 270쪽; 최규진, 「종두정책을 통해 본 일제의 식민 통치: 조선과 대만을 중심으로」, 서울대학교 대학원 의학과 박사학위논문, (2014. 8), 74-77쪽; 北岡伸一, 『後藤新平: 外交とヴィジョン』(東京: 中央公論新社, 1988), 15쪽.

일본 본국의 제도를 식민지에 이식하려고 하지 않았고, 이른바 '생물학의 원칙'에 따라 현지의 관습과 문화를 중시하는 위생정책을 전개하여 대만통치 초기 식민지 위생행정을 성공적으로 안착시킨 인물로 평가된다.[26] 1896년과 1897년 대만에서 페스트가 유행하던 시기는 고토가 대만총독부 위생고문으로 활동하던 시기로, 고토는 일본인 민간의사를 초빙하여 공의제도를 추진하는 등 군의부가 주관하던 위생업무를 민정화하면서 군부와 갈등을 보이기도 했다.[27]

일본군이 대만을 점령한 후, 점령 초기 대만총독은 초대(1895. 5-1896. 6) 가바야마 스케노리(樺山資紀) 해군대장을 제외하고, 제2대(1896. 6-1896. 10) 가쓰라 다로(桂太郎) 육군중장, 제3대(1896. 10-1898. 2) 노기 마레스케(乃木希典) 육군중장, 제4대(1898. 2-1906. 4) 고다마 겐타로(兒玉源太郎) 육군중장 등 주로 죠슈벌(長州閥) 출신의 육군 장성들이 장악했다. 번벌의 대만 장악에 대해서 하라 다카시(原敬: 1856-1921) 등 정당 정치가들은 대만에 일본의 내지법을 적용케 하는 이른바 '내지연장주의'를 주장했다. 그러나 번벌들은 대만을 제국의회의 틀안에 두어 번벌을 간섭하려는 의도를 간파하고 육삼법(六三法)에 의한 '무방침주의'를 공표했다. 육삼법은 1896년 공포된「대만에서 시행하는 법령에 관한 법률」(법률 제63호)을 지칭하는 것으로 "대만총독은 그 관할구역 내에서 법률의 효력을 가지는 명령을 발할 수 있다"라고 하여, 대만총독에게 사실상의 입법권을 부여한 법률이었다. 육삼법은 3년간의

26　飯島渉,『ペストと近代中國』(東京: 研文出版, 2000), 110-117쪽.
27　최규진,「후지타 쓰구아키라의 생애를 통해 본 식민지 조선의 의학/의료/위생」,『의사학』25-1, (2016. 4), 48-51쪽.

시한부 입법이었는데, 기간 연장 심의 때마다 그 위헌성을 둘러싸고 제국의회에서 격렬한 논의가 이루어져 일부 수정되기도 했지만, 사실상 총독 입법권은 그대로 유지되었다.[28] 따라서 대만총독부 2인자로서 고토는 총독 입법권을 바탕으로 대만에서의 독자적인 통치이념과 실행방안 등을 고민해야 했다.

고토는 대만총독부 민정국장에 취임하기 이전 1896년 4월 대만을 방문했고, 대만총독부 위생고문으로 위촉되었다. 대만총독의 고토의 위생고문 임명은 대만에서 아편정책을 강화하기 위한 것이었다. 고토는 1896년 「대만 아편제도 시행에 관한 의견서」를 통해서 곧바로 군인과 군속의 아편흡입을 금지시켰고, 아편중독자의 진단과 치료를 위해 150명의 의사를 대만에 파견하도록 하는 의견서를 제출했으며, 실제로 93명의 공의가 배치되었다. 이것이 대만 공의제도(公醫制度)의 시작이었다.[29] 다음해에는 「대만아편령」(1897. 2)을 반포하여 식민당국이 아편을 전매하여 아편의 민간유통을 제한하도록 했다.

1898년 1월, 고토는 민정국장 취임에 앞서 「대만통치구급안」이라는 통치계획을 내무대신에게 제출했는데, 대만통치에 있어 일본 본국의 제도를 대만에 이식, 동화시키는 방식이 아니라 '생물학의 원칙'에 입각하여 식민지의 풍속과 습관을 존중하는 '구관온존(舊慣溫存)'의 방식을 제안했다.[30]

---

28 春山明哲・若林正丈, 『日本植民地主義の政治的展開 ― その統治体制と台湾の民族運動 1895~1934年, (アジア政経学会, 1980), 48-71쪽; 野村明宏, 「植民地における近代的統治に關する社會學: 後藤新平の臺灣統治をめぐって」, 『京都社會學年報』 7, (1999. 12), 14쪽.

29 劉士永, 「1930年代以前日治時期臺灣醫學的特質」, 『臺灣史研究』 4-1, 1999, 99-100쪽; 문명기, 「식민지 '문명화'의 격차와 그 함의: 의료부분의 비교를 통해 보는 대만과 조선의 '식민지 근대'」, 『한국학연구』(고려대 한국학연구소) 46, 2013, 38쪽; 문명기, 「일제하 대만・조선 공의(公醫)제도 비교연구: 제도 운영과 그 효과」, 『의사학』 23-2, (2014. 8), 159-160쪽.

30 范燕秋, 「鼠疫與臺灣之公共衛生(1896-1917)」, 『國立中央圖書館臺灣分館館刊』 1-3, (1995. 3), 64쪽.

대만행정 중 가장 중요한 것이 무엇인지를 묻는다면, 종래 대만에 존재했던 자치행정의 관습을 어떻게 회복할 것인가가 가장 급선무라 할 것이다. 대개 대만인들은 청조정부에서 화외(化外)의 민으로 방임되었는데, 그 문화의 정도를 비교해 보면 오히려 자치제도는 경이로울 정도로 발달해 있었다. 즉 보장가사(堡莊街社) 등에 있어서 자치자위(自治自衛)하는 구례의 관습을 볼 수 있다. 이러한 각 자치단체에 있어서 그 방법을 금일의 학리에 적용할 수 있는지는 경찰재판, 사병(士兵), 수세(收稅)의 방법 등에 이르기까지 하나로 구비할 수 있다.[31]

고토는 보장가사(堡莊街社)와 같은 대만 재래의 자치조직을 자치행정과 자치제도의 일환으로 주목하고, 이를 활용하여 식민지배를 활용하는 방안을 모색하고 있었다. 고토는 본국의 제도와 법령이 식민지에 이식되는 것에 반대하고, 현지의 관습과 질서를 활용하여 각종 경비를 경감시킨 기초 위에 경찰, 사법제도 및 지방행정과 재정을 개혁하고, 철도와 항만을 개편하는 방안을 제시했다. 대만의 재래 질서를 적극적으로 활용하고자 했던 고토의 구관온존주의는 일본 본국의 내지연장주의에 적극적인 반대를 내포한 것이었다.

1898년 3월, 대만총독부의 민정국장에 취임한 고토는 8월 30일 「보갑조례」(1898. 8. 30, 법령 제21호)를 공포했다. 보갑제도는 치안유지를 목적으로 10호를 1갑으로, 10갑을 1보로 조직한 것으로서(제1조), 경찰행정의 관할 하에 두도록 했다(제3조). 보갑은 필요한 경비는 보의 대표인 보정(保正)과 갑

---

[31] 「臺灣統治救急案」(1898. 1. 25), 원문은 鶴見祐輔, 『決定版 正傳 後藤新平』 第2卷, 衛生局長時代, (東京: 藤原書店, 2004), 650-655쪽을 참고.

의 대표인 갑장(甲長) 등을 중심으로 보갑 내의 각호가 자체적으로 경비를 조달하게 했다(제9조). 1902년 보갑 총수는 4,085보(41,660갑)였다. 1903년 6월, 「보갑조례시행세칙표준」 등의 제정에 따라, 보갑은 치안유지 이외에 아편 금연, 징세, 위생, 도로정비, 생활 규범, 인구조사, 전염병대책 등 지역사회의 광범위한 업무를 담당했다. 1903년 7월, 보갑 총수는 보 4,815개, 갑 41,660개, 장정단 1,058개, 단원 135,413명 등이었다.[32]

전염병 환자의 보고는 보정의 책임이 되었고, 춘추 2회에 걸친 청결법도 보갑을 단위로 실시되었다. 또한 1901년 6월까지 69개의 위생조합이 조직되었다. 그 안에 일본인의 위생조합은 4개, 대만인의 위생조합은 16개, 일본인과 대만인의 합동에 의한 것이 49개가 있었다. 위생조합의 조직화는 타이베이보다도 타이난에서 활발하게 진행되었다. 이것은 타이난에서 선페스트의 유행이 타이베이 등의 대만 북부에 비해서 격렬했기 때문인 것으로 생각된다. 또한 대만총독부는 전염병 관리에서 공의와 위생경찰의 역할을 중시했다. 1896년 6월, 「대만공의규칙」(부령 제8호)이 제정되어 각지에 일본인 의사가 공의로서 파견되었고, 일반적인 의료활동에 종사함과 동시에 경찰의를 겸업하고, 지정된 구역의 의료위생에 관한 조사와 연구를 행하여 그 결과를 지방장관에게 보고했다. 「대만공의규칙」 제6조는 공의는 상하수도의 청결 및 개량, 전염병·지방병의 검역 및 예방, 종두 보급, 매독 구축, 빈민 구료, 시체 검안, 아편 사무 등을 담당하도록 했다. 공의는 당초 150명 정도를 충원할 계획

---

[32] 黎樂, 「日据初期臺灣的鼠疫與衛生防疫事務 — 以總督府公文檔案爲中心的考察」, 華東師範大學 歷史學係 碩士學位論文, (2011. 9), 33-34쪽; 栗原純, 「台灣總督府の衛生政策と地域社會: ペスト マラリア對策を中心に」, 松田利言 編, 『植民地帝國日本における支配と地域社會』, 國際日本文化 センター, 2013; 50-55쪽.

이었는데, 잘 진척되지 않아(실제로는 약 80명 정도) 1898년 7월 「대만공의후보생규칙」(부령 제48호)에 의해, 대만어 및 대만지방병에 관한 연수도 진행하게 되었다.[33]

대만총독부 성립 이후 대만의 위생업무는 민정국 내무부 경보과(警保課)와 육군국 군의부(軍醫部)가 담당하다가 1896년 4월부터는 민정국 위생과로 일원화되었다. 1901년에는 민정국에 경찰본서가 개설되고, 경찰본서 휘하에 위생과가 개설됨으로써 위생사무는 정식으로 경찰업무 중의 하나가 되었다. 1896년 5월 페스트 유행 이후, 10월 제정된 「대만전염병예방규칙」이 전염병 환자 발생시 경찰서 보고와 경찰 주도의 소독 등을 규정하고 있었기 때문에, 페스트 방역에서 경찰의 역할은 주도적인 것이었다.[34] 대만에서 「보갑조례」가 공포된 것은 1898년이고, 보갑제도가 치안행정뿐만 아니라 위생, 의료 등 일반행정에 이르기까지 본격적으로 궤도에 오른 것은 1903년이라고 할 때,[35] 1896-1897년 대만 페스트 유행 당시에는 보갑제도가 즉각적인 영향력을 발휘하기는 어려웠을 것이다. 그러나 방역당국으로서는 공의와 경찰 같은 공권력뿐만 아니라 보갑과 위생조합 같은 자치조직을 최대한 활용해야 했다. 결국 식민지시기 대만의 위생의료체제에서 공의-경찰-보갑은 삼위일체를 이루며 핵심적인 역할을 수행했다.[36]

---

33 飯島渉, 『ペストと近代中國』(東京: 研文出版, 2000), 113-115쪽.
34 黎樂, 「日据初期臺灣的鼠疫與衛生防疫事務 — 以總督府公文檔案爲中心的考察」, 華東師範大學 歷史學係 碩士學位論文, (2011. 9), 34-36쪽.
35 문명기, 「일제하 대만 保甲制度의 재정적 효과, 1903~1938」, 『중국근현대사연구』 75, (2017), 32쪽.
36 문명기, 「공의제도의 비교를 통해 본 식민지 대만과 조선의 의료·위생 네트워크: 제도외적 측면을 중심으로」, 『한국학논총』(국민대) 42, 2014, 331-340쪽; 최규진, 「대만과 조선의 종두정책을

고토 재임시기의 페스트 방역은 내지연장주의에 반대해 식민지의 풍속과 습관을 중시하는 구관온존주의에 입각한 것이었다. 페스트 유행 초기 대만총독부는 위생조합과 같이 내지의 위생제도를 이식하려는 입장이었으나, 고토의 영향력이 확대됨에 따라 대만에서 페스트 방역은 일본에서 파견된 공의와 경찰을 중심으로 실행되었고, 대만 전통의 자치조직인 보갑으로 지역사회의 위생행정을 보완하는 절충적 형태로 발전해 나갔다.[37] 또한 고토는 대만에서 위생행정의 민정화를 추진하면서 제국 정부에서 일시 배제된 기타사토 인맥을 적극적으로 활용했다. 기타사토는 대만에 직접 가서 현장조사를 할 수는 없었지만, 수제자인 시가 기요시(志賀 潔: 1871-1957) 등 자신의 인맥을 대만에 파견하여 페스트에 관한 의학지식을 축적해 나갈 수 있었다.[38]

통해 본 일본 제국의 식민통치」,『국제고려학』15, (2014).
37 고토가 추진한 보갑제가 전통적인 자치조직이 아니라는 문제제기는 다음을 참고. 문명기,「보갑의 동아시아 - 20세기 전반 대만·만주국·중국의 기층행정조직 재편과 그 의미」,『중앙사론』47, (2018), 142-146쪽.
38 Shiyung Liu, "The Ripples of Rivalry: The Spread of Modern Medicine from Japan to its Colonies," *East Asian Science, Technology and Society: an International Journal* (2008) 2, pp.55-65.

1899년 일본의 페스트 유행과 대응

1. 고베, 오사카에서의 방역대책

1899년 10월 30일, 대만 지룽(基隆)항에서 출발한 기선 오미마루(近江丸)호는 모지항(門司港)으로 향하고 있었다. 요코하마(橫濱)에 거주하는 사와다 마쓰고로(澤田松五郎)라는 승객이 유사 페스트 증세를 보였는데, 그는 야마구치현(山口縣) 도쿠야마(德山)까지 토요오까마루(豊岡丸)호로 갈아탄 후 히로시마(廣島)까지 기차로 이동한 후 11월 5일 사망했다. 세균검사를 실시한 결과, 11월 9일 페스트 사망자로 확정되었다.

    1899년 11월 8일, 고베시(神戶市) 후키아이촌(葺合村)의 어느 미곡상사에 고용된 13세의 일본인 여성이 사망했는데, 외지인의 도항이 아닌 일본 내부에서 발생한 최초의 페스트 환자였다. 3일 후에는 제혁업에 종사하는 33세의 일본인 남성이 사망했다.[39] 두 환자 모두 효고현립고베병원에서 부검이 실시되어 선종(腺腫) 및 혈액이 채취되고, 동물실험, 그람 염색법 등을

---

39   兵庫縣警察部, 『兵庫縣ペスト流行誌』, 上卷, (兵庫縣警察部, 1912), 11쪽, 26쪽.

실시하여 페스트 감염이 확진되었다.[40] 1899년 11월부터 1900년 10월까지 고베에서는 25명의 환자와 22명의 사망자가 발생했다. 고베에서 2,000여 명이 넘는 사망자를 초래했던 콜레라와 규모면에서는 비할 바 못되었지만, 치사율이 높고 치료제가 없다는 점이 페스트에 대한 공포심을 배가시켰다. 다른 한편 고베의 페스트 방역은 세균학적 성과에 기초한 방역으로 그 피해를 최소화하여 향후 페스트 방역의 방향성을 설정하는 데 중요한 경험을 제공했다.

페스트가 발생하자 효고현과 고베시 당국은「전염병예방법」(1897. 4)에 의거, 환자보고, 교통차단, 격리 등의 조치를 실시했고, 교통차단령을 시작으로 해항검역, 청결법, 검역위원사무소 설치, 페스트 검진시행령, 기차검역, 집회금지, 페서(斃鼠) 발견보고령, 포서취급법 등 일련의 법령을 공포했다.[41] 1899년 11월, 효고현은 고베 경찰서에 검역사무소를 설립했다. 12월에는 효고현과 고베시 합동 방역협의회를 설치했는데, 거기에 동원된 검역위원이 의사 139명을 포함하여 합계 580명이었다. 아울러 포획된 쥐에 식별표를 부착하고, 항만노동자의 입욕상황을 체크하는 등 매우 엄격한 조치가 시행되었다. 그러던 중 내무성은 전염병연구소의 기타사토와 시가 기요시 등을 고베에 파견하여, 합동 방역협의회에 참가하게 하고 고베시 의사조합에서 강연도 실시하도록 했다. 기타사토와 시가는 페스트 방역조치로 세균검사, 주민에 대한 건강검진을 통한 환자발견과 격리, 병원균의 매개동물인 쥐의 구제 등에

---

40 兵庫縣警察部,『兵庫縣ペスト流行誌』, 下卷, (兵庫縣警察部, 1912), 228-230쪽.
41 原田敬一·小林丈廣·安保則夫,『ミナト神戶コレラ·ペスト·スラム: 社會的差別形成史の研究』(學藝出版社, 1989), 132-134쪽.

대해서 설명했다.[42]

　이 시기 기타사토는 쥐, 파리, 모기 등과 더불어 페스트균의 매개동물 중의 하나일 것으로 여기고 있었고, 시가는 부두 노동자의 맨발 상처로 병원균이 침투될 가능성에 대해서 조언했다. 이 시기까지만 해도 기타사토와 시가는 페스트의 전염경로를 정확히 파악하지 못했다. 오히려 기타사토는 페스트 감염원과 발원지역을 소각하는 조치를 선호했을 정도였다.[43] 그럼에도 불구하고 고베에서 폐서와 페스트의 관계는 중요한 관심사로 부각되었다. 11월 8일, 최초 사망자 발생 이래로 폐서가 발견된 것은 11월 20일이었고, 페스트 발원지구를 비롯한 다양한 지역에서 폐서가 발견되었다. 기타사토 역시 시가를 통해 얻게 된 대만에서의 경험 등을 바탕으로 고베와 오사카에서 폐서가 페스트 만연의 중요한 지표가 된다고 인식했다.[44] 식민지에서의 연구성과가 식민지 포서정책으로 실천되는 데는 많은 시간이 필요했던 반면, 본국에서는 기타사토의 검증을 거쳐 곧바로 포서정책이 실시되었다. 본국과 식민지 사이에는 엄연한 위계 관계가 존재했다고 볼 수 있다.

　고베에서 페스트 방역은 포서정책과 건강검진이 위주가 되었는데, 기존 콜레라 유행시기에 활용된 소독활동, 하수개량, 도로청소 등도 병행되었다. 이러한 방역조치를 실행하는 데에는 위생조합의 역할이 중요하게 작용했다. 고베에서 위생조합은 1891년 6월, 시조례인「위생조합 및 정촌위생위원 설치방법」과「위생조합수칙」을 근거로 설치되었다. 처음에는 정(町)마다 위생

42　「黒死病彙報」,『神戸又新日報』4850號, (1899. 12. 5), 2면.
43　兵庫縣警察部,『兵庫縣ペスト流行誌』, 下卷, (兵庫縣警察部, 1912), 100-101쪽; 北里柴三郎,「ペスト豫防ニ就テ」,『細菌學雜誌』92, (1903. 7), 467-468쪽.
44　北里柴三郎,『神戸市大阪市ペスト病調査報告』(內務省, 1900), 43-54쪽.

위원이 있고, 그 아래 20가구마다 5인조의 위생조장을 선출하여 위생위원과 위생조장이 경비를 갹출해 마을의 위생을 담당했다. 위생위원과 위생조장은 지역 유지들로 구성되었다. 고베시 당국은 위생조합을 조직화하여 주민을 동원하는 형태로 방역을 강화하고자 했다. 1899년 11월, 고베 지역의 페스트 유행을 계기로 고베시내에는 약 400여 개의 정이나 정목(町目)이 있었는데, 위생조합은 320개 정도를 형성했다. 위생조합은 분뇨처리 사업 등의 계약을 통해서 독자적인 예산을 구축하기도 했다.[45]

11월 18일에는 오사카에서 최초의 페스트 환자가 발견되었다. 1900년 1월까지 일본 전역에서 산발적으로 발생하기 시작한 페스트는 전국 환자 수 69명 중 고베에서 22명, 오사카에서 41명이 발생하는 등 고베와 오사카를 중심으로 집중적으로 발생했다.[46] 1900년 12월 말까지 오사카에서 161명의 환자가 발생하고 146명이 사망했는데 치사율은 90.7%에 이르렀다. 이것이 제1차 오사카 페스트의 유행이었다. 제2차 오사카 페스트의 유행은 1905년부터 1910년까지 계속되었는데, 환자는 958명 발생했고, 사망자는 860명이 발생하여 치사율은 89.8%에 이르렀다. 이것은 일본 최대의 페스트 유행이었고, 그 후로도 페스트는 1930년까지 산발적으로 계속되었다.[47]

오사카 방역행정의 중심은 위생조합이었는데, 위생조합은 1883년 콜레라 방역과정에서 시정촌(市町村) 중의 정이나 정목 등의 지역주민을 중심으

---

45 오자키 고지(尾崎耕司), 「해항도시의 전염병, 그리고 방역시스템: 근대일본, 고베시의 분뇨오물처리 문제를 중심으로」, 『해항도시문화교섭학』 3, (2010. 10), 160-161쪽; 尾崎耕司, 「衛生組合に關する考察: 神戶市の場合を事例として」, 『大手前大學人文科學部論集』 6, 2005.
46 北里柴三郎, 『神戶市大阪市ペスト病調査報告』(內務省, 1900), 1쪽, 27쪽, 34쪽.
47 坂口誠, 「近代大阪のペスト流行, 1905-1910年」, 『三田學會雜誌』 97-4, (2005. 1), 100-101쪽.

로 결성된 것으로 소독과 방역 등 공중위생 활동을 주도했다. 1888년 「위생조합준칙」에 의거, 위생조합은 지방행정의 말단조직으로 제도화되었다. 페스트 유행 이후 위생조합은 1897년 4월 1일 「전염병예방법」(법률 36호)에 의해 전국 규모로 명문화되었다.[48] 콜레라 방역을 통한 아래로부터의 위생조합 운동이 오사카부에 의해 정식 승인되었고, 위생조합 운동은 일반 민중에서 빈민까지를 파악하는 지배양식이 되었으며,[49] 전염병대책에 방역대상자가 직접 참여하는 계기가 되었다.[50] 그러나 이미 콜레라 대책을 통해서 빈민과 피차별부락에 대한 사회적 차별이 강화되고 있었다.[51] 1897년 4월 「전염병예방법」은 전문 36조로 구성되는데, 그 중 제1조는 콜레라, 이질, 장티푸스, 두창, 발진티푸스, 성홍열, 디프테리아, 페스트 등 8종의 전염병을 법정전염병으로 제정했다.[52]

1899년 11월 8일, 고베에서 페스트 사망자가 발생하자, 당시 이질 예방을 위해 부청에 개설된 오사카부 임시검역부는 「전염병예방법」의 적용을 받아 페스트 긴급대응과 예방조치를 위해 검역을 확대했다. 임시검역부는 7일간의 청결법 실행, 고베시로부터 누더기 헌솜[襤褸古綿] 등의 유입을 금지하고, 하구 및 철도역에서 검역을 실시했다. 그러나 11월 18일 서구(西區) 사이와이초(幸町)에서 12세의 여아가 발병한 후 이틀만에 사망했다. 이에 따라 인

48　馬場義弘,「三新法期の都市行政: 大阪の衛生行政を事例に」,『ヒストリア』141, 1994.
49　原田敬一,『日本近代都市史研究』(思文却出版, 1994).
50　小林丈廣,『近代日本と公衆衛生: 都市社會史の試み』(雄山閣, 2001).
51　原田敬一・小林丈廣・安保則夫,『ミナト神戶コレラ・ペスト・スラム: 社會的差別形成史の研究』(學藝出版社, 1989).
52　「傳染病豫防法」,『官報』(1897. 3. 30), 1-3면.

근 주민 621명에 대한 소독과 교통차단을 실시하고 환자 가족들은 병원에 격리했다. 그 후에도 인근에서 환자가 계속 발생하자 교통차단과 격리를 계속해서 확대해 나갔다.[53]

오사카 페스트 방역에서 주목되는 점은 폐서 발견시의 취급법, 구서 장려, 쥐 매수법 실시, 오사카사립위생회의 구서현상금 지급 등 쥐 포획 및 구제를 위한 다양한 방안이 모색되었다는 점이다. 그러나 오사카는 고래로부터 쥐를 '복신(福神)의 사자(使者)'라고 여겨 존귀하게 여기는 풍속이 있었고, 환자은닉이나 검역기피 등으로 난항을 거듭하고 있었다.[54] 12월 3일부터 서구 일대에 임시검역부출장소를 설치하여 300여 명의 의사들이 건강검진을 시작했고, 12월 19일부터 시내 전지역에 검진소를 설치하고 전주민 20만 호 88만 명에 대해 1주일에 1회 건강검진을 실시하도록 했다. 이러한 조치는 페스트 대책에서 처음 실시한 것이었다.

1900년 1월 13일 이후로 소강상태를 보여, 2월부터는 기차 및 선박 검역이 해제되고 검역의도 감원되었다. 환자 수는 41명이었다. 2월 26일에 쥐 매수법을 폐지하고, 시내 80여 개소에 폐서투기함(斃鼠投棄函)을 설치했는데, 시는 매수를 계속하면서 4월 6일에는 투기함을 500개소로 증설했다. 4월 3일에는 서구 혼다초(本田町)에서 페스트가 발생했고, 서구를 중심으로 페스트가 유행했다. 4월 21일에는 서구와 북구에서 하프킨 예방접종이 실시되었다. 이것은 민간에 실시한 최초의 예방접종이었다.[55] 또한 내부대신령에 의해 경

---

53 廣川和花,「近代大阪のペスト流行にみる衛生行政の展開と醫療·衛生環境」,『歷史評論』726, (2010. 10), 20-21쪽.
54 大阪府臨時ペスト豫防事務局,『明治三二、三年大阪府ペスト流行記事』(1902. 11. 29), 15쪽.
55 村上榮次編,『大阪衛生100年史: 大阪府衛生會·健康の里の軌跡』(大阪府衛生會, 1994), 116쪽.

찰부 내에 구서제약부(驅鼠製劑部)를 설치하고, 약제사가 구서용 아비산 제제를 제작했다. 주민들이 구서제를 복용할 가능성에 대비하여 위생조합 의사에게 구급요법을 지시해 두기도 했다. 5월과 6월에는 페스트가 시외곽으로 확대되었다. 6월 19일 이래로 시 전체 30만 6,399호에 구서제를 배포했다. 6월 30일에는 임시검역국 오사카 출장소가 설치되었고, 서구의 오사카 방적회사 직공 700명을 대상으로 예방접종이 실시되었는데, 이후 환자 발생이 보이지 않자 8월 15일 출장소가 폐쇄되었다.[56]

 1900년 9월 12일, 남구에서 시체 검안에 의해 환자가 발견되자, 부근의 불결한 지역을 중심으로 엄격한 건강검진을 실시한 결과 10명의 환자가 발견되었다. 부근 주민 300여 명, 70여 호를 격리소로 이동시켜 수용하고, 증기소독기로 대소독을 실시했다. 9월부터 11월까지 페스트는 남구 전역으로 확대되었다. 이 시기 동안 서구에서는 페스트 환자가 거의 보이지 않은 반면 남구에는 페스트 환자의 발생이 집중되었다. 오사카의 페스트 유행에 맞서 오사카부는 방역체제를 정비하고, 시민들에 대한 건강검진을 실시하는 등 방역활동을 본격적으로 개시했다. 고베의 페스트 유행의 보도를 접했던 오사카는 페스트가 콜레라나 이질 이상으로 심각한 전염병이라는 인식하에 환자발생 이전부터 긴급한 방역체제를 수립했다. 해당시기 오사카부의 전염병 예방사무는 경찰부 위생과 소관이었는데, 이질 유행시기에 설치된 임시검역부와 검역위원부가 페스트 유행에 따라 페스트 방역 부서가 되었다. 1899년 11월 8일, 임시검역부는 검역부장(警部 長次長, 참사관) 1명, 검역관(警部) 14명, 기사

---

56 廣川和花, 「近代大阪のペスト流行にみる衛生行政の展開と醫療・衛生環境」, 『歷史評論』 726, (2010. 10), 22쪽.

1명, 속 1명, 검역관(의사) 9명 등 26명으로 구성되었다. 그러나 검역, 건강검진, 시체 검안 등에 대량의 의사를 동원할 필요가 생겨서 의사는 시내 개업의 중에서 희망자를 모집하는 것 이외에 오사카 사립위생회의 협력을 얻어, 검역관, 검역위원를 합쳐 313명까지 증원되어 시내 각 경찰서와 군역소(郡役所)에 설치된 검역위원사무소와 임시검역부에 배치되었다. 12월에는 서구에 임시검역부 출장소가 배치되었다. 제1기 유행 말기 내무대신 명령에 의해 새로운 검역관 100명, 검역위원 210명이 증원되었고, 부근 부현으로부터도 의사를 모집해서 구내 빈민부락의 건강검진을 시작했다. 이 시기 출장소, 검역위원 사무소, 선박검역 등에 532명(의사 382명 포함)의 검역위원이 활동했다.[57]

최초 환자 발생 이틀 후인 1899년 11월 10일, 오사카부는 군역소, 정촌역장(町村役長)에 대해서 위생조합에 예방을 보급하라는 지시를 내고, 같은 날 검역위원부 미설치지역 각군(各郡)에 검역위원부 사무소를 개설하라고 지시했다. 더욱이 환자 및 폐서(斃鼠)의 균검출에는 세균학적인 판정이 불가결하기 때문에, 11월 22일 임시검역부 내에 세균검사소가 설치되어, 오사카 두묘제조소 소장 이시가미 도오루(石神亨: 1857-1919), 전염병연구소 소장 기타사토 등의 감독 하에 검역관 의사 4명이 세균검사에 종사했다. 제1기 유행이 종식되고, 1900년 2월에 선박검역이 폐지되어 의사 280명이 해고되었고, 검역관 및 검역위원은 244명(의사 94명 포함)으로 축소되었다. 그러나 4월에는 제2기 유행이 시작되어 재차 의사를 증원하고 7월에는 300명의 의사를 각 경찰서와 군부(郡部)에 배치했다. 6월 3일에는 부회의사당(府會議事堂) 내 임

---

57   위의 글, 23-24쪽.

시방역국 오사카 출장소가 설치되어 내무성에서 모리야 이쯔조(守屋伍造) 소장 이하 기타사토 시바사부로, 시바야마 고로사쿠(柴山五郎作: 1871-1913), 하타 사하치로(秦佐八郞: 1873-1938) 등 쟁쟁한 세균학자들이 파견되었고, 그 후 유행이 줄어들자 다시 검역관 및 위원 의사는 감소되어 30명까지 감원되었다. 8월 15일에는 오사카 출장소가 폐쇄되었다. 곧이어 제3기 유행이 시작되자 10월에 의사수는 49명으로 회복되고, 12월 12일에는 칙령 제410호에 의해 「임시페스트 예방사무국」이 새롭게 설치되었다. 장관은 오사카부 지사(知事), 차장은 경부장으로 하고, 제1부 세균검사, 제2부 건강진단 및 시체 검안, 제3부 청결법 및 소독법 시행, 제4부 예방접종, 제5부 서족구제, 제6부 서무회계 등으로 나누었고, 의사 50명을 제1부에서 제4부에 배속시켰다. 임시페스트예방사무국은 환자발생이 거의 없게 된 1901년 7월 말부터 축소 유지되었는데, 7월 31일에 폐지되었다.[58]

「전염병예방법」(1897. 4. 1) 제19조의 1항에 의거하여, "전염병 환자의 유무를 검진"하기 위해 건강검진이 실시되었다. 건강검진은 빈민들의 전염병 확산을 방지하고, 미신고 환자들을 발견하는 데 도움이 되었다.[59] 이러한 의도하에 시민 전체를 대상으로 한 건강검진은 고베에서 환자 발생 직후, 오사카에서 환자발생 이전에 이미 개시되었다. 우선 비번 순사가 소집되어 오사카부 전체에 긴급한 인구조사가 행해지고, 1899년 11월 15일에는 인구조사에 있어서 환자로 의심되는 자가 발견되면 곧바로 검역관의사를 파견해서 조사하라는 지시를 냈다(告諭 제10호). 20일 서구에서 환자발생 보고를 받아 즉시

---

58 위의 글, 24쪽.
59 大阪府臨時ペスト豫防事務局, 『明治三二、三年大阪府ペスト流行記事』(1902.11. 29), 219쪽.

검역관리가 환가 부근에서 건강검진을 실시했다. 25일부터는 각구 의사회에 요청하여 개업의에 의한 건강검진을 개시했는데, 의사 1명에 순사 1명이 부가되어, 호구조사부에 따라 각호를 방문하여 가인을 호출하고 한 사람씩 검진하는 방식을 취했다.

제1회 건강검진은 15일간으로 각구의 의사 316명이 당시 오사카부의 인구 75.8만 명을 검진했다. 사카이시(堺市)와 군부(郡部)에서도 똑같은 검진이 실시되었다. 그 후 군부에 대해서는 주재소 순사가 각 촌 내의 빈민부락과 기타 필요하다고 인정되는 장소에 대해서 수시로 인구조사를 실시하고 의사는 감원하는 것으로 했다. 더욱이 12월 6일에는 환가 부근인 서구를 예방구역으로 설정하고 임시검역부 출장소를 설치하여 구역내의 2,917호 11,468명에 대해 매일 인구조사를 겸하여 건강검진을 실시했다. 그러나 이 체제를 지속시키기에는 의사도 부족하고 비용도 부족했기 때문에, 12월 19일부터는 각구 수개소에 검진소를 설치하고 구역내의 주민은 주1회 검진소에 출두하여 검진을 받고 진찰증을 받는 방식으로 대체했다(부령 제117호). 관할경찰서는 위생조합을 통해서 각 정(町)에 검진을 통지하고, 순사가 당시 인구조사를 행하며 진찰증을 확인하고 돌아다니는 것 이외에, 직공에 대해서는 별도 공장에서 건강검사를 실시했다.[60]

그러나 이러한 노력에 비해서 전호를 대상으로 한 건강검진은 성과가 부족하여 연말에 폐지되고, 새해부터는 환자가 발생한 경우 교통차단구역 및 그 부근, 인구조사에 의해 발병으로 의심되는 자가 발견되는 경우 그 부근에

---

60 廣川和花,「近代大阪のペスト流行にみる衛生行政の展開と醫療・衛生環境」,『歷史評論』726, (2010. 10), 24-25쪽.

한정되는 것으로 되었다. 그럼에도 불구하고, 12월 30일 폐페스트 환자가 발생을 거듭하자, 내무대신 통첩에 의해 건강검진의 엄격한 실시가 지시되었기 때문에, 우선 정해진 예방구역을 확장시키고 주의구역을 선정하여 건강검진을 강화하도록 했다. 제2기에는 다발하는 서구내의 주의구를 확장시켜 검역의를 집중시키고, 다른 환자 발생지구에서도 환가 일대를 주의구, 그 외부요소를 예방구역으로 하고, 주의구역 내에서는 매일 촉진의 건강검진, 예방구역 내에서는 격일로 망진을 행했다. 유행 종식에 수반하여 8월 하순에는 건강검진을 축소, 경찰관에 의한 인구조사로 대신하게 했다. 제3기에는 거의 마찬가지로 반복되었고, 남구의 환자 다발구역이 주의구 및 예방구로 지정되어 검역의를 증원하고 건강검진이 실시되었는데, 12월 17일에 임시 페스트 예방사무국이 개설되어 건강검진사업은 예방사무국 제2부에 편성되었다.

이렇게 건강검진과 환가주변의 교통차단은 페스트 유행에 즈음하여 전례 없는 규모로 실시되어 지역주민과 방역행정과의 직접적인 접점이 되었다. 제3기에 있어서 건강검진에 의해 시 가운데에서 발견된 환자는 21명으로 환자 총 수의 3분의 1에 해당했다. 제1, 2기의 4분의 1에 비하면 성과는 상승했지만, 팽대한 인원과 예산을 할애하여 제1기부터 제3기까지 884.8만 명을 검진해서 발견한 환자는 38명에 불과했다. 건강검진에 전면적으로 협력했던 오사카 사립위생회의 9월 28일부 오사카부지사에 대한 건의안에도 "종래의 건강검진은 경비를 요하는 것이 많았던 것에 비해 그 실효가 적었으므로 사후 경찰관을 통해서 누누이 일반의 호구조사를 하게 하여 의료를 받을 수 없는 환자들을 파악하여 이를 검역관에게 보고하여 진찰을 받도록 하는 일"이 제안되고 있었다. 건강검진을 피해 환자를 은닉시키는 일도 다수 발생했고, 건강

검진의 엄격화라는 내무성의 지시는 현실적인 것은 아니었다.[61]

　1899-1900년 고베와 오사카에서 페스트 유행과 방역행정은 다음과 같은 특징을 지녔다. 첫째, 일본에서 최초의 페스트였다. 둘째, 치료제가 없이 치사율이 매우 높았지만 세균학적 지식에 기초한 세균검사를 중심으로 건강검진이 실시되었다. 주기적인 건강검진은 방역의 효과를 높일 수 있었지만, 인력과 재정 면에서 지속할 수 없는 한계도 노출했다. 셋째, 쥐와 페스트의 관계, 즉 식민지에서 페스트 매개물로서 쥐의 상관성이 확인되었음에도 불구하고, 포서정책은 기타사토 등에 의해 검증이 진행된 이후 일본 본국에서 우선 실천되었다. 넷째, 일본에서 근대적 방역정책의 확립으로 평가되는 1897년 4월 「전염병예방법」의 실효성을 평가하는 전환점이 되었다. 페스트 유행을 계기로 「전염병예방법」에 의거 위생조합의 제도화를 확인할 수 있었다. 다섯째, 후술하는 것처럼, 대만의 페스트 현장에서 배제되었던 기타사토가 일본 페스트 방역 현장에 복귀했다는 점이다.

2. 기타사토와 제국의학

기타사토 시바사부로(北里柴三郎: 1852-1931)는 1852년 구마모토[熊本, 옛 명은 히고(肥後)]의 오구니(小国)에서 태어났다. 그는 1871년 구마모토에 있던 고조의학교(古城醫學校, 후에 熊本醫學校)에 진학했고, 1875년에는 도쿄의학교(1877년 도쿄제대 의과대학)에 입학해서 1883년 의학사가 되었다. 1884년

61　廣川和花, 「近代大阪のペスト流行にみる衛生行政の展開と醫療・衛生環境」, 『歷史評論』 726, (2010. 10), 26쪽.

9월, 그는 나가요 센사이의 위생국에 입국했다. 1885년 11월, 기타사토는 베를린에 유학하여 코흐를 사사했다.[62] 기타사토는 1889년 세계 최초로 파상풍균 배양에 성공하고, 이듬해에는 파상풍균 항독소를 개발했고, 이듬해에는 에밀 폰 베링(Emil Adolf von Behring: 1854-1917)과 혈청요법의 개발에도 성공하여 세계적인 명성을 얻었다. 1891년 그는 일본에 귀국하여 후쿠자와 유키치(福澤諭吉: 1835-1901)의 지원을 받아 전염병연구소(傳染病硏究所)를 열었다. 1893년 이후, 일본에서 콜레라균에 대한 세균검사가 일반화되기 시작했는데,[63] 전염병연구소는 세균검사 교육과정을 개설하여 세균검사법의 대중화 등에 기여했다.

1894년 5월 홍콩에서 페스트가 유행하자, 페스트의 일본 확산을 우려했던 일본정부는 세균학 연구와 병리학 연구의 권위자인 기타사토 시바사부로와 아오야마 다네미치(靑山胤通: 1859-1917)를 홍콩에 파견했다. 기타사토는 당시 전염병연구소 소장이었고, 아오야마는 도쿄제대 의과대학 내과학 전공 교수였다. 해군 군의인 이시가미 도오루(石神亨: 1857-1919)와 의학생 기노시타 세이츄우(木下正中: 1869-1952)가 기타사토와 아오야마의 조수로 임명되었고, 위생국 관료인 오카다 요시유키(岡田義行), 해군대위 구로다 데이지로(黑田悌次郎), 대학조수 미야모토 슈쿠(宮本叔: 1867-1919) 등이 그들과 함께 파견되었다. 1894년 6월 5일, 요코하마를 출발한 그들 일행은 6월 12일 홍콩에 도착했다. 기타사토는 아오야마가 제공한 재료를 사용하여 페스트균

---

62 福田眞人,「北里柴三郎: 內務省衛生局時代とドイツ留學への道」,『言語文化論集』28-2, (2007. 3), 1-10쪽.
63 知念廣眞,『明治時代とことば: コレラ流行をめぐって』(東京: リーベル出版, 1996), 84쪽.

동정실험을 계속했는데, 그 과정에서 기타사토의 조수인 이시가미 도오루가 페스트에 감염되었다가 살아나기도 했다. 홍콩 식민당국의 환영과 지원을 받은 기타사토는 6월 14일 시체 부검을 통해 혈액 등에서 페스트균을 발견했다고 일본정부에 보고했다. 아울러 기타사토는 8월 25일 영국의 의학잡지 『랜싯(Lancet)』에도 그 결과를 발표했다.

그로부터 2-3일 후 파스퇴르 연구소 소속의 알렉산드르 예르생 역시 페스트균 감염자의 임파선에서 페스트균을 발견했다고 발표했다. 기타사토와 예르생은 페스트균 발견 결과를 공개했는데, 각각 발표한 페스트균의 형상은 서로 달랐다. 기타사토가 발표했던 페스트균은 그람 양성균(Gram-positive strain), 구균(球菌)이었고, 예르생이 발표한 페스트균은 그람 음성균, 간균(桿菌)이었다. 그람 양성균은 푸른색으로 염색되고, 그람 음성균은 붉은색으로 염색된다. 이로 인해 과학계는 페스트균 동정을 둘러싼 논쟁에 휩싸였다.[64] 각각은 페스트의 감염경로에 대해서도 언급했는데, 기타사토는 '환자 집안의 먼지'를 언급했고, 예르생은 '가정의 토양'을 언급했다. 두 사람 모두 페스트균이 어떻게 해서 인체에 감염되는지에 대해서는 정확히 설명하지 못했다.

홍콩 페스트 유행 이후, 페스트는 동아시아 각지로 퍼져나갔다. 1896년 3월 29일, 홍콩에서 미국으로 향하던 기선이 요코하마를 경유했는데, 선내에 있던 소년이 고열 증상을 보여 중국인병원으로 옮겨졌는데, 진찰 결과 페스트로 의심되었다. 소년의 사망 후 경찰은 세균학적 조사를 위해 시체를 발굴했

---

[64] 小高健, 『傳染病研究所: 近代醫學開拓の道のり』(學會出版センター, 1992), 73-84쪽. 藤野恒三郎는 기타사토가 서술하고 있는 페스트균의 성상이 예르생의 것과 유사하므로 기타사토 역시 페스트균의 발견자로 간주해야 한다고 주장했다. 藤野恒三郎, 『日本細菌學史』(近代出版, 1984), 211-212쪽.

고, 전염병연구소의 다카기 도모에(高木友枝: 1858-1943)가 혈액 샘플을 전염병연구소로 가지고 갔고, 조사 결과 홍콩에서 발견한 페스트균과 동일한 것으로 결론을 내렸다.[65]

그로부터 한 달 후인 1896년 5월, 대만 안핑에서 페스트가 유행하자, 대만수비대 군의인 무라카미 미호와카(村上弥穗若) 등이 현지조사를 실시했다. 무라카미 등은 안핑에서 세균학적인 조사를 통해서 혈액에서 쌍구균(雙球菌)을 확인하여 페스트와 유사하다고 여겼지만, 배양시험을 할 수 있는 기기가 없었고 돌고래 접종시험에서도 음성반응을 보였다. 무라카미는 자신의 연구결과를 『군의학회잡지』에 발표했다.[66] 7월 4일, 무라카미는 사후 수시간 내의 시체 서혜부에서 8종의 균락(菌落)을 발견하고, 이것이 예르생의 페스트 보고와 일치한다고 판단했다.[67] 또한 그는 안핑에서 사망한 페스트 환자의 부검물을 도쿄육군군의학교 오카다 구니타로(岡田國太郞)에게 보냈다. 오카다는 9월 23일부터 연구에 착수하여 인공배양, 동물시험, 독성 등에 대한 검증을 통해 그 부검물에서 예르생이 발견한 페스트균과 동일한 것을 확인할 수 있었다. 10월 22일, 그는 연구결과를 도쿄의학회에서 발표했다.[68]

1896년 10월, 페스트가 타이베이로 확산되는 추세를 보이자 대만총독부와 본국 척식무성(拓殖務省)은 전문가 파견을 기타사토의 전염병연구소가 아닌 도쿄제국대학에 의뢰했다. 도쿄제국대학은 세균학 전공인 오가타 마사노

65　高木友枝,「橫濱市のペスト病」,『細菌學雜誌』5, 1896, 319-322쪽.
66　村上弥穗若・山田孝次郞,「安平ペスト疑似病景況報告」,『軍醫學會雜誌』76, 1896, 689-699쪽.
67　村上弥穗若,「安平ペスト細菌的硏究報告」,『軍醫學會雜誌』79, 1896, 1181-1191쪽.
68　岡田國太郞,「ペスト病原に就て」,『東京醫學會雜誌』102, (1896), 1047-1059쪽.

리(緒方正規: 1853-1919)와 병리학 전공인 야마기와 가쓰사부로(山極勝三郎: 1863-1930) 교수를 타이베이에 파견하기로 결정했다. 11월 29일, 도쿄 신바시(新橋)를 출발한 오가타 일행은 12월 9일 타이베이에 도착했고, 다음날부터 12월 31일까지 페스트 조사를 실시하여 페스트 환자, 쥐의 사체, 쥐벼룩 등에서 페스트균을 확인했다. 이로써 페스트균이 쥐벼룩에 기생하고, 쥐는 쥐벼룩이 기생하는 일종의 중간숙주로서 페스트균의 감염원 역할을 한다는 것이 명백해졌다.[69] 그러나 식민지 대만에서 페스트균과 쥐와의 상관성이 확인되었음에도 불구하고 대만에서는 포서정책이 곧바로 제도화되지는 않았다.[70]

1896년 10월, 대만에서 페스트 유행시 일본정부가 전염병연구소의 기타사토가 아닌 도쿄제국대학의 야마기와를 파견한 것은 당시 기타사토의 페스트균 염색법이 논란에 휩싸여 있었기 때문이다. 예르생의 페스트균은 붉은색으로 염색되는데, 기타사토의 페스트균은 푸른색으로 염색된다고 보고되고 있었다. 오가타는 예르생의 염색법을 지지하고 있었고, 페스트균 확산에서 쥐가 중요한 역할을 담당한다고 여겼다. 그는 타이베이에서 현지조사에서 예르생의 검사법을 통해 동일한 페스트균을 확인할 수 있었다. 결과적으로 타이베이 페스트는 기타사토와 예르생의 페스트 검사법의 논란을 종결시키는 계기가 되었으며, 페스트균이 쥐벼룩에 기생한다는 사실도 추가적으로 확인할 수 있었다.[71] 병리학 담당이었던 야마기와는 임상조사와 시체해부를 실시했다. 야마기와는 페스트 예방방법으로 외상을 입지 않을 것, 목욕, 환자의 소

69　中村綠野,「台北ニ於ケルペストニ就テ」,『軍醫學會雜誌』第79號, 1896쪽.
70　張秀蓉・邱鈺珊・徐廷瑋 等,『日治臺灣醫療公衛五十年』(國立臺灣大學出版中心, 2015), 149-152쪽.
71　緒方正規,「ペスト研究復命書」,『東京醫學會雜誌』vol.11, (1897)

변 및 땅 소독, 쥐 소각 및 시체 화장 등을 제시했다.[72]

대만의 페스트 유행과 조사를 통해 기타사토는 과학자로서의 명예를 잃게 되는 절대절명의 위기에 처했고, 1899년 일본정부는 기타사토의 전염병연구소를 국유화하는 조치를 단행했다. 기타사토벌(北里閥)과 도다이벌(東大閥) 사이의 갈등 속에서 기타사토는 사실상 항복을 선언하지 않을 수 없었다. 1899년 11월, 기타사토는 고베 중앙위생위원회에서 자신의 오류를 검증했던 오가타 마사노리와 나카하마 도우이치로(中浜東一郎) 등에게 페스트균 동정을 둘러싼 자신의 견해에 오류가 있었으며, 예르생에 의한 페스트균 동정이 올바른 것이었다고 인정했다.[73] 이로써 기타사토는 재기할 기회를 얻게 되었다. 1899년 11월, 고베와 오사카에서 페스트가 유행하자, 기타사토는 일본정부로부터 고베와 오사카의 페스트 방역에 참여할 것을 요청받았다.

기타사토가 페스트 방역에 복귀할 수 있었던 또 다른 이유 중의 하나는 기타사토가 혈청학 분야에서 페스트 예방과 치료에 관한 원천기술을 가지고 있었기 때문이다. 대만 페스트 유행시기에 기타사토의 현지조사는 불발되었지만, 1898년 5월, 전염병연구소 소속이자 기타사토의 수제자인 시가 기요시가 내무성 임시방역국 사무관 자격으로 대만을 방문했다. 전염병연구소의 혈청치료법을 시험할 필요성 때문이었다.[74] 또한 기타사토의 페스트 동정이 과

---

72 「緒方山極岡醫學博士のペスト病研究復命書配布の件(二)」, アジア歷史資料センター, C10061079700.
73 中浜明編, 『中浜東一郎日記』第1卷, 1899年 11月 18日字, (富山房, 1992), 59쪽; 「醫學社會の論爭」, 『神戶又新日報』4847號, 1面, 1899年 12月 2日.
74 范燕秋, 「鼠疫與臺灣之公共衛生(1896-1917)」, 『國立中央圖書館臺灣分館館刊』1-3, (1995. 3), 64쪽.

학적 논란이 된 것과는 별개로 기타사토의 일본 세균학에 대한 공헌은 부인할 수 없는 사실이었다. 일본에서 페스트 유행 이후, 세균검사가 제도화될 수 있었던 것도 기타사토가 전염병연구소의 세균학강습을 통해 그 저변을 확대시킨 결과였다. 전염병연구소는 1894년 3월부터 20-30명의 의사를 대상으로 3개월 과정의 세균학 연구생 제도를 운영했는데, 1899년 고베 페스트가 유행하기까지 17회 동안 450여 명이 그 과정을 수료했다. 실제로 일본 최초의 페스트 환자를 확진한 것도 기타사토 전염병연구소 세균학과정 연구생 10회 수료생 마쓰시마 아키라(松島朗)였다. 기타사토, 시가 기요시 등이 지휘하는 전염병연구소는 일본 세균학을 제도화하는 데 기여했다.[75]

정리하면, 일본정부는 1894년 홍콩 페스트 유행 초기에 이미 세계적 세균학자의 반열에 오른 기타사토 등을 파견하여 의학지식을 구축하고 페스트 방역을 적극 추진하고자 했다. 또한 페스트 조사에 세균학자와 병리학자를 반드시 동반시켜, 세균 자체의 연구뿐만 아니라 전염병 확산에 따른 방역조치도 연구하도록 했다. 과학적 성과를 올리기 위한 경쟁 속에서 기타사토는 페스트균의 동정에 성공했다고 서둘러 보고를 했고, 그 오류가 점차 밝혀지면서 치명상을 입게 되었다. 1896년 식민지 대만에서 페스트가 유행하자, 일본정부는 기타사토를 과학적 검증과정에서 배제시켰고, 기타사토의 페스트균 동정에 오류가 있음을 밝혀냈다. 더 나아가 일본정부는 페스트의 전염경로가 페스트균이 기생하는 쥐벼룩과 쥐를 통해 전해진다는 것을 밝혀냈다.

---

75 横田陽子,『技術からみた日本衛生行政史』(晃洋書房, 2011), 第2章「細菌學の制度化」참고; 永島剛·市川智生·飯島涉 編,『衛生と近代: ペスト流行にみる東アジアの統治·醫療·社會』(法政大學出版局, 2017), 103-104쪽.

다시 말해, 일본정부는 본국과 식민지에서 수많은 시행착오를 거치면서 제국의학 지식을 구축했고, 그 지식은 본국과 식민지에서 방역을 위한 유용한 지식으로 활용되었다. 페스트 유행 시기 일본의 제국의학 지식은 다음과 같은 특징을 지녔다. 첫째는 제국의학 지식이 세균학 지식을 바탕으로 축적·확대되었다. 홍콩 페스트 유행 이후 일본은 세균학의 시대로 접어들었고, 기타사토와 전염병연구소는 일본에서 세균학 지식을 보급·확대하는 데 기여했다. 기타사토와 전염병연구소는 홍콩, 대만, 일본 등지에서 페스트에 관한 정보를 수집하고 지식을 축적했으며, 일본정부는 세균학 전문가를 현지에 파견하여 제국의학 지식을 구축했다. 식민지 대만에서 세균학 지식에 바탕한 페스트 방역의 결과는 「대만전염병예방규칙」(1896. 10)으로 귀결되었고, 일본에서 「전염병예방법」(1897. 4) 등 법적 제도가 정비되는 데 활용되었다. 「전염병예방법」은 1880년대 콜레라 방역의 성과를 계승하면서 1890년대 페스트 유행에 대응하기 위한 것이었다. 「전염병예방법」에서는 기존 교통차단, 환자보고, 격리, 소독 등 이외에도 건강검진과 위생조합을 제도화했다.

둘째는 제국과 식민지에서 위계적인 '지식-법률·제도-실천' 체계가 구축되었다. 제국의학 지식의 생산은 본국(제국대학과 연구소)을 중심으로 수렴되어 나갔지만, 지식의 보급(법률·제도)과 확산(실천)에서 본국과 식민지에서 큰 차이가 있었다. 식민지에서 생산된 의학 지식도 곧바로 제도로서 보급되거나 확산되지 않고, 본국의 검증을 거쳐야 실천될 수 있었다. 또한 본국의 법률과 제도는 지방관과 의사의 역할이 중시되었던 반면, 식민지에서는 경찰, 헌병과 전통적 자치조직의 역할이 중시되었다. 이에 따라 방역행정의 실천에 있어서도 본국과 식민지에서 의사와 경찰의 위상이 달랐고, 자치조직의 역할도 달라질 수밖에 없었다.

셋째로는 검역행정의 변화이다. 일본정부는 첫 번째 감염자가 대만에서 건너온 일본인이라는 사실에 주목하여 우선 해항검역을 강화했다. 기존 7일 검역에서 10일 검역으로 강화했다. 해항검역과 기차검역은 가장 우선적으로 실시된 방역대책이었다.

넷째로는 대만과 일본의 페스트 방역대책 중 쥐잡기대책이 중시되기 시작했다. 페스트 유행 초기에 쥐는 여러 페스트균 매개동물 중의 하나로 여겨졌을 뿐이었다. 쥐잡기는 예방적 효과뿐만 아니라 세균검사를 통해 질병의 발생여부를 확인할 수 있다는 점에서 선페스트 방역에서 매우 중요한 정책이었다. 기타사토의 페스트보고를 통해 설치류와 페스트 확산의 관계가 점차 명백해짐에 따라 쥐잡기 대책은 중요한 페스트 방역대책으로 부상했다. 쥐잡기를 장려하기 위해 일본정부와 대만총독부는 쥐 한 마리당 5센(錢)의 현금을 지불하는 정책을 사용하기도 했다. 1899년 11월 중순부터 1890년 1월 말까지 고베에서 2만 마리, 오사카에서 1만 5천 마리의 쥐를 포획했다. 고베에서 더 많은 쥐가 포획되었을 뿐만 아니라 고베에서는 부검한 쥐의 20%가 페스트에 감염되어 있었고, 오사카에서는 10%가 감염되어 있었다.[76]

---

76 S. Kitasato, "Report on the Epidemic of Plague in Kobe and Osaka from November, 1899 to January, 1900," *Public Health Report*, vol.16, no14, April 5, 1901, p.671.

대만 페스트는 일본 제국 내에서 발생한 최초의 페스트로서 제국의 명운을 좌우할 수 있는 위기이자 기회였다. 대만에서 페스트가 유행하자, 일본정부는 페스트균 염색법으로 논란이 되었던 기타사토를 파견하지 않고 도쿄제대 의학부 교수와 군의를 대만 현지에 파견했다. 그들은 기타사토의 검증 오류를 밝혀냈으며, 페스트균이 쥐벼룩에 기생하고 쥐벼룩이 쥐에 기생하는 페스트균의 전염경로를 밝혀냈다. 기타사토는 대만 페스트 방역에서 배제되었지만, 고토와의 인맥을 바탕으로 자신의 제자들을 대만총독부 관료로서 뿐만 아니라 현지조사에도 보내 페스트와 관련된 의학지식을 축적해 나갈 수 있었다. 일본정부는 대만식민지에서의 조사활동을 통해 제국에 필요한 의학지식을 축적했다. 그러나 제국의학 지식은 식민지에서 곧바로 실천되거나 활용되지 않았다. 대만 페스트 유행 이후 「대만전염병예방규칙」(1896. 10)은 일본보다 앞서 페스트를 법정전염병에 포함시키기도 했다. 대만총독부의 민정국장으로 취임한 고토는 내지연장주의에 반대하고 구관온존주의에 입각한 위생정책을 실시했고, 위생행정에서 보갑과 같은 자치조직을 적극적으로 활용하고자 했다. 고토는 더이상 이상주의적인 방역정책에 매달리지 않았고, 대만총독부의 권한을 강화하고 식민지의 현실을 직시하고자 했다.

 고베와 오사카 페스트는 일본 최초의 페스트로서 제국의학 지식이 활용될 수 있는 절호의 기회였다. 기타사토는 고베와 오사카 페스트 조사와 방역활동에 복귀했다. 고베와 오사카의 페스트 유행은 「전염병예방법」(1897. 4)의 실효성을 평가할 수 있는 계기이기도 했다. 「전염병예방법」에 의거, 주민들에 대한 건강검진과 위생조합의 설치가 제도화되었다. 식민지의학의 성과로서 얻게 된 포서정책도 기타사토는 현지조사를 통해 실현될 수 있었다.

고토와 기타사토는 제국의학의 자장을 설명할 수 있는 중요한 인물이다. 도다이벌과의 경쟁 속에서 제국 권력으로부터 배제될 위기에 있었던 고토와 기타사토는 협력적인 관계를 유지하면서 제국과 식민지 사이의 긴장관계를 유지했다. 고토는 내무성 위생국장과 대만총독부의 민정장관을 역임하면서 제국과 식민지에서 위생행정을 주도했고, 기타사토는 일본을 대표하는 세계적인 세균학자로서 본국과 식민지에서 현지조사를 통해 의학지식을 축적했다. 1870년대 일본에서 고토는 위생경찰의 원형이라고 할 수 있는 '건강경찰의관'을 제안하여 전문적인 식견을 갖춘 이상적인 위생경찰 모델을 제안한 바 있다. 그러나 식민지 대만에서 고토는 위생경찰-공의-보갑을 중심으로 하는 위생의료체제를 구축하고자 했다. 기타사토는 최초의 페스트균 발견자라는 명예를 얻으려는 욕망 때문에, 과학계에서 퇴출될 위기에 직면했으나, 세균학 지식의 보급과 확산에 기여하고, 혈청학 분야의 원천기술을 가지고 있던 덕택에 일본 페스트 유행시기에 현장에 다시 복귀할 수 있었다. 이후 기타사토는 페스트 지식의 확립과 발전에서 주도적인 역할을 수행했는데, 그 지식은 본국과 식민지에서 일방향적이지 않았다. 기타사토는 본국 내에서 도쿄제대 출신 의학자들과 끊임없는 경쟁관계에 있었고, 식민지 방역현장과 현실정치에서도 경쟁과 타협을 지속해야 했다. 페스트를 둘러싼 제국의학 지식은 본국과 식민지의 경쟁 속에서 변용되고 굴절될 가능성이 여전히 남아 있었다.

2부

만주 페스트와
제국의학

5

제1차 만주 페페스트의 유행과
제국주의의 각축

1910-1911년 만주방역은 중국에게는 주권의 보호 이외에도 의학과 공중보건을 근대화시킬 수 있는 중요한 전환점이었다. 당대에 이미 외국 언론 등에서 페스트가 오히려 중국을 구하는 계기가 될 것이라고 예견할 정도였다. 실제로 이전에는 생경하게 여겨졌던 시체 부검과 화장 등이 만주방역을 계기로 중국사회에 제도화되었고, 북만주방역국 등의 설치로 방역행정이 상설화되었다.[1] 또한 서양의학이 중국의 국가영역에서 중의학을 압도하기 시작한 새로운 전환점이었다.[2]

서구열강에게 만주방역은 동아시아에서 각국의 패권을 합리화하고 강화할 수 있는 중요한 시점이었다. 방역을 위해서는 군대의 동원이 필수적이었고, 만주지역에서 군대의 이동과 주둔을 합법적으로 승인받을 수 있었다. 또한 제국주의 각국은 세균설에 입각한 방역이론 및 외과술에 기초한 의과학적 성과에 기초하여 중의학과 민간의료 등에 의존했던 동아시아인들의 일상과 공간을 재편해 나가고자 했다.

---

[1] Eli Chernin, "Richard Pearson Strong and the Manchurian Epidemic of Pneumonic Plague, 1910-1911," *The Journal of the History of Medicine and Allied Sciences* 44-3, 1989, p.318.

[2] Seon Hsiang-lin Lei, "Sovereignty and the Microscope: Constituting Notifiable Disease and Containing the Manchurian Plague," In Angela Leung and Charlotte Furth, eds., *Health and Hygiene in Chinese East Asia* (Durham, NC and London: Duke University Press, 2010).

특히 콜레라와 페스트 같은 급성전염병 유행은 동아시아 각국뿐만 아니라 서구열강에게도 치명적인 위협이 되었기 때문에, 이들 전염병에 관한 최신 의과학 지식은 식민지에서 패권을 유지하고 효과적 방역조치를 실행하기 위해서 제국주의 열강으로서는 최고의 관심사 중의 하나였다.[3] 제국주의 열강이 최신 의과학 지식을 주도해 나가고 있었지만, 제국주의 각국 사이의 치열한 경쟁 속에서 각종 전염병 이론과 치료법에 대한 논쟁이 끊이지 않았다.

논란의 중심에 있던 질병 중의 하나가 페스트였다. 19세기 말 세균학 연구를 주도했던 파스퇴르연구소와 코흐연구소는 알렉산드르 예르생과 기타사토 시바사부로를 각각 홍콩에 파견했고, 예르생은 선페스트균의 동정에 성공했다.[4] 1910-1911년 만주지역에서 폐페스트가 유행하면서 수많은 희생자가 발생했고, 기존의 이론과 조치로는 방역이 불가능해지자 제국주의 각국과 과학자들은 새로운 의과학 지식에 관심을 갖지 않을 수 없었다. 만주 페스트에 관심을 보인 것은 서구 열강들만은 아니었다. 만주에서 실권을 확대하고자 했던 일본 역시 큰 관심을 보였다. 일본으로서는 만주페스트가 만주뿐만 아니라 조선과 동아시아로 확대될 가능성도 충분했기 때문에, 페스트 방역의 성공여부가 식민지배와 제국의 팽창에 중대한 영향을 미칠 수 있었다.

기존까지 중앙정부 차원의 방역조치에 무관심했던 청조도 방역문제가 주권의 보호와 직결되는 문제라는 점을 인식하면서 페스트 방역에 관심을 갖기

---

3   중국과 한국의 콜레라와 페스트에 관해서는 이미 적지 않은 연구가 있다. 기존 연구성과에 대해서는 다음을 참고. 신규환, 「日本占領期 콜레라 流行과 北京의 衛生行政(1937-1945)」, 『중국근현대사연구』 51, 2011; 신규환, 「제1·2차 만주 폐페스트의 유행과 일제의 방역행정(1910-1921)」, 『의사학』 21-3, 2012.

4   Tohiu Ishigami(rev. by Shibasaburo Kitasato), *Japanese Text-Book on Plague*(Adelaide: Vardon and Pritchard, 1905), pp.6-8.

시작했다. 청조는 서구열강에 대응하기 위해서는 서양 각국에서 서양의학과 세균학을 공부한 우롄더(伍連德: 1879-1960)를 책임자로 임명하는 것이 효과적이라고 판단했다. 최신 의과학 지식은 서구 열강과 경쟁하는 중요한 수단이기도 했지만, 중국 내의 방역현장에도 즉각적으로 활용 가능한 것이었다. 특히 방역법규는 방역효과를 극대화하기 위해 최신 이론을 집약한 것이었으므로 방역법규의 제정과정을 살펴보는 것은 페스트 이론과 실제의 상호작용을 살펴볼 수 있는 유용한 분석방법이 된다.[5]

만주 페스트에 관한 적지 않은 연구에도 불구하고, 대부분의 연구는 서구 열강의 침략과 중국의 주권수호라는 관점에서 접근한 것이었다.[6] 이 과정

---

5 최근 차오룬밍(焦潤明)과 추이셰선(崔學森) 등이 방역법규를 다룬 연구를 제출하였으나 아직은 법규내용 일부를 소개하는 등의 초보적인 연구에 그치고 있다. 焦潤明, 『清末東三省鼠疫災難及防疫措施研究』(北京: 北京師大學出版社, 2011); 崔學森, 「宣統年間京師臨時防疫局章程硏究」, 『北京社會科學』 2013-3期, 2013.

6 중국의 대표적인 연구로는 馬學博, 胡成, 焦潤明, 杜麗紅, 管書合 등의 연구가 있다. 馬學博, 「萬國鼠疫硏究會與東三省防疫事務總管理處的建立」, 『醫學與哲學』 27-7, 2006; 馬學博, 「伍連德年譜新編」, 『黑龍江史志』 245, 2011; 胡成, 「檢疫, 種族與租界政治: 1910年上海鼠疫病理發現後的華洋衝突」, 『近代史硏究』 2007-4期; Hu Cheng, "Quarantine Sovereignty during the Pneumonic Plague in Northeast China (November 1910-April 1911)," *Frontiers of History in China* 5-2, June 2010; 焦潤明, 『清末東三省鼠疫災難及防疫措施研究』, 2011; 杜麗紅, 「清季哈爾濱防疫領導權爭執之背景」, 『中央硏究院近代史硏究所集刊』 第78期, 2012; 管書合, 「1910-1911年東三省鼠疫之疫源問題」, 『歷史檔案』 2009年 3期; 管書合, 「清末營口地區鼠疫流行與遼寧近代防疫之濫觴」, 『蘭臺世界』 2009年 10期; 管書合·楊翠紅, 「防疫還是排華: 1911年俄國遠東地區大規模驅逐華僑事件硏究」, 『華僑華人歷史硏究』 第3期, 2011. 일본의 대표적인 연구로는 飯島涉가 있다. 飯島涉, 『ペストと近代中國』(東京: 硏文出版, 2000). 구미의 대표적인 연구로는 Carl F. Nathan과 William C. Summers 등의 연구가 있다. Carl F. Nathan, *Plague Prevention and Politics in Manchuria, 1910-1931* (Cambridge, Mass.: Harvard East Asian Monographs, 1967); Mark Gamsa, "The Epidemic of Pneumonic Plague in Manchuria 1910-1911," *Past and Present*, no.190, Feb. 2006; David Luesink, "The History of Chinese Medicine: Empires, Transnationalism and Medicine in China, 1908-1937," Iris Borowy, ed., *Uneasy Encounters: The Politics of Medicine and Health in China 1900-1937*, Berlin: Peter Lang Verlag, 2009; Seon Hsiang-lin Lei, "Sovereignty and the Microscope: Constituting Notifiable Disease and Containing the Manchurian Plague," In Angela Leung and

에서 영국 캠브리지대학 출신 말레이시아 화교인 우롄더는 현미경과 세균설을 통해 중국사회에 서양의학을 도입하고 주권을 지켜낸 영웅적 인물로 그려진다. 그러나 페스트 유행 초기 중국사회는 방역을 둘러싼 다양한 갈등을 경험했으며, 처음부터 우롄더가 방역활동에서 주도적 위치를 차지할 상황은 아니었다. 우롄더가 방역에 대해 전권을 행사하기까지 수많은 우여곡절이 있었다. 우롄더가 폐페스트 이론을 제시했을 당시 그는 30대 초반의 이름 없는 의사였을 뿐이었다. 그런 우롄더가 수구적 관료가 득실대는 조정에서 정치적, 법적 지원을 받을 수 있었을까? 우롄더가 주장하는 폐페스트 이론에 근거한 방역법규가 제정된다면, 중국의 페스트 방역은 강력한 실천성을 담게 될 것이었다. 방역법규는 실제 방역행정을 실행하는 일종의 가이드라인 구실을 하기 때문에, 방역법규에 어떤 내용이 반영되었는지는 이론의 실천성을 검증

Charlotte Furth, eds., *Health and Hygiene in Chinese East Asia* (Durham, NC and London: Duke University Press, 2010); William C. Summers, *The Great Manchurian Plague of 1910-1911: The Geopolitics of an Epidemic Disease*(New Haven and London: Yale University Press, 2012). 국내의 대표적인 연구로는 박윤재와 신규환 등의 연구가 있다. 박윤재, 「1910年代 初 日帝의 페스트 防疫活動과 朝鮮支配」, 『河炫綱敎授定年紀念論叢: 韓國史의 構造와 展開』, 서울: 도서출판 혜안, 2000; 위신중, 「주권, 방역, 권리: 만청시기 검역제도의 도입수립과 권력관계 연구」, 『영남학』 제19호, 2011; 신규환의 대표적인 논문으로 다음과 같은 것들이 있다. Sihn Kyu-hwan, "Unexpected Success: the Spread of Manchurian Plague and the Response of Japanese Colonial Rule in Korea, 1910-1911," *Korea Journal* 49-2, 2009; 신규환, 「제1·2차 만주 페페스트의 유행과 일제의 방역행정(1910-1921)」, 『의사학』 21-3, 2012; 신규환, 「제국의 과학과 동아시아 정치: 1910-11년 만주 페스트의 유행과 방역법규의 제정」, 『東方學志』 167, (2014. 9); 신규환, 「기후변화와 질병: 19-20세기 페스트 유행과 질병관의 변화」, 『한국학논집』 제62집, (2016. 2); Sihn Kyu-hwan, "Reorganizing Hospital Space: The 1894 Plague Epidemic in Hong Kong and the Germ Theory," *Korean Journal of Medical History* 26-1, (2017. 4); 신규환, 「1894년 홍콩 페스트의 유행과 동화의원의 공간변화: '위생의 혼종성(hygienic hybridity)'과 관련하여」, [도시연구] 19, (2018. 4); 신규환, 「1890년대 대만과 일본의 페스트 유행과 제국의학 지식의 형성」, [일본역사연구] 49, (2018. 12); 신규환, 「제2차 만주 페페스트의 유행(1920-21)과 방역정책의 전환: 하얼빈 도시공간의 재편과 관련하여」, [대구사학] 138, (2020. 2) 등.

할 수 있는 중요한 잣대가 될 수 있다.

　만주방역과 서양의학 도입사에서 우렌더의 극적인 성공스토리는 사실 우렌더 자신의 자서전에 의존하는 면이 적지 않다. 어쩌면 페페스트 이론의 확립과 서양식 검역과 격리 등의 실천으로 만주방역이 성공했다는 이야기는 실제보다 과장되었을 가능성이 크다. 왜냐하면 만주 페스트 유행시기 선페스트 이론이 국제적으로 공인받은 지 얼마 되지 않았고, 의과학계에서 우렌더는 잘 알려져 있는 인물이 아니었으며, 방역과정에서 서양식 방역조치를 중국인들이 아무런 저항 없이 받아들였을 리 만무했기 때문이다. 더욱이 청말의 정치역학 구도상 지방과 중앙의 갈등, 관료와 민간의 갈등, 서양의학과 중의학의 갈등 속에서 방역계에 혜성처럼 등장한 한 사람의 리더쉽으로 이런 모든 장애들을 단시간 내에 극복할 가능성은 거의 없었다. 이런 점들을 염두에 두면서 우렌더의 활동과 위상을 재고해 볼 필요가 있다. 그런 다음 서구열강의 페스트에 대한 대응과 새로운 의과학 지식에 대한 각국의 태도와 방역대책의 차이점들을 비교·검토하고자 한다. 아울러 이 글에서는 방역법규의 제정과정에서 우렌더의 최신 이론이 중국사회에 어떻게 받아들였는지를 검토하여 새로운 의과학 지식의 성취와 법제적 실천 사이의 거리를 확인해보고자 한다. 이를 통해 서구열강의 제국의학이 동아시아의 정치적 역학구도에 끼친 영향, 이론과 실제 사이의 간극, 만주방역의 실체 등을 다각적으로 이해해 보고자 한다.

제국주의 각국의
페스트 인식과 방역대책

1. 하얼빈의 공간구조와 중러갈등

1901년 러시아는 만저우리(滿洲里)에서 하얼빈을 거쳐 수이펀허(綏芬河)에 이르는 동청철도(東淸鐵道: 중국명 中東鐵道, Chinese Eastern Railway, CER)를 운행하기 시작했고, 1903년 7월에는 하얼빈에서 다롄(大連)과 뤼순(旅順)에 이르는 동청철도의 남만주지선(이른바 남만주철도)에 대한 운행을 시작했다.[7] 이른바 T자형 동청철도의 전 노선이 완공되면서 하얼빈은 철도교통의 중심지로 부상했다. 하얼빈은 도시건설 초기부터 러시아인들이 거주하는 다오리구(道裡區)와 중국인들이 거주하는 다오와이구(道外區 또는 傅家甸)[8]로 분리되어 있었고, 방역행정도 각자 독자적으로 운영되었다. 하얼빈의 공간분할은 20세기 전반 반식민지 하에서 중국인들이 일상적으로 겪는 식민지성의 전형적 양상이기도 했다. 하얼빈은 중국영토였지만, 동청철도의 부속지인 다오리구는 철도보호를 명분으로 식민지배가 관철되는 곳이었다. 동청철로를

---

7 이군호, 「일본의 중국 및 만주침략과 남만주철도」, 『평화연구』12-1, 2004, 154-156쪽.
8 1908년 1월 신임 濱江廳 同知 何厚琦는 傅家店을 傅家甸으로 개칭하였다.

관할했던 동청철로관리국은 철도 운영뿐만 아니라 다오리구의 행정, 사법, 외교 등 각종 권한을 장악하고 있었다. 특히 방역활동은 군사력이나 경찰력을 통한 공간통제를 핵심적인 수단으로 삼았기 때문에, 도시공간을 둘러싼 식민 권력과 중국정부 사이의 갈등과 충돌은 언제라도 재현될 수 있었다.

청조는 1905년 하얼빈에 빈장관도(濱江關道)를 설치하여 중국인 거주지를 관리하기 시작했는데, 1907년 7월에는 빈장청(濱江廳)을 설치하고 지린성(吉林省) 관할하에 두었다. 빈장청의 책임자는 동지(同知)라 불렀는데, 주차오징(朱啓經)이 빈장청 초대 동지로 부임했다. 1909년 9월에는 빈장도(濱江道)를 지린성 서북로관비도라고 했으며 책임자는 관찰(觀察)이라 불렀다.[9] 서북로관비도 초대 관찰은 위스싱(于駟興: 1878-?)이었다. 위스싱은 1909년 11월 헤이룽장성(黑龍江省) 철로국 교섭총판에 임명되었고, 1910년 8월에는 빈장관도 및 하얼빈 철로교섭국총판 등으로 임명되어 사실상 하얼빈의 행정 및 교섭 사무를 총괄했다.

1910년 10월 25일 만저우리에서 첫 번째 페스트 환자가 발생하자, 동청철로관리국은 다오리구의 방역행정을 주관했고, 자치공의회(自治公議會)에 실권을 주어 방역업무를 담당하게 했다. 러시아의 페스트 방역상황은 러시아 자본으로 발간된 『원동보(遠東報)』를 통해 확인해 볼 수 있다. 19세기 중반 이래로 러시아 과학자들은 트랜스바이칼과 북만주 일대의 페스트가 타바간이라는 설치류가 옮기는 전염병으로 인식하고 있었다. 러시아 과학자들의 페스트 연구성과 덕분에 러시아는 하프킨 백신(Dr. Haffkine's vaccine)이라는

---

9 1913년 1월에는 吉林省西北路兵備道를 西北路道로 개칭하고 그 책임자를 觀察使라고 하였다. 1914년 6월에는 西北路道를 濱江道로 개칭하고, 그 책임자를 道尹라고 칭하였다.

유명한 선페스트 백신을 생산해 내기도 했다. 그러나 하프킨 백신은 만주 페스트에는 별다른 효과를 내지 못했다. 러시아 과학자들은 페스트 방역을 위해 쥐잡기를 비롯한 설치류 포획을 반대하지 않았지만, 호흡기 감염의 가능성을 인지하고 있었고, 검역과 격리를 페스트 방역의 주요한 조치로 사용했다. 페스트 유행 초기인 1910년 11월에『원동보』는 만주 페스트를 폐페스트로 인식하고 있었다.『원동보』에는 주로 폐온(肺瘟)이라는 표현이 자주 등장하는데,[10] "사람의 호흡을 통해 미균이 폐에 들어가는 것을 폐온이라고 한다"고 말하고 있다.[11] 물론『원동보』에는 서역(鼠疫)이라는 표현이나 포서대책(捕鼠對策) 등 선페스트 대책에 대한 언급도 적지 않게 등장하고 있다. 아마도 페스트 유행 초기 페스트의 급속한 확산 때문에 러시아측에서는 선페스트가 폐페스트로 속발될 수도 있다고 생각했던 듯하다.

  1910년 11월 8일과 10일, 동청철로관리국과 자치공의회는 하얼빈 각지에 방역소를 설립하는 한편, 하얼빈을 8개 구역으로 나누어 각지에 의사와 위생국 요원 등을 배치하여 검역을 실시했다. 각 구역마다 정의생(正醫生) 1명, 부의생(副醫生) 2명, 위생국원[衛生局役] 4명이 배치되었다.[12] 러시아 당국은 다오리구의 방역뿐만 아니라 다오와이구에서도 방역행정을 전개하고자 했다. 다오리구와 다오와이구가 통치구조상 격절되어 있긴 했지만, 러시아 당국은 다오와이구에서 페스트가 유행하는 한 다오리구의 안전도 보장받지 못한다고 생각했다. 러시아 당국의 푸자뎬 방역은 중국정부의 협조 속에서 순조롭게 진행되는 듯 했다. 중국정부 역시 푸자뎬에 위생방역국을 조직하는 등

---

10 「緊要專件: 鐵路防疫情形」,『遠東報』(1910. 11. 11).
11 「時評: 關於瘟疫之硏究」,『遠東報』(1910. 11. 13).
12 「緊要專件: 鐵路防疫情形」,『遠東報』(1910. 11. 11).

방역활동을 활발히 전개했다.¹³ 러시아 당국도 푸자뎬에서의 방역활동에 낙관적인 태도를 보였다. 그러나 중러 간의 협력은 그리 오래 지속되지 못했다.

11월 21일, 러시아 의사들은 푸자뎬 방역의 문제점을 지적하기 시작했다. 푸자뎬 당국이 약품구매, 방역활동 등에 소극적인 태도로 임하고 있으며, 중국측이 러시아 의사들에게 협조하지 않는다는 것이었다.¹⁴ 11월 25일, 푸자뎬 내 작은 점포에서 페스트 사망자가 1명 발생했는데, 의사의 확진을 통해 페스트로 인한 사망임이 밝혀졌다. 그러나 점포 내에서 거주하던 중국인 20여 명은 아무런 제재도 받지 않고 아무 일도 없었다는 듯이 일하기도 했다.¹⁵ 러시아 당국이 파견한 러시아 의사들의 인내심도 한계에 다다르고 있었다. 반면 푸자뎬 당국은 러시아인의 개입을 부담스러워 했고, 중국인들 역시 러시아인의 검역에 비협조적인 태도를 보였다.

푸자뎬 당국은 방역위생국, 방역회, 병원 등 방역조직이 갖추어짐에 따라 자신들의 방역업무가 순조롭게 진행될 것으로 판단했다. 병원 건립 이후 17명이 사망했다고 하나, 모두 만저우리에서 발생한 환자였다.¹⁶ 결국 러시아 당국은 중국측의 협조 없이 방역사무를 강행하는 것은 더이상 불가능하다고 판단하고 푸자뎬에서 검역활동을 중단하기로 결정했다.¹⁷ 러시아 의사 보더빌트 역시 더이상 푸자뎬 방역에 관여하지 않기로 했다.¹⁸ 이로써 1910년

---

13 「本埠要聞: 傅家甸衛生局近聞」,『遠東報』(1910. 11. 18).
14 Mark Gamsa, "The Epidemic of Pneumonic Plague in Manchuria 1910-1911," 2006, pp.150-151.
15 「本埠要聞: 傅家甸防疫之不易着手」,『遠東報』(1910. 11. 26).
16 「本埠要聞: 傅家甸幷無瘟疫發生」,『遠東報』(1910. 11. 29).
17 「傅家甸防疫之不易着手」,『遠東報』(1910. 11. 25).
18 「本埠要聞: 卜大夫不干豫傅家甸防疫事」,『遠東報』(1910. 12. 18).

12월 중순경부터는 중국과 러시아 간의 방역사무에 관한 협력은 더이상 진행되지 않았다. 푸자뎬 당국이 러시아와의 협력을 거부한 배경에는 페스트가 잦아들고 있고, 러시아와의 협력이 불필요한 내정간섭을 낳을 수 있다고 보았기 때문이다. 그러나 잠시 소강상태에 접어들었던 페스트는 다시 유행하기 시작했고, 러시아측에서는 계속해서 푸자뎬 당국의 전통적 방역조치에 우려를 표명했다. 결국 러시아측에서는 의사의 검역증이 없이는 푸자뎬의 출입을 금지하도록 했다.[19]

중국인들이 위생을 강구하지 않아 전염병이 확산될 우려가 있다는 점과 중국인들이 전통적 방역조치만을 고수하여 방역이 한계에 봉착할 수 있다는 점은 언제든지 외부세력에게 방역문제에 개입할 여지를 남기는 것이었다. 이와 같은 서구열강의 우려를 불식시키기 위해서는 중국측도 소독, 격리, 예방접종 등 서양의학적 방식으로 방역조치를 강구할 필요가 있다는 점이 제기되었다.[20] 12월 말 중국측의 방역행정을 담당할 우롄더가 하얼빈에 도착했지만, 지역 언론은 이 새로운 인물에 별다른 기대를 보이지 않았다. 영국에서 유학한 중국인 의사가 하얼빈에 도착했다는 『원동보』의 보도는 1월 21일에야 등장했다.[21] 우롄더가 한 달여 가량 하얼빈에서 활약했지만, 지역 언론은 특별히 그의 활동에 주목하지 않았던 듯하다. 1911년 1월은 페스트 사망자가 최고조에 달했던 시기이며, 2월 이후 페스트 사망자가 급감했다. 『원동보』는 중국측의 새로운 방역책임자가 어떤 활동을 하는지에 대해서는 별다른 관심

---

19 「本埠要聞: 實行隔離之主義」, 『遠東報』(1910. 12. 24).
20 「時評: 傅家甸防疫不可再緩」, 『遠東報』, 1911년 1. 5).
21 「本埠要聞: 留學英國醫士來哈」, 『遠東報』, 1911년 1. 21).

을 보이지 않았고, 러시아당국이 단지 푸자뎬의 검역에 개입할 것인지 말 것인지, 다오리구를 격리시켜야 할 것인지 등에 대해서만 신경을 곤두세우고 있었다.

하얼빈의 공간분할 이래로 중국정부는 우롄더를 통해 독자적인 방역체계를 구축하고자 했다. 페스트 사망자가 날이 갈수록 늘어나면서 1911년 1월경에는 중러 갈등이 최고조로 치닫고 있었다. 그러나 1월 중순 이후 푸자뎬의 방역문제를 둘러싸고 중러의 협조와 공조는 새로운 국면에 접어들었다. 서양의학을 매개로 방역에 대한 협력이 본격화되었던 것이다.

2. 일본의 관동주 및 조선 방역대책과 페스트 인식

러일전쟁 종결 이후 일본은 러시아의 조차지였던 관동주(關東州)를 차지했고, 조선까지도 식민지화하는 수순을 밟았다. 관동주와 조선에서의 위생문제는 관동도독부(關東都督府), 남만주철도주식회사[이하 만철(滿鐵)], 관동청해무국, 조선총독부 등이 담당했다. 각 방역당국은 페스트 방역의 중요성을 인식하고 독자적으로 페스트 조사팀을 만주에 파견하는 등 독자적인 행보를 보였지만, 식민지 업무를 총괄하고 있는 본국의 척식국(拓殖局) 등을 통해 제국의 방역체계를 구축했다. 특히 제국의학 지식에 있어서는 세균학계의 권위자인 기타사토의 언설에 적지 않은 영향을 받고 있었다.

러일전쟁 이후 남만주철도는 일본이 관할했지만, 남만주지역 역시 페스트 유행으로부터 자유로울 수는 없었다. 관동주가 페스트의 직접적인 영향권에 들어감에 따라, 1910년 10월 하순 만철다롄의원(滿鐵大連醫院)의 아베 나카오(安倍仲雄: 1877-1942) 원장은 하얼빈을 시찰했다. 아베 원장의 시찰로 만철은 북만주에서 폐페스트가 유행하고 있다는 사실을 확인했다.[22] 만철부속지에서도 방역이 필요하게 되자, 12월 상순, 관동도독부는 무라타(村田昇清)를 하얼빈에 파견했다.

페스트 방역대책은 만철이 먼저 추진했다. 만철은 예방을 위해 주의사항을 인쇄하여 주민과 사원들에게 배포했고, 쥐의 포획을 실시하고 격리병사를 설치했다. 또, 만철은 오사카와 효고 등지에서 의사를 임시로 초빙하기도 했다. 1910년 11월 25일부터 기차 검역이 시작되었는데, 때마침 이 때가 대두(大豆)의 수출기라서 만철은 정거장 검역을 실시하지 않고, 창춘(長春), 펑톈(奉天, 沈陽), 와방뎬(瓦房店) 등에 의사 2명씩을 파견하여 열차 위에서 차중검역(車中檢疫)을 실시했다.

우롄더에 의하면, 1910년 12월 말 하얼빈에서 우롄더와 만난 젊은 일본인 의사는 실험실에 잡힌 쥐를 가져다 달라고 요구했다. 그는 만철이 파견한 의사였다. 우롄더가 만주지역에서 유행하는 페스트는 폐페스트이고, 사람 대 사람으로 전염되기 때문에 페스트의 전파와 쥐는 무관하다고 설명했으나 이를 듣지 않았다. 심지어 폐페스트 사망자가 계속해서 발견되고 있었지만, 그는 폐페스트를 인정하지 않았고, 홀연히 사라졌다.[23]

1910년 12월 31일 창춘(長春) 남방의 멍자툰(孟家屯)과 판자툰(范家屯) 사이의 차중에서 폐페스트 환자가 발견되었고, 1911년 1월 5일에는 다롄에서 폐페스트 환자가 발견되었다. 다롄에서 환자가 발생한 이후로는 중국인 노

---

22 「安部博士之防疫談」, 『盛京時報』(1910. 10. 16).
23 Wu Lien-teh, *Plague Fighter: The Autobiography of a Modern Chinese Physician* (Cambridge, 1959), p.13.

동자의 기차 승차가 금지되고 정거장 검역이 본격화되었다. 철도 부속지 및 관동주 조차지의 방역사무를 위해 다롄에 임시방역사무소가 설치된 것이 1월 15일이었다. 중일 간의 통일적인 방역을 위해 임시방역사무소는 폐지되었고, 1월 25일 펑톈(奉天)의 동삼성총독아문에 임시방역부가 설치되었다. 임시방역부는 만주 페페스트 상황이 일단락되는 4월 20일에서야 해산되었다.[24]

1911년 1월 말, 관동군(關東軍) 산하 뤼순진수부(旅順鎭守府) 사령장관(司令長官)이 해군대신에게 보낸 보고서에 첨부된 뤼순진수부 발행의 「페스트예방심득(ペスト豫防心得)」에 의하면, 당시 페스트를 선페스트, 피부페스트, 폐페스트 등으로 분류하면서 만주에서 유행한 페스트가 폐페스트라고 경고하고 있다. 또, 폐페스트가 가래나 기침 등에 의해 공기로 전염될 수 있고, 환자의 의복이나 물품 등을 통해서도 전염될 수 있음을 경고했다. 반면 같은 문서에 첨부된 「예방법」에서는 페스트예방을 위해 쥐잡기를 중요한 방역대책으로 설정하고 있다.[25]

1911년 2월 12일, 일본정부는 만주 페스트의 현지시찰을 위해 기타사토 박사와 척식국(拓植局)의 에기 다스쿠(江木翼: 1873-1932) 부장을 파견했다.[26] 기타사토는 2월 17일 다롄 남만주철도주식회사에서 행한 연설에서, 페스트는 두 가지 경로를 통해서 사람에게 전해지며, 그 하나는 피부를 통해서 전염되는 선페스트와 호흡기를 통해서 전염되는 폐페스트가 있다고 말하

---

24 關東都督府臨時防疫部, 『明治四十三四年「ペスト」流行誌』(大連: 關東都督府臨時防疫部, 1912), 1-8쪽.
25 신규환, 「제1·2차 만주 페페스트의 유행과 일제의 방역행정(1910-1921)」, 2012, 456쪽.
26 「北里博士の渡滿」, 『京城新報』(1911. 2. 9).

고, 현재 북만주에서 유행하고 있는 페스트는 폐페스트라고 주장했다.[27] 기타 사토의 연설과 현지시찰 보고 등을 통해 만주 페스트가 폐페스트라는 사실은 정설로 굳어졌다. 이후 일본에서 파견된 대다수의 의사들 역시 폐페스트를 기정 사실로 여기는 각종 학술보고서를 쏟아냈다.

주목해야 할 것은 1911년 1월에서 4월까지 관동주에서 폐페스트가 최고조에 이르렀던 시기 관동도독부는 폐페스트 이론과 상관없이 쥐잡기운동을 매우 중요한 방역정책으로 간주했다는 점이다.[28] 그 중에서도 피쯔와(貔子窩), 진란뎬(晉蘭店), 진저우(金州) 등 다롄 인근에서 쥐잡기가 최대로 행해졌는데, 이것은 쥐잡기를 통해 단순히 위생훈육을 실시한다는 것 이상으로 다롄과 뤼순지역을 방어하기 위한 실질적인 방역활동을 목적으로 기획된 것이었다. 그러나 쥐잡기를 통해 검균실험을 한 결과 한 마리의 쥐에서도 페스트균은 검출되지 않았다.

북만주지역에서 페스트가 유행하고 있다는 소식은 1910년 10월 일제가 조선을 강점한 지 2개월이 지난 시점에 알려졌다. 1910년 11월 경무총감부는 각도에 예방경계령을 발령하여 전염병 예방에 만전을 기하도록 했다. 그러나 곧바로 검역관련 법안이 마련되거나 방역조치가 실행된 것은 아니었다. 식민지 조선에서 페스트 관련 법안이 제정되고 검역이 실시된 것은 1911년 1월 중순이었다. 1월 14일, 신의주 세관에서 페스트 검역이 시작되었다. 조선총독부의 페스트 방역을 위한 주요한 방역지침은 선박 및 기차검

---

27 「ペストに關する北里醫學博士講話筆記」1911. 2. 17, 『南滿洲ペスト一件』, アジア歷史資料センタ, 海軍省-公文備考-M44-92-1270, 0250면.
28 關東都督府臨時防疫部, 『明治四十三四年「ペスト」流行誌』, 1912, 203쪽.

역 이외에 소독과 쥐잡기였다.[29] 특히 2월 8일부터는 쥐잡기를 고무하기 위해 매일 신문지상에 그 성과를 보도했으며,[30] 2월 14일부터는 추첨을 통해 1원에서 30원까지 포상했다.[31]

 1911년 1월 20일, 인천지역에 반포된 인천부의 포고문에는 쥐잡기 이외에, 피부접촉이나 호흡기를 통해 폐페스트가 전염될 수 있음을 상기시켰다.[32] 접촉이나 호흡기를 통한 전염을 막기 위해서는 철저한 검역과 격리만이 유일한 해결책이었다. 인천지역에서 격리소가 완성된 것은 2월 말이었다.[33] 격리보다 쥐잡기는 페스트 방역에서 여전히 중요한 정책이었다. 일반 주택의 경우에는 각 호마다 2개 이상, 상점, 회사, 음식점 등에는 적어도 5개 이상 쥐잡기 도구를 놓도록 했다. 조선총독부는 쥐잡기를 대대적으로 시행하며, 잡아온 쥐의 수를 만 마리와 같이 일정한 단위로 나누어 추첨을 통해 상금을 수여하기도 했다. 또한 모든 쥐에 페스트균이 있는 것이 아니라고 하며 쥐잡기에 몰두할 것도 당부했다.[34]

 당시 방역행정을 주도하던 사람은 후지타 쓰구아키라(藤田嗣章: 1854-1941)와 야마네 마사쓰구(山根正次: 1858-1925)였다. 도쿄의학교의 전신인 대학동교의 청강생 출신인 후지타는 1877년부터 도쿄대학부 부속의원에서 의사생활을 시작했다.[35] 정규 의학교를 졸업하지 못한 후지타는 세이난전쟁

---

29 「滿州ニ於ケル「ペスト」病勢及予防措置報告」, B-3, 11, 4, 84, 外務省外交史料館.
30 「買上捕鼠の用法」,『朝鮮新聞』(1911. 2. 8).
31 「第一回捕鼠抽籤」,『朝鮮新聞』(1911. 2. 14).
32 「仁川府庁諭告」,『朝鮮新聞』(1911. 1. 20).
33 「初めて仁川の隔離――名の婦人客」,『朝鮮新聞』(1911. 2. 21).
34 「京城の捕鼠買上高」,『朝鮮新聞』(1911. 2. 4).
35 이하 후지타 쓰구아키라에 대해서는 다음을 참고. 최규진,「후지타 쓰구아키라의 생애를 통해 본

(西南戰爭)과 청일전쟁 등에 참여하여 군의로서 경력을 착실히 쌓아 갔다. 청일전쟁 직후에는 대만병참군의부장 등으로 활동하면서 대만 육군 위생을 총괄하게 되었다. 후지타는 대만에서 7년 동안 근무하면서 육군의 위생행정을 총괄했지만, 고토 심페이가 민정장관에 취임하여 군이 장악하던 통치체계를 민정화함에 따라 위생행정에서 점차 권력을 상실해 갔다. 1902년 고토가 문관 출신 다카기 도모에에게 대만 위생행정의 실권을 맡김에 따라, 군의 출신의 입지는 줄어들어 결국 후지타는 대만을 떠났다. 한직에 밀려나 있던 후지타는 1904년 러일전쟁을 계기로 재기했다. 러일전쟁의 승리로 입지가 강화된 일본 군부는 군부의 정책을 이행할만한 인물로 후지타를 낙점했다. 1906년 후지타는 육군대신 데라우치 마사타케(寺內正毅: 1852-1919)의 제안을 받아 한국주차군 군의부장으로 한국에 왔다. 후지타는 1910년 9월 대한의원 촉탁 원장에 임명된 데 이어, 1910년 10월에는 조선총독부의원 원장으로 임명되었으며, 내무부 위생고문으로 촉탁되어, 사실상 각 지방의 위생사무까지 총괄하게 되었다. 1912년 9월, 후지타는 정규 의학교를 졸업하지 못한 군의로서 최고의 자리인 육군 군의총감에 오르는 등 식민지 조선의 위생행정을 좌지우지한 입지전적 인물이었다.

야마네 마사쓰구는 1882년 도쿄제대 의학부를 졸업하고, 나가사키의학교 1등 교유(敎諭)로 부임했다. 1885-1886년 나가사키에서 콜레라가 유행하자, 그는 방역위원 등으로 활약했으며, 1887년『호열자병범론(虎列刺病汎論)』을 출간하기도 했다. 1887년 나가사키의학교를 사임한 그는 사법성(司

식민지 조선의 의학/의료/위생」,『의사학』25-1, (2016. 4), 45-46쪽.

法省)에 들어간 후 유럽에 파견되어 법의학과 위생행정을 공부했다. 1891년 귀국 후, 야마네는 경찰의장, 내무성 검역위원 등을 역임하면서 경찰의무행정 분야의 초석을 놓았으며, 법의학과 세균학을 공부한 일본의 대표적인 방역전문가였다. 1902년에는 야마구치현(山口縣) 중의원 의원에 당선되었으며, 1904년에는 사립 일본의학교(현 일본의과대학)를 창립하기도 했다. 1910년 5월, 야마네는 한국에 통감부 내부 위생고문으로 파견되었다. 내부 위생국의 위생사무가 조선총독부 경무총감부 위생과 사무로 축소되면서, 야마네의 위상도 축소될 수밖에 없었다.

　　반면 후지타는 식민당국이 운영하는 최고 병원의 책임자였고, 자혜의원의 설치와 운영 등에 개입하면서 전국적인 범위에서도 지도적 위치에 있었다. 더욱이 후지타는 데라우치 총독의 지원을 바탕으로 문관이 위생행정을 주도했던 대만과 달리, 조선에서 식민지 위생행정의 주도권을 장악할 수 있었다. 데라우치는 이원화되어 있던 경찰권을 통감부로 가져와 일원화하고, 헌병사령관이 경무총장을 겸임하도록 했다. 이에 따라 아카시 모토지로(明石元二郎: 1864-1919) 헌병사령관이 경무총장과 임시방역위원장을 겸임했다. 1911년 3월에는 후지타와 야마네 두 사람 모두 임시방역위원회의 방역위원으로 임명되었다. 임시방역위원회에서 서열상으로는 후지타가 서열 2위였고, 야마네는 서열 6위였다.

　　1911년 2월 페스트에 관해서 맨 먼저 포문을 연 것은 후지타였다. 후지타가 만주에서 발생한 페스트가 폐페스트였다고 명확히 밝히고 있지는 않지만, 그 역시도 페스트가 인간과 쥐뿐만 아니라 페스트 환자의 물건 등 다양한 접촉경로를 통해서 전염될 수 있다는 인식을 가지고 있었다. 그럼에도 불구하고 후지타는 폐페스트 방역에 쥐잡기가 반드시 필요한 대책이라고 여기고 있

었다.[36]

    이러한 인식에 전환점이 되었던 것은 세계적인 세균학자인 기타사토의 조선 방문이었다. 1911년 2월 24일 밤 늦게 북만주 페스트 조사를 마친 기타사토가 신의주를 거쳐 경성에 들어왔다. 기타사토는 선페스트균을 발견한 의학자로 페스트에는 선페스트와 폐페스트가 있으며, 피부접촉과 호흡기를 통해 전염될 수 있으며, 그 원인균은 동일한 것이라고 설명했다.[37] 또 자신이 2만여 마리의 쥐를 검사했는데, 심지어 페스트 환자가 발견된 곳에서 잡힌 쥐를 검경해본 결과, 한 마리도 원인균을 검출하지 못했다고 했다. 이는 동물을 매개로 병원균이 퍼져 나가는 것이 아니라는 것을 보여준 것이었다.[38]

    기타사토의 이러한 주장은 식민당국의 페스트 방역정책을 정면으로 반박했던 것으로 거의 매일 쥐잡기 성과를 공포했던 시정부의 정책에 혼선을 가져다주는 것이었다. 『경성신보(京城新報)』와 『조선신문(朝鮮新聞)』 등은 쥐잡기가 불필요한 것이 아니라는 보도를 냈다. 『조선신문』은 기타사토 역시 중국의 시량 총독에게 쥐잡기를 권유했고, 이 때문에 동삼성 시량 총독이 오사카에 2만여 개의 포서기를 주문하기도 했다는 에피소드를 소개했다.[39] 그러나 기타사토는 여전히 만주 페스트는 쥐잡기를 통해서 박멸시킬 수 있는 질병이 아니며, 환자발견과 격리에 주의를 기울여야 한다고 강조했다.[40]

---

36 「藤田院長の講演(1): ペスト豫防心得」, 『京城新報』(1911. 2. 5).
37 北里柴三郎 講演, 「ペスト病に就て(一)」, 『朝鮮新聞』(1911. 2. 25); 北里柴三郎 講演, 「ペスト病に就て(二)」, 『朝鮮新聞』(1911. 2. 26).
38 「車中の北里博士」, 『朝鮮新聞』(1911. 2. 26).
39 「捕鼠は不必要にあらず」, 『朝鮮新聞』(1911. 2. 28).
40 北里柴三郎 講演, 「ペスト病に就て(四)」, 『朝鮮新聞』(1911. 3. 1).

기타사토는 조선총독부를 비롯한 방역관련 주요 인사들을 만나 만주 페스트 조사결과를 전달하고 일본으로 귀국했다. 기타사토의 보고는 방역정책의 전환에 결정적일 수 있었다. 2월 27일 오전, 조선총독부는 방역회의를 개최하고, 방역대책을 재차 논의했다. 이 자리에는 후지타, 야마네, 모리야스 렌키치(森安連吉) 등이 참석했다. 이 중에서 기타사토의 보고에 대한 자신의 입장을 강력하게 표명하기 시작한 것은 야마네 마사쓰구였다. 그는 이번 페스트가 폐페스트라는 사실을 부인하지 않았지만, 이것이 쥐잡기의 중요성을 부정하는 것은 아니라는 것을 강조했다.⁴¹ 야마네는 일본의 역사적 경험 속에서 폐페스트는 우선 선페스트에 감염된 이후 폐페스트로 이행된 것으로 간주했다. 따라서 그의 논리로는 폐페스트의 원천인 쥐잡기를 그만둬서는 안된다는 입장이었다.⁴² 더욱이 야마네는 만주지역에 대한 현지조사를 통해 자신의 논리가 틀리지 않음을 확신했다.⁴³ 야마네는 폐페스트가 어떻게 감염되는지를 정확히 설명하지 못했음에도 불구하고, 그에게서 선페스트는 언제든지 폐페스트로 이행될 수 있는 것이었고, 쥐잡기는 단순히 식민지 주민들의 위생훈육 차원이 아니라 실제적인 검역을 위해 필요한 조치라고 믿고 있었다. 1911년 1월 신의주 세관에서 페스트 검역이 시작된 이래로, 조선에서 쥐잡기 중심의 페스트 방역대책은 결코 변하지 않았다. 전국적으로 쥐잡기, 쥐매입, 포획자 포상 등 쥐잡기운동을 대대적으로 전개했다. 그러나 세균검사를 통해 페스트

---

41 山根代議士談, 「ペストと行政」, 『京城新報』(1911. 3. 1).
42 「山根氏のペスト談(四)—於仁川民團 山根正次氏講話」, 『朝鮮新聞』(1911. 3. 7); 「ペストと手加減」, 『朝鮮新聞』(1911. 3. 8); 「山根氏のペスト談(七)—於仁川民團 山根正次氏講話」, 『朝鮮新聞』(1911. 3. 11).
43 *North China Herald*, 15 April 1911, p.153.

균을 발견한 사례는 전무했다.⁴⁴ 식민지 조선에서 폐페스트 방역조치가 본격화된 것은 1921년 제2차 만주 폐페스트의 유행 이후였다.

일본 제국과 식민당국의 현지조사를 통해, 조선총독부도 1911년 1월 말경에는 만주 페스트가 폐페스트일 가능성을 인지했던 것으로 보인다. 특히 2월경에는 페스트에 관한한 세계적인 권위자인 기타사토 일행이 직접조사와 보고 등을 통해 폐페스트를 기정사실화하고 있었다. 그럼에도 불구하고 관동주와 조선의 식민당국은 격리와 검역 등 페페스트 방역대책을 강화하지 않았다. 방역 책임자들은 선페스트 대책이 여전히 유효하다고 판단하고 있었을 뿐만 아니라 격리 등 강력한 조치에 수반되는 각종 사회적 반발 등을 고려하고 있었다. 이처럼 일본 제국과 식민지에서 페스트 인식과 방역정책 사이에는 다양한 입장과 시각이 공존하고 있었던 것도 사실이었다.

---

44 신규환, 「제1·2차 만주 페페스트의 유행과 일제의 방역행정(1910-1921)」, 2012, 452-458쪽.

중국의 페스트 논쟁과
방역법규의 제정

1. 의과학계의 페스트 논쟁

1910년 12월, 청조의 외무부는 당시 톈진제국육군군의학당 부감독으로 있던 영국 캠브리지대학 의학박사 출신인 우롄더를 방역 담당관으로 임명했다. 1911년 1월 초 중앙위생회가 설립되었고, 1월 26일에 지린전성방역총국, 1월 28일에 경사방역국 등이 성립되었다.[45] 1910년 12월 27일, 우롄더는 하얼빈 푸자뎬(傅家甸) 지역에 거주하는 일본인 여성의 시체를 부검하여 폐 조직에서 페스트 감염을 확인했다. 만주 페스트가 폐페스트라는 사실을 확인한 것이다.[46] 곧이어 우롄더는 베이징의 외무관료들에게 현재 하얼빈지역에서 유행하고 있는 페스트가 호흡기를 통해서 사람에서 사람으로 감염되는 폐페스트라는 사실을 보고하고, 쥐잡기는 당장 그만두고 사람들의 이동을 통제해야 한다고 주장했다.[47] 우롄더는 주변의 외국인 의사들과 러시아, 일본, 영국, 미

---

45 焦潤明, 『淸末東三省鼠疫災難及防疫措施硏究』, 2011, 51-59쪽. .
46 Wong K. Chimin & Wu Lien-teh, *History of Chinese Medicine: Being a Chronicle of Medical Happenings in China from Ancient Times to the Present Period*, Shanghai: National Quarantine Service, 1932, p.592.
47 Wu Lien-teh, *Plague Fighter*, 1959, pp.11-12.

국, 프랑스 등 외국 영사들에게 이 사실을 알렸지만, 아무도 그의 주장에 공감하거나 도와주려고 하지 않았다. 유일하게 우롄더에 우호적인 입장을 보였던 미국 영사 로저 그린(Roger S. Greene: 1881-1947)마저도 곧 한커우(漢口)로 전보되었다.[48]

베이징 당국은 톈진제국육군군의학당 감독인 프랑스 의사 제라드 메즈니(Gérald Mesny: 1869-1911)를 하얼빈에 보내는 것으로 우롄더의 보고에 응대했다. 메즈니는 지난 2년 동안 톈진 인근 통산(銅山)에서 선페스트를 조사한 바 있었다. 메즈니는 하얼빈으로 가던 도중 펑톈(奉天)에서 동삼성 총독인 시량을 만나 우롄더를 대신하여 자신을 만주방역의 총책임자로 임명해달라고 요청했다. 시량은 메즈니에게 우선 상황을 먼저 파악해보라며 그의 제안을 완곡히 거절했다.[49]

〈표 1〉 제1차 만주 폐페스트 지역별 사망자수(1910. 10 – 1911. 2)[50]

黑龍江省

지역	발생시기	사망자수	지역	발생시기	사망자수	지역	발생시기	사망자수
臚濱府	1910. 10	522	蘭西縣	1911. 1	599	青岡縣	1911. 1	176
呼倫廳	1910. 11	20	木蘭縣	1911. 1	200	肇州縣	1911. 1	101
龍江府	1910. 11	1,402	巴彦縣	1911. 1	1,123	安達縣	1911. 2	15
呼蘭府	1910. 12	6,067	大通縣	1911. 1	92	소계		14,636
綏化府	1911. 1	1,583	余慶縣	1911. 1	618			
海倫府	1911. 1	2,057	大賚廳	1911. 1	61			

48　Wu Lien-teh, *Plague Fighter*, 1959, p.15.
49　Wu Lien-teh, *Plague Fighter*, 1959, p.18.
50　關東都督府 臨時防疫部, 『明治四十三四年南滿洲ペスト流行誌』(大連, 1911), 286-287쪽.

吉林省

지역	발생시기	사망자수
濱江廳	1910. 11	5,272
鐵路線		1,449
賓州府	1910. 12	1,184
德惠縣	1910. 12	268
阿城縣	1910. 12	1,794
甯安府	1911. 1	34
雙城府	1911. 1	4,551
農安縣	1911. 1	499
長春府	1911. 1	3,104

지역	발생시기	사망자수
長春鐵路線		149
新城廳	1911. 1	592
楡樹廳	1911. 1	798
吉林廳	1911. 1	623
依蘭府	1911. 1	164
方正縣	1911. 1	21
舒蘭縣	1911. 1	165
敦化縣	1911. 1	49

지역	발생시기	사망자수
伊通州	1911. 1	388
長嶺縣	1911. 1	98
五常府	1911. 1	277
盤石縣	1911. 2	191
長壽縣	1911. 2	46
樺川縣		58
額穆縣	1911. 2	20
소계		22,222

奉天省

지역	발생시기	사망자수
奉天府	1911. 1	2,571
鐵嶺縣	1911. 1	97
義州	1911. 1	173
新民府	1911. 1	622
廣甯縣	1911. 1	225
鎭安府	1911. 1	107
昌圖府	1911. 1	619
綏中縣	1911. 1	70
法庫廳	1911. 1	355
興京府	1911. 1	8

지역	발생시기	사망자수
奉化縣	1911. 1	362
撫順縣	1911. 1	87
懷德縣	1911. 1	674
本溪縣	1911. 1	31
開原縣	1911. 1	220
錦州縣	1911. 1	33
康平縣	1911.1	198
錦西廳	1911. 1	25
遼中縣	1911. 2	79
甯遠州	1911. 2	79

지역	발생시기	사망자수
遼源州	1911. 2	26
西安縣	1911. 2	111
西豊縣	1911. 2	83
遼陽州	1911. 2	53
彰武縣	1911. 2	11
海龍縣	1911. 2	11
東平縣	1911. 2	4
盤山廳	1911. 2	27
鐵道線		153
소계		7,114

합계(黑龍江省+吉林省+奉天省)	43,972

제1차 만주 폐페스트의 유행과 제국주의의 각축

⟨표 2⟩ 제1차 만주 페페스트 시기별 사망자수(1910. 10-1911. 2)

	1910. 10	1910. 11	1910. 12	1911. 1	1911. 2	계
黑龍江省	522	1,422	6,067	6,610	15	14,636
吉林省	-	5,272	4,695	11,940	315	22,222
奉天省	-	-	-	6,477	637	7,114
계	522	6,694	10,762	25,027	967	43,972
비율	1.2%	15.2%	24.5%	56.9%	2.2%	100%

⟨표 3⟩ 페페스트 환자의 직업[51]

직업	인수(명)	비율(%)
쿨리	1,684	36.7
농민	882	19.0
職人	355	7.7
상인	706	15.4
방역담당자	122	2.7
유민	553	12.1
불명	180	3.9
합계	4,482	100.0

1911년 1월 2일, 하얼빈에 도착한 이후 메즈니는 우롄더를 만났다. 우롄더는 자신이 경험한 페페스트를 설명하고 호흡기 감염을 차단하기 위한 페페스트 환자들의 효과적인 격리방안을 논의하고자 했다. 그러나 메즈니는 열 살

---

51 *Report of the International Plague Conference held at Mukden*, April, 1911(Manila, 1912), p.244.

연하의 중국인 의사가 상관인 자신의 말을 들으려 하지 않는 점을 불쾌하게 여겼다. 그는 자신이 퉁산에서 겪은 선페스트의 경험에 비추어 만주 페스트 문제를 처리할 수 있다고 생각했다. 우롄더는 자신이 의견이 메즈니와 대립하고 있으며, 자신의 일을 할 수 없다면 사임하겠다는 의견을 베이징 당국에 전했다. 베이징 당국은 이 일을 계기로 우롄더의 재신임을 확인했다.[52]

우롄더와 메즈니의 대립 가운데, 1월 5일 메즈니는 블라디미르 하프킨(Vladimir Havkin: 1860-1930)이 담당하고 있는 러시아 격리병원을 방문했다. 메즈니는 페스트 환자들의 격리병동을 방문하면서 페스트가 쥐를 통해서 감염된다고 생각했기 때문에, 흰 가운, 모자, 장갑 등을 착용했지만, 마스크는 착용하지 않았다. 3일 후, 메즈니는 발열, 두통, 오한, 각혈 등 폐페스트의 전형적인 증상을 경험했고, 검진결과 페스트환자로 확진되었다. 1월 11일, 메즈니는 의식을 잃고 사망했다. 페스트 격리병동을 방문한 지 6일 만의 일이었다.[53] 메즈니의 사체 부검은 우롄더에 의해서 이루어졌다. 우롄더의 부검결과도 예상대로 폐페스트였다.[54]

이 사건은 세계 세균학계와 중국사회에 적지 않은 반향을 일으켰다. 서양 의과학자들이 우롄더의 이론을 거부할 수밖에 없었던 것은 1899년 폴-루이 시몽(Paul-Louis Simond: 1858-1947)이 선페스트가 쥐벼룩에 의해 전염된다는 이론을 주창한 이래로, 1909년 인도 봄베이에서 개최된 영국 페스트 위원회가 쥐벼룩설(rat-flea theory)을 공인한 바 있었기 때문이다.[55] 그러나

---

52 Wu Lien-teh, *Plague Fighter*, 1959, pp.19-20.
53 Wu Lien-teh, *Plague Fighter*, 1959, pp.20-21.
54 Wong Chi-min and Wu lian-teh, *History of Chinese Medicine*, 1932, p.592.
55 G. F. Petrie, "A Short Abstract of the Plague Commission's Work in Bombay with Regard to

메즈니 사망 사건 이후, 우롄더의 주장을 따르지 않던 의과학자들조차 안면의 절반 이상을 가릴 수 있는 대형 마스크를 착용하기 시작했고, 도시의 거리마다 거의 모든 사람들이 마스크를 할 정도였다. 우롄더의 방역조치도 신망을 얻었고, 강제검역, 격리, 화장 등이 강화되었다. 1911년 1월 하순경에는 메즈니의 죽음이 지역사회에도 알려지기 시작했다.[56] 우롄더가 신문지상에 오르내리기 시작한 것도 1911년 2월 메즈니의 사망을 둘러싼 의혹을 해명하는 과정에서였다.[57] 메즈니의 죽음은 만주 페스트가 호흡기를 통해 빠르게 전염될 수 있는 폐페스트라고 확신하게 하는 계기를 제공했다. 적어도 서양인들은 만주 페스트를 더이상 선페스트로 간주하지 않았다.[58]

우롄더가 국제적인 명성을 누리기 시작한 것은 1911년 4월 페스트 관련 국제회의를 통해서였다. 동삼성총독 시량이 주최한 회의였지만, 회의를 실제로 주재한 것은 32세의 젊은 우롄더였다. 1911년 4월 3일부터 28일까지 중국 펑톈에서 개최된 제1차 국제 페스트회의에는 11개국 대표들이 참가했다. 미국, 오스트리아-헝가리, 프랑스, 독일, 영국, 이탈리아, 일본, 멕시코, 네덜란드, 러시아, 중국 등이었다. 중국, 러시아, 일본 등이 가장 많은 인원을 파견했다. 참가자들은 타바간과 만주 폐페스트 유행과의 상관성에 적지 않은 무게를 두고 있었지만, 타바간이 직접적으로 폐페스트의 원인이 된다고 확정하지는 못했다.[59]

---

the rat-flea theory," *Transactions of the Royal Society of Tropical Medicine and Hygiene* 2-2, pp.97-112, pp.1908-1909.
56 *North China Herald*, 20 January 1911.
57 "The Plague," *North China Herald*, 17 February 1911.
58 *North China Herald*, 3 February 1911.
59 Richard P. Strong ed., *Report of the International Plague Conference Held at Mukden*,

트랜스바이칼(바이칼 호수 동쪽)과 외몽고 초원에 서식하는 타바간(몽골리안 마멋)을 통해서 페스트가 인간에게 전염된다는 이론은 1860년대 이래로 러시아 과학자들이 지지해 온 이론이었으며, 우크라이나 출신 과학자인 자볼로트니(D. K. Zabolotnyi: 1866-1929)의 강력한 지지를 받았다. 일본 대표인 기타사토와 프랑스 대표 브로케(C. Broquet)는 쥐는 선페스트와 관련된 것이고, 타바간과 폐페스트의 관련성은 좀 더 논의해 보아야 한다고 했다. 반면 영국 대표 페트리(G. F. Petrie)는 만주 폐페스트 유행 초기에는 선페스트가 유행하기도 했다고 주장했다. 이에 대해 영국 대표 그레이(G. Gray)는 만주 폐페스트 유행시기에 선페스트는 유행하지 않았다고 확인했다. 그러나 이 회의에서는 수십만 건의 포획 쥐에 대한 세균조사에서 한 건의 감염사례도 발견하기 못했다고 보고되었다.

우렌더는 1911년 여름 만저우리와 내몽고 지역에 대한 현지조사를 통해 타바간 사냥꾼들이 병든 동물을 본 적이 없고, 동료들이 감염된 사례가 없었다는 점을 확인했다. 1913년 말 런던 국제회의에서 우렌더는 "타바간 사냥꾼이 페스트에 감염된 것은 타바간으로부터 감염된 것이라고 결론내는 것은 쌀집 주인이 페스트에 감염된 것은 쌀로부터 감염된 것이라는 것과 다를 바 없다"고 주장했다.[60]

우렌더는 1914-1917년 사이의 방역 보고서를 모아 페스트 방역에 관한 단행본을 1917년 출간했는데, 타바간 사이에서 공기 전염으로 페스트가 발병하는지 여부가 관심사로 부상했다. 우렌더의 조사에 따르면, 접종에 의해 감

April, 1911.
60 Mark Gamsa, "The Epidemic of Pneumonic Plague in Manchuria 1910-1911," 2006, pp.173-174.

염된 타바간에게서 전염된 타바간의 52.6%가 4-6일 이내에 폐페스트로 이행되어 죽었다. 우롄더의 실험을 통해서 타바간 사이에서 호흡기를 통해 폐페스트가 손쉽게 유행될 수 있음이 밝혀졌다. 아울러 폐페스트가 패혈성으로 손쉽게 이행된다는 것도 밝혀졌다.[61]

우롄더가 동북지역에서 명성을 얻게 된 것은 1911년 1월 메즈니의 죽음을 통해서였다. 우롄더의 이름은 1월 말부터 지역신문에 등장했다. 정부 내에서도 이름 없는 방역관리에게 막대한 권력을 위임한 것을 두고 논란이 일었다. 우롄더가 의학계나 정부 내에서나 나름의 입지를 갖게 된 것은 1911년 4월 펑톈방역회의를 통해서였다. 바꿔 말하면, 만주 페스트가 맹위를 떨쳤던 1911년 1월과 2월 동안 우롄더는 매우 제한된 범위 내에서 방역활동을 전개해야 했고, 그와 같은 우롄더의 한계는 방역법규의 제정과정에도 반영되어 있었다.

2. 방역법규의 제정과정

만주의 지역언론은 1910년 10월 페스트 보도 초기부터 만주 페스트가 폐페스트일 가능성을 언급했다. 『성경시보』에서 하얼빈의 폐페스트 유행에 대한 보도는 1910년 10월 7일이 처음이었다.[62] 다롄의원의 아베 박사가 도착한 10월 9일, 만저우리의 중국인 감염자 100명 중 86명이 사망했고, 러시아 감염자 3명 중 2명이 사망했다.[63] 10월 18일, 남만주철도주식회사는 창춘(長春)에서

61　"Editorial: Marmots and Plague," *The China Medical Journal* 32-2, March 1918, p.150.
62　「肺卑斯杜疫猖獗彙誌」,『盛京時報』(1910. 10. 7).
63　「安倍博士之防疫談」,『盛京時報』(1910. 10. 16).

검역을 시행하고 있었고,[64] 하얼빈에서는 검역과 더불어 지역사회가 양병원(養病院)을 설립하여 검역을 실시하는 데 동의했다.[65] 『성경시보』는 당시의 페스트를 모두 폐페스트(肺卑斯杜 혹은 肺卑斯脫)로 묘사했다. 10월 19일, 『성경시보』는 일본의사의 페스트 예방법을 소개했는데, 쥐나 고양이를 통해서뿐만 아니라 페스트 환자의 의복이나 배설물 등으로 인해 전염될 수 있음을 경고했다.[66] 10월 23일과 24일, 중의인 딩푸바오(丁福保)는 『성경시보』에 페스트에 관한 원고를 기고했는데, 홍콩에서 유행한 페스트에서 알 수 있듯이, 페스트균이 쥐를 통해 확산되지만, 사람의 타액, 배설물, 의복 등을 통해서도 전염될 가능성이 있다는 점을 지적했다.[67]

10월 18일, 서북로병비도(西北路兵備道) 위스싱(于駟興) 관찰(觀察)은 폐페스트 유행에 대비하여 러시아인, 빈장청(濱江廳) 순무국(巡警局) 경무장, 자치회, 상무회, 삼강민월회관 등과 상무회의에서 위생판법을 정하고, 푸자뎬의 임대가옥 수칸을 양병원으로 개설하고, 전염병 환자가 발생하면 우선 빈장청에 보고하고 양병원에 이송하여 검사를 받도록 했다.[68]

10월 25일, 만저우리에서 페스트 첫 환자가 발견되자, 1910년 11월부터 1911년 8월까지 청조는 만주 페스트에 대비하기 위해 60여 개 이상의 방역 관련 법규를 쏟아냈다. 방역조직, 인원, 역할, 경비, 소독방법, 시체처리, 청결

---

64 「滿鐵公司擬在長春檢疫時疫」, 『盛京時報』(1910. 10. 18).
65 「傅家甸防疫之計劃」, 『盛京時報』(1910. 10. 18).
66 「百斯篤疫豫防說略」, 『盛京時報』(1910. 10. 19).
67 丁福保, 「論百斯篤(未完)」, 『盛京時報』(1910. 10. 23); 丁福保, 「論百斯篤(未完)」, 『盛京時報』(1910. 10. 24).
68 「傅家甸防疫之計劃」, 『盛京時報』(1910. 10. 18).

활동, 예방접종, 검역제도, 병원, 처벌 등을 규정하는 내용이었다.[69] 만주방역 이후 독립적인 방역기구들이 등장했고, 전국적으로 통일된 방역법규도 등장했다. 만주 페스트의 유행 이래로 처음 등장한 방역법규는 1910년 11월 14일 하얼빈 경무공소가 반포한 18개조로 구성된 「방역장정」(이하 하얼빈방역장정)이다.[70] 그 구체적인 내용은 다음과 같다.

제1조 이번 전염병은 하얼빈에서 시작되어 각급 도시로 퍼져나가고 있다. 각 예비검역소에서 의사 1명, 순경 4명을 파견하여 그 일을 담당하고 있다. 관리나 상인에 상관없이 모두 검사를 받아야 한다.

제2조 검역소에서 1-2리 거리에 있는 곳에 양병원(養病院) 10여 칸을 준비하여 병자를 이송시킨다.

제3조 감염환자가 이송되면 간수와 순경을 제외하고 모두 격리되어 출입을 엄금한다. 의사와 순경은 제4조에 의거하여 목욕을 행한다.

제4조 검역소와 양병소(養病所)는 모두 열기를 통할 수 있게 하고, 일광을 투과시킨다. 간수, 의사, 경찰 등의 의복은 승첨수(昇添水), 석탄산, 생석회 등으로 소독하고, 출입시에는 반드시 손을 씻는다.

제5조 환자는 의복을 바꿔 입어야 하고, 음식은 검사소를 거쳐야 한다.

제6조 만약 병자가 나으면 7일간 경과해야 하고, 그 의복은 훈증 소독하고, 그 물건과 식기 등은 생석회 등으로 소독한다.

---

69 焦潤明, 『清末東三省鼠疫災難及防疫措施研究』, 2011, 88-89쪽.
70 「會議防疫章程」, 『盛京時報』(1910. 11. 14);「會議防疫章程(續)」, 『盛京時報』(1910. 11. 15);「會議防疫章程(續)」, 『盛京時報』(1910. 11. 16).

제7조　만약 병자가 사망하면 그 시체와 의복은 생석회 등을 살포한 후 매장한다. 매장시에는 깊이 판 후 관 위에 석회를 살포한다.

제8조　각 주호에 환자가 있으면 경찰서에 보고하고, 각기 나누어 격리할 수 있도록 준비한다.

제9조　도리(道裡) 골목의 오물이 있는 곳은 응당히 각 주호가 청소부와 협의하여 매일 청소하도록 명한다. 위반자는 처벌한다.

제10조　각 주호의 화장실은 매일 생석회를 뿌리면서 청소한다.

제11조　무릇 소와 양이 죽거나 식음료가 불결한 것은 모두 매장한다. 위반자는 처벌한다.

제12조　검역소의 검역 위원 모두 전염병약을 준비하여 구급할 필요가 있다.

제13조　전염병이 유행할 때 극장, 기원 등 사람들이 다수 모이는 곳은 일시 폐쇄하고, 아직 유행하지 않을 시에는 이를 따르지 않는다.

제14조　만약 검사를 행해야 하는 자가 있으면 다시 명령을 내린다.

제15조　전염병으로 사망한 자는 모두 한 곳에 매장해야 하며, 집안에 존류해서는 안되며, 다른 곳에 가매장(淺厝) 해서도 안된다. 위반자는 경찰을 파견하여 화장시킨다.

제16조　전염병으로 사망한 자의 의복, 기구 등은 모두 매장하거나 불에 태워야 한다. 평소에 잘 입지 않은 의복이나 진귀한 의복은 삶은 후에 보관한다. 약수를 살포한 후에 내다 파는 것은 허락하지 않는다.

제17조　전염병 사망자와 동거했던 사람은 일주일간 격리한 후에 돌려보낸다. 다른 곳으로 이송되기를 바라는 자도 일주일 동안의 격리를 거쳐야 한다.

제18조　전염병 사망자의 친척이 제사를 지내고 장례를 치르는 것을 금지한다.

부록　　매매의복장정

제1조　의복판매자가 잡인의 의복을 구입하는 것을 금한다.

제2조　의복을 팔고자 하는 자는 경찰서에 가서 삶은 후에 경찰서의 인증을 받은 후에 판매할 수 있다.

「하얼빈방역장정」은 중국 최초의 페스트 방역법규로, 격리, 소독, 화장 등 비교적 엄격한 규정이 적용되었다. 주요한 내용은 경찰 검역, 7일간의 격리, 소독, 매장, 화장 등 검역과 격리에 필요한 조치를 위주로 구성되었다. 「하얼빈방역장정」에서 흥미를 끄는 부분은 화장과 의복매매에 관한 내용이다. 중국인들이 화장을 꺼리고, 대부분 매장을 선호했기 때문에, 중국정부가 화장을 강제하지는 않았다. 단, 매장 규정을 어긴 경우는 화장을 강제할 수 있도록 했다. 또한 의복을 통한 전염에도 상당한 주의를 기울여 의복매매에 관한 법규까지도 제정했다.

한편, 「하얼빈방역장정」이 반포된 그날, 1910년 11월 14일, 하얼빈시 다오와이구(道外區) 지역인 푸자뎬(傅家甸)의 민간사회를 중심으로 빈장방역회(濱江防疫會)가 성립되었다. 빈장방역회는 실제로는 푸자뎬의 행정권을 가진 빈장청(濱江廳)이 주도했는데, 빈장청 순경국 경무장, 자치회, 상무회, 삼강민월회관 등 각계 인사와 더불어 러시아 의사가 자문관으로 참여했다. 빈장방역회는 페스트 방역을 위해 곧바로 「방역판법」을 제정했다. 「방역판법」은 세 가지 내용을 규정했는데, 첫째, 방역 사무소를 설립하여 관련 사무를 처리하고, 둘째, 25칸의 가옥을 임대하여 양병원(養病院)을 설립하여 환자를 치료하며, 셋째, 위생의사를 각 구역에 파견하여 호구검역을 실시하고, 전염병 환자가 발생하면 양병원에서 치료하게 한다는 것이었다. 빈장방역회가 방역조치로 강조한 것은 청결이었고, 빈장방역회가 공포한 「빈장청방역지시유(濱江廳防疫之示諭)」(1910. 11. 17)에서는 "더러운 옷을 입지 말고, 부패한 음식을 먹지 말며, 더러운 곳에 거주하지 말라"는 3가지 주안점을 제시했다.[71] 빈장방역회가 제정한 「방역판법」이나 「방역시유」 등에는 아직까지 전염병의 정확한 근원이 무엇인지, 어떠한 방역대책을 수립해야 하는지 명확한 가이드라인이 제시되지 않았다. 하얼빈시가 독자적으로 공포한 「방역장정」과 비교하면 빈장방역회의 방역조치는 매우 느슨한 것이었다. 빈장방역회의 방역조치가 느슨할 수밖에 없었던 것은 서양식의 강력한 방역조치가 지역 상인과 신사들의 이해관계와 대립할 수 있었기 때문이었다. 그럼에도 불구하고 빈장방역회가 호구검역과 양병원에서의 치료와 격리를 일정 부분 수용한 것도 사실이었다.

당시에는 페스트의 근원이 쥐로 여겨지고 있었기 때문에, 포서대책이 가장 중요한 방역대책이었다. 푸자뎬의 방역을 자문했던 러시아 의사도 포서대책에 상당한 주의를 기울였다. 그러나 무엇보다 러시아 의사의 불만은 중국인들이 명확한 방역관념을 가지고 있지 않다는 데 있었다. 격리병원의 화장실은 매우 더러웠고, 전염병 환자와 일반 입원 환자가 섞여 있었다. 중국인들은 엄격한 검사와 격리 등을 필요 이상으로 과도한 조치로 여겼으며, 러시아식 방역조치가 주권을 위협하고 경제적 이익도 침해할 수 있다고 여겼다. 결국 푸자뎬에서 러시아 의사들의 자문은 실패로 돌아가고, 1910년 11월 말부터는 중국과 러시아가 독자적인 방역대책을 강구하고 있었다.[72]

---

71 嬰, 「濱江廳防疫章程書後」, 『遠東報』(1910. 11. 17).
72 「俄報之論防疫也如此」, 『遠東報』(1910. 11. 27); 「豫防瘟疫之要」, 『遠東報』(1910. 11. 24).

하얼빈에서 남하한 페스트는 동북삼성의 정치 중심지인 펑톈에까지 확산되었다. 1910년 12월에 들어서자 페스트 사망자가 발생하기 시작했고, 더 이상 방역을 미룰 수 없다고 판단한 동삼성총독 시량(재임 1909. 5-1911. 9)은 경무국 명의로 20개조로 구성된 「펑톈방역규칙」(1910. 12. 10)을 반포하여 방역에 만전을 기하고자 했다.[73]

제1조 각 분구(分區)에서 호구조사[淸査戶口]에 능숙한 장경(長警) 100명을 검역경찰[搜疫巡警]로 선발한다. 왼팔 상단에 4촌 넓이의 흰색완장에 수역(搜疫)이라는 두 글자를 검정색으로 써서 두르고 각 구에서 호구검역[檢査戶口]을 실시한다.

제2조 검역시간은 오전 9시에서 11시까지, 오후 1시에서 12시까지로 한다. 만약 전염병 환자 및 유사 전염병 환자, 또는 보통 질병 및 그로 인한 사망자 발생시 즉시 방역병원(防疫病院)에 보고하고 병원에 보내 검사한다.

제3조 검역경찰[搜疫長警]은 규칙을 성실히 준수해야 하며, 겉으로는 복종하고 실제로 따르지 않는 행위[陽奉陰違], 극단소요, 추궁해서 밝히는 행위[致干査究] 등을 해서는 안된다.

제4조 검역경찰이 호구검역을 실시할 때 방역방법에 대해서 대중에게 상세히 알려 스스로 지킬 수 있게 하고, 집안 정원과 내부를 검사할 수 있어야 한다. 만약 청결하지 않으면 청소를 명할 수 있고, 거주지 내의 음침한 곳에서 악기(惡氣)가 발생하면 석탄산이나

---

73 「奉天防疫規則」,『盛京時報』(1910. 12. 11).

석회 같은 약품을 구입하게 하여 스스로 살포하게 한다. 만약 빈궁하면 스스로 갖출 수 없는 자는 관이 구매를 대행하여 살포하게 한다.

제5조 페스트 역병은 하얼빈에서 온 것이므로 만약 검역시 하얼빈에서 펑톈(奉天)에 온 여행객과 휴대물품은 특별히 주의해서 조사한다.

제6조 전염지역에서 온 각종 의복과 기구 등은 엄격히 조사한 후 방역병원에 보고한다.

제7조 주호(主戶)의 객방[棧房]에서 사망자가 발생시에는 질병 여하를 막론하고 의관의 검시를 받지 않으면 매장할 수 없다.

제8조 전염병 사망자가 있는 각호는 문 위에 흑백으로 역(疫)이라는 글자를 써서 외부인이 쉽게 판별하여 그 가정에 들어가지 않도록 하여 전염을 막는다.

제9조 전염병 사망자가 사용한 의복, 기구, 이불, 식기 등은 그 가족으로 하여금 속히 불태우게 한다. 단, 의사 소독을 거쳐 살아있는 사람에게 무해하다고 인정되는 경우에는 그 가족이 받을 수 있다. 의사의 진단과 소독을 거치지 않은 자는 타인과 교통 왕래하는 것을 허락하지 않는다.

제10조 전염병 사망인에 대한 보고가 의관의 검사와 소독을 거진 후에 가장은 속히 매장지를 선택해 깊이 매장하고 석탄산 및 석회 같은 방독약품을 살포하여 전염병의 확산을 막는다.

제11조 전염병 사망자의 매장지역은 반드시 도심에서 멀리 떨어져 사방에 주민이 살지 않고 교통편벽지구를 막아서도 안된다. 각구 경

찰은 마땅히 주의해야 검사하고 사찰해야 한다.

제12조 전염병 사망자의 가옥은 의관(醫官)을 경유하여 일정기간 동안 소독하고 타인의 거주를 금지해야 한다. 검역경찰은 마땅히 엄격하게 감시하고 기한이 도래하지 않았으면 타인의 거주를 허락하지 않아야 한다. 만약 전염병이 심각하여 그 문을 봉쇄할 경우에도 마찬가지이다.

제13조 만약 페스트 전염환자가 방역병원에 보고한 것을 제외하고, 전염가옥의 좌우 이웃주민에게 명하여 가옥내에 석탄산 혹은 연소유황을 뿌려 방역하게 한다.

제14조 행인에게 증상이 있거나 도로에 누워 있는 자는 신속히 방역병원에 보고하여 검사를 받아야 한다.

제15조 각종 역독(疫毒)은 대부분 음침한 지역이나 냄새나는 오염물로 불결한 구역에서 발생한다. 각 구 장경은 이들 지역에 대해 성실히 조사하고, 청결경찰[淸道長警]은 빨리 청소해야 한다.

제16조 쥐는 전염의 매개이며, 현재 이미 쥐잡기에 대한 포상과 구매를 하고 있다. 각구는 마땅히 포서기 2개(한 개는 활서기, 다른 한 개는 폐서기)를 설치하고 방역병원에 보내 심사를 받아야 한다.

제17조 전염병이 가장 성행하는 구역은 검역시간 규정에 얽매이지 말고, 박멸될 때까지 엄격히 검역해야 한다.

제18조 음식점에 대해서는 치밀하고 정밀한 청결을 엄격히 명해야 한다.

제19조 객점, 숙소, 극장, 기원(妓院), 다관, 채소시장, 목욕탕 및 인구밀집지역에는 특별히 청결을 명령하고 각종 소독을 실시하여 역독의 발생을 방지한다.

제20조 부패한 어류 및 육류와 폐사한 말고기, 소고기, 양고기, 닭, 오리 등은 엄격히 검역을 실시한다.

「하얼빈방역장정」과 비교해 볼 때, 「펑톈방역규칙」은 방역의 대상이 쥐를 숙주로 매개되는 선페스트이며, 하얼빈에서 유입되었음을 명시했다. 아울러 검역경찰을 제도화하여 검역을 일상화하고, 쥐잡기, 소독, 청결 등을 강조함으로써 「하얼빈방역장정」보다 체계적이었다고 할 수 있다. 그러나 「펑톈방역규칙」은 전염병 사망자의 화장에 대해서는 언급하지 않았고, 무엇보다 「하얼빈방역장정」이 7일간의 격리기간을 명시했던 것에 비해 격리 자체를 언급조차 하지 않았다. 요컨대, 「하얼빈방역장정」이 서양식 방역조치를 적극적으로 수용했던 것에 비해 「펑톈방역규칙」은 중국사회가 꺼려했던 격리나 화장 등에 매우 신중한 태도를 보였다. 「펑톈방역규칙」 반포 후 일주일이 지난 시점인 1910년 12월 17일, 펑톈 경무국은 또다시 18개조의 「방역법」을 발표했다.[74]

제1조 무릇 음식, 의복, 가옥은 특별히 주의를 기울여야 한다. 신체는 마땅히 항시 씻어야 하고, 조금이라도 손상이 있을 때는 신속히 치료해야 한다.

제2조 주호의 실내 각처는 청소하여 청결히 하고, 오물이 쌓여 음습한 곳은 항시 석탄산이나 석회로 병독을 제거해야 한다.

제3조 가옥은 매일 아침 창문을 열어 공기를 통하게 하고 햇빛을 끌어들여야 한다.

---

74 「奉天防疫規則」, 『盛京時報』(1910. 12. 11).

제4조   역병이 유행하거나 음습불결한 지역은 통행을 금한다.
제5조   전염병환자와 타인은 그 가족을 경시해서는 안된다. 예를 들어 왕래시에는 방역약품을 휴대해야만 전염을 막을 수 있다.
제6조   전염병사망자 보고는 병원이 파견한 의관이 검험 소독한 후, 야외 공터에서 신속히 깊이 매장하고 방독약품을 살포해야 한다.
제7조   전염병환자가 소유한 각종 오래된 의복, 침구, 식기 등은 일률적으로 소각하고 실내는 철저히 소독하고 그 문호를 봉쇄해야 전염을 막을 수 있다.
제8조   질병 여하를 막론하고 사망으로 인한 각 호주는 방역의관(防疫醫官)에게 검시를 보고해야 한다.
제9조   전염병 환자의 의복 등을 운반한 자는 반드시 7일 이후 판매하거나 다른 곳에 옮길 수 있다.
제10조 여행객이 왕래하는 숙소 여관 등은 순경을 파견하여 검역을 실시하고, 점주는 여행객의 목적지를 상세히 보고하여 만약 여행객이 조금이라도 병증이 있는 경우에는 본국에 보고해야 한다.
제11조 객잔, 여관, 기원, 다관, 회의장 및 음식점포 등은 특별히 청결에 주의해야 한다. 만약 전염병이 발생하면 즉시 해당 지점을 봉쇄한다.
제12조 쥐가 전염의 매개이며, 현재 죽은 쥐와 살아있는 쥐를 막론하고 현상금을 지불한다. 순경 각 분구(分區) 및 분주소(分駐所)에서 쥐 한 마리당 동위안(同元) 6장(杖)을 지급한다.
제13조 관서, 학교, 병원, 회사, 국소(局所), 공장 등은 마땅히 예방에 주의해야 한다.

제14조 객잔, 여관, 음식점, 다관 및 주호 등은 불결한 물로 음식물을 조리해서는 안된다.

제15조 변색되거나 맛이 변한 과일의 판매를 금한다. 만약 고의로 위반자가 있을 시에는 즉시 내다 버린다.

제16조 가옥 부근이나 담벼락에 쓰레기와 오물을 버리거나 오수를 버리는 것을 금한다. 위반자는 주호를 벌한다.

제17조 도로나 구거에 짐승의 사체, 쓰레기, 오물 등을 버리는 것을 금한다.

제18조 본국은 각소(各所)에서 파견한 검역경찰로 하여금 도주한 가호를 검역하고, 모든 방역을 명령에 의거 일률 준수한다. 만약 위반하면 위경죄(違警罪)로 논한다.

「펑톈방역법」은 「펑톈방역규칙」과 마찬가지로 선페스트 방역대책으로서 쥐잡기를 중시했고, 소독, 청결, 검역 등을 언급하고 있지만, 격리와 격리기간 등에 대한 규정이 없어 「하얼빈방역장정」과 비교하면 느슨한 방역규정이었음을 알 수 있다. 즉 이와 같은 법령으로는 하얼빈과 펑톈 등지에서 확산되는 페스트를 효과적으로 억제할 수는 없었다. 1910년 10월부터 1911년 2월까지 헤이룽장성, 지린성, 펑톈성(현 遼寧省) 등 동북삼성에서 최소 43,972명의 사망자가 발생했는데, 주요한 방역법규 반포 이후인 1911년 1월과 2월의 사망자만 전체 사망자의 59%(25,994명)에 이를 정도였다.[75] 일련의 법령이 방역활동을 직접적으로 지원하는 효과를 내고 있었는지는 의문의 여지가

---

75 關東都督府臨時防疫部, 『明治四十三四年「ペスト」流行誌』, 1912, 286-287쪽.

있다.

결국 제국주의 각국은 청조의 미온적인 방역대책에 외교적 압박을 가하기 시작했고, 청조의 처방은 우롄더를 하얼빈에 파견하여 페스트 방역을 담당하게 하는 것이었다. 1911년 1월, 만저우리에서 시작된 페스트가 베이징에까지 진입하자, 베이징 지역의 페스트 방역을 위한 방역법규의 제정이 시급해졌다. 베이징의 페스트 방역을 위해서 제정된 법규는 민정부가 작성한 「민정부의정 경사임시방역국장정」(1911. 1. 20, 이하 임시방역사무국장정)이었다. 이 법안의 작성을 주도한 사람은 협찬헌법대신인 왕룽바오(汪榮寶: 1878-1933)로 난양공학당(南洋公學堂)을 졸업한 이후 일본 와세다대학과 게이오기주쿠대학을 유학한 인물이었다.[76] 그는 만저우리에서 시작된 페스트가 하얼빈, 펑텐 등을 거쳐 톈진과 베이징으로 향하고 있다는 보고를 접하고, 서둘러 방역법규 마련에 착수했다. 1911년 1월 12일 베이징에서도 페스트 환자가 발생하자, 민정부는 일본 오사카의 18개조로 구성된 「일본오사카임시페스트예방사무국관제[(日本大阪臨時)ペスト豫防事務局官制]」(1900. 12. 12)를 모방하여 20개조로 구성된 방역법규 초안을 마련했다.

민정부의 「임시방역사무국장정」의 주요 내용은 법규 제목이 시사하는 바와 같이 순경청장(巡警廳長)을 책임자로 하는 민정부 소속 임시방역국의 조직 구성과 업무분장을 규정한 것이었다. 업무분장 규정 속에서 주요한 방역사무는 세균검사, 쥐잡기(捕鼠)사무, 건강진단 및 시체 검안, 소독, 접종 등이었음을 확인할 수 있다.[77] 민정부의 페스트 방역법규는 일본의 것을 모방하여

---

76 韓策·崔學森 整理, 『汪榮寶日記』(北京: 中華書局, 2013).
77 崔學森, 「宣統年間京師臨時防疫局章程硏究」, 2013.

경찰행정 위주로 단속하는 방안이었고, 주요한 방역대책 역시 쥐잡기였음을 알 수 있다. 민정부의 「임시방역국장정」은 검역이나 격리 등에 대해서는 언급이 없고, 조직과 담당업무 등에 대해 총괄적으로 규정했을 뿐이다.

전국 규모의 근대적 방역법규는 페스트 방역을 위해 제정된 「방역장정(防疫章程)」(1911. 4. 22)이 최초였다. 「방역장정」은 동삼성총독 시량(錫良)이 1911년 3월 14일(宣統 3년 2월 14일) 주청하여 성립된 것으로, 민정부가 제정·공포했다. 「방역장정」은 전체 6장 18조로 구성되어 있으며, 오직 페스트의 발견과 예방을 위한 법규였다.[78]

「방역장정」에 따르면, 페스트는 경사(京師)에서는 순경총청(巡警總廳)이 담당하고, 지방에서는 순경도독(巡警道督)이 담당하도록 했다. 즉, 「방역장정」역시 민정부의 「임시방역사무국장정」과 마찬가지로 경찰 주도로 페스트를 관리하도록 한 것이다. 반면 「방역장정」은 「임시방역사무국장정」과 달리 페스트의 진단, 교통차단, 소독, 격리, 처벌 등을 규정했다. 또, 재원은 기본적으로 지방정부가 담당하도록 했다. 재정문제는 중앙정부와 지방정부 사이에서 방역의 주도권을 둘러싼 민감한 사안이었다. 재원을 지방정부에 두었다는 것은 방역의 책임이 지방정부에 있음을 명시한 것이기도 하지만, 방역의 주도권이 사실상 지방정부로 이관되는 효과도 있었다.

1910년 10월 페스트가 확산된 이래로, 1911년 2월경에도 관동군이 주둔했던 펑톈 등지에서는 쥐잡기 중심의 방역대책이 지속되었다.[79] 흥미로운 점은 1911년 4월 전국규모로 페스트 방역을 위한 「방역장정」을 제정했을 때,

---

78　焦潤明, 『清末東三省鼠疫災難及防疫措施研究』, 2011, 153-154쪽.
79　曹晶晶, 「1910-1911年的東北鼠疫及其控制」, 吉林大學 歷史學碩士論文, 2005, 30쪽.

페스트의 호흡기 전염을 예방하기 위한 조치가 「방역장정」에 전혀 반영되지 않았다는 점이다. 「방역장정」은 제16조 제1항에서 페스트의 주요 전염원으로 쥐를 지목했고, 쥐잡기를 독려했다. 또한 제17조 제4항은 쥐매입을 위해 방역경비를 조성하도록 규정했다.[80] 페스트를 막기 위한 법령은 각 지방당국에서 수십여 개의 법규를 반포하고 있기 때문에, 좀 더 검토의 여지가 남아 있지만, 중앙정부 차원에서는 여전히 쥐잡기를 중요한 방역대책의 하나로 보고 있는 것은 분명하다.

외무부를 중심으로 한 베이징당국이 우롄더의 방역활동을 지지하고 있었지만, 우롄더 혼자서 중앙과 지방정부의 관료체계에 대적할 수는 없었다. 1910년 12월 20일, 외무부 우승(右丞) 스자오지(施肇基)의 추천으로 우롄더가 하얼빈에 파견되었을 때, 우롄더는 외무부 소속 일개 의관(醫官)에 불과했다. 12월 31일, 우롄더가 현장조사 결과와 사태수습방안을 외무부에 보고했을 때, 외무부는 우롄더에게 전권을 부여하기 위해 방역총의관의 직함을 부여했다. 외무부는 시량 동삼성 총독에게 우롄더에게 방역업무에 관련된 전권을 부여하도록 지시했다. 이것은 의사가 방역책임자가 되어야 한다는 서구열강의 요구에도 상응하는 것이었다. 그러나 시량을 비롯한 지방관들은 중앙에 반대의 뜻을 분명히 했다. 우롄더는 방역업무를 수행하기 위해서는 경찰력이 확보될 필요가 있다고 보았다. 당시 경찰은 100명 정도로 방역업무를 수행하기 위해서는 턱없이 부족한 수준이었다. 우롄더는 1911년 1월 초부터 500명 정도의 병력증강이 필요하다는 점을 외무부에 요청했다. 시량과 천자오창(陳

---

80 焦潤明, 『清末東三省鼠疫災難及防疫措施研究』, 2011, 153-154쪽.

昭常: 1868-1914)은 갑작스런 병력증강이 러시아와 충돌을 일으킬 수 있으며, 오히려 전염병이 악화될 수 있다는 점을 들어 병력증강을 거부했다.[81]

시량은 교섭업무를 중심으로 한 지방관의 역할과 방역업무를 중심으로 한 의관의 역할을 구분해야 한다는 점을 요청했다. 1911년 1월 10일, 지린순무(吉林巡撫) 천자오창은 하얼빈 방역국을 개설했고, 빈장관도(濱江關道) 겸 철로교섭국총판(鐵路交涉局總辦) 위스싱(于駟興)을 총판(總辦)에, 시량이 파견한 탄자오량(談兆梁)을 좌판(坐辦)에 임명했으며, 우롄더를 총의관(總醫官)에 임명했다.[82] 이로써 시량의 계획대로 중앙정부가 파견한 의관과 교섭업무를 주관할 지방관의 역할이 조정되었다.

우롄더는 교섭권이나 군대이동과 같은 강력한 권한을 가지지 못했고, 지방관들로부터 방역업무에 관해 견제를 받았기 때문에, 자신의 의도대로 방역업무를 수행할 수 없었다. 메즈니의 죽음으로 우롄더의 입지가 강화되기는 했지만, 중앙정부와 지방정부가 우롄더를 바라보는 입장은 각기 달랐다. 중앙정부는 페스트 유행으로 인해 제국주의 각국으로부터 외교적 간섭을 받고 싶어하지 않았기 때문에, 우롄더를 적극적으로 지지했다. 반면 시량을 대표로 하는 지방정부는 지방관의 권한침해를 우려하여 우롄더의 경찰력 증원 요구를 거절하는 등 방역책임자의 권한 확대를 경계했다. 결국 우롄더는 최소한의 범위 내에서 자신의 역할을 수행해야만 했다.

우롄더가 만주방역에서 명성을 갖기 시작한 것은 1911년 2월 이후이고, 정부 내에서 입지를 갖게 된 것도 만주방역이 사실상 완료된 1911년 4월 이

81　杜麗紅, 「淸季哈爾濱防疫領導權爭執之背景」, 2012, 117쪽.
82　杜麗紅, 「淸季哈爾濱防疫領導權爭執之背景」, 2012, 108-111쪽.

후였다. 그는 1911년 4월 학부(學部)로부터 의과진사(醫科進士) 학위를 받았으며, 5월에는 군부(軍部)로부터 육군군의협참령(陸軍軍醫協參領)(소령급)의 지위를 얻었다.[83] 우렌더가 중국정부의 공식적인 직위를 갖게 된 것은 1912년 9월 27일, 북양정부(北洋政府) 외교부가 헤이룽장성 도독부에 하얼빈, 만저우리, 다헤이허(大黑河), 산싱(三姓), 라허쑤쑤(拉哈蘇蘇) 등 5개 거점에 방역원(防疫院)을 설립하고 하얼빈에 방역본부를 두게 하고 우렌더를 그 책임자인 총의관으로 임명하면서부터였다. 하얼빈 방역본부의 명칭은 처음엔 북만방역사무관리처로 했는데, 후에 동삼성방역사무총관리처로 변경되었으며, 1932년까지 유지되었다.[84]

---

83 『政治官報』宣統 3年 4月 初七, 16-17쪽.
84 馬學博, 「萬國鼠疫硏究會與東三省防疫事務總管理處的建立」, 『醫學與哲學』 27-7, 2006; 馬學博, 「伍連德年譜新編」, 『黑龍江史志』 245, 2011.

흔히 제국의학은 제국의 팽창과 식민지배를 위한 수단으로 활용된다고 여겨진다. 동아시아 역사 속에서 세균설, 체질인류학, 우생학 등 제국의학 지식은 이러한 기대에 부응해왔던 게 사실이다. 만주 페스트 방역을 계기로 청조는 서양의학을 통해서 서구 열강과 경쟁할 필요를 느꼈고, 근대국가를 건설하는 수단으로 서양의학을 적극 활용하기 시작했다. 우렌더를 중심으로 한 폐페스트 이론의 확립과 만주방역의 실시는 반식민지 상태의 중국에서 의과학 지식의 생산을 주도할 수 있는 계기를 연 중대한 사건이었다.

일본은 페스트균의 발견자이자 당대 최고의 세균학자인 기타사토를 파견하여 북만주에서 폐페스트가 유행하고 있다는 사실을 확인했음에도 불구하고, 관동주와 조선의 식민당국은 쥐잡기와 같은 선페스트 방역대책에 대한 미련을 버리지 못했다. 그들로서는 쥐잡기운동이 점령지주민과 식민주민을 훈육하고 계도하는 성격을 띠고 있었고, 방역정책의 혼선을 줄일 수 있는 방안이었다. 그러나 이러한 잘못된 대책으로는 방역의 실질적인 성과를 내기 어려웠다. 그럼에도 불구하고 폐페스트의 유행에 따른 피해가 상대적으로 크지 않았던 것은 폐페스트의 주요 감염원인 중국인 노동자의 주력이 관동주와 조선으로 이동하지 않았기 때문이었다.[85] 일제의 폐페스트 방역대책이 근본적으로 전환된 것은 1920-1921년 제2차 만주 폐페스트의 유행 이후였다. 일제는 관동주와 조선에서 더이상 쥐잡기와 같은 방역대책에 주력하지 않았고, 호

---

85 Sihn Kyu-hwan, "Unexpected Success: the Spread of Manchurian Plague and the Response of Japanese Colonial Rule in Korea, 1910-1911," 2009.

구검역, 교통차단, 검역 등과 같은 조치를 강화하는 것으로 방역대책을 전환했다.

선페스트 이론을 중심으로 서구 중심적 과학주의를 구축해 온 프랑스, 러시아, 일본 등은 새로운 폐페스트의 등장에 적극적으로 대응하지 못하고 과거의 이론에 기대는 모습을 보였다. 우렌더는 서구 과학주의를 상징하는 세균설과 현미경을 적극 활용하여 폐페스트의 전염경로를 확인하고, 폐페스트 이론으로 만주 페스트를 설명하고자 했다. 결과적으로 메즈니의 사망 등으로 자신의 가설을 입증한 우렌더는 중국내에서 서양의학의 입지를 강화함은 물론 제국주의가 선진 과학의 힘으로 만주지배를 정당화하는 것을 저지할 수 있었다. 그런 점에서 제국주의의 확대시기에 서양의 의과학 지식은 제국주의의 동아시아 지배를 강화하는 수단이기도 했지만, 오히려 그것을 막아내는 중요한 수단이기도 했다.

반면 우렌더의 고군분투에도 불구하고, 중국정부가 새로운 의과학지식과 방역정책을 적극적으로 지원했던 것은 아니었다. 중앙정부는 지방정부의 눈치를 살폈고, 뒷북행정으로 일관했다. 특히 1911년 4월 공포된「방역장정」은 이미 페스트 국제회의를 통해 만주 페스트가 폐페스트임을 국제적으로 공인했음에도 불구하고, 철 지난 일본의 법령을 모방하여 공포되었다. 이러한 노력이 방역의 법제화에 일정 정도 공헌한 것은 사실이지만, 최신 의과학 논의를 적극적으로 반영하여 방역행정을 시의적절하게 운용하는 데에는 별다른 도움을 주지 못했다. 지방정부 역시 방역의 주도권을 둘러싸고 중앙정부와 힘겨루기를 했고, 결국은 자신들의 뜻대로 주도권을 장악하게 되었다. 바꿔 말하면, 우렌더의 방역활동은 지방정부의 정치적 견제와 제도적 제한 속에서 이루어질 수밖에 없었다.

중국과 제국주의 각국의 방역 책임자들이나 의과학자들은 폐페스트라는 새로운 지식과 환경에 적극적으로 대응하지 못했다. 각국 방역당국은 자신들이 원하는 만큼의 의과학 지식을 받아들였고, 그것에 기초하여 실제 방역을 실행해 나갔다. 그렇게 함으로써 자신들의 지적 정치적 기득권을 지킬 수 있다고 믿었던 것이다. 그러다보니 최신 의과학 지식에 기초한 법규의 제정과 그를 통한 방역대책의 실행은 즉각적으로 이루어지지 못했다. 반식민지라는 특수한 상황이 방역의 실시를 다양한 방식으로 억제하고 있었던 것이다.

6

페스트의 유행과
식민지 조선의 대응

식민지 조선의 위생상황에 대한 평가에 대해 적지 않은 기존 연구들이 일제의 식민통치의 억압성을 강조하면서도 위생의료 분야에서 일정한 성과를 긍정해 왔다.[1] 1910년 만주 페스트 유행 시기는 이미 일제가 조선의 주권을 빼앗고 병탄한 시기인데, 1910-1911년 일제의 페스트 방역에 대한 평가도 기존 연구경향에서 크게 벗어나지 않는다. 이와 관련하여 박윤재는 일제가 페스트 방역활동을 통해 강제성을 동원하기는 했지만, 방역의 공공성을 강조하면서 식민지배의 정당성을 확보하는 한편 일제의 지배정책에 조선인들을 순응케 하는 효과를 얻을 수 있었으며, 일련의 페스트 방역활동의 결과 조선에는 단 한 명의 페스트 환자도 발생하지 않았다고 보았다.[2]

그러나 방역의 성공여부는 단순히 방역주체의 능력에만 달려있는 것은 아니며, 방역대상자의 협력, 질병의 유행 패턴, 질병 매개체의 생장환경, 인간 면역기제의 작동, 백신 및 치료제의 효과 등 다양한 요인이 복합적으로 작용한다. 단지 페스트 환자에 관한 통계가 없다는 사실에만 근거하여 방역활동의 성공을 논하는 것은 결과론적 평가일 뿐이다. 당시 조선총독부는 페스트를 법

---

1 辛圭煥, 「20世紀前半, 京城と北京における衛生・醫療制度の形成と衛生統計 ―「植民地近代性」論批判―」, 『歷史學研究』 834, (2007. 11).
2 朴潤栽, 「1910年代 初 日帝의 페스트 防疫活動과 朝鮮支配」, 『河炫綱敎授定年紀念論叢: 韓國史의 構造와 展開』(혜안, 2000), 786-787쪽.

정전염병에 포함시키고 있지 않았기 때문에, 페스트에 관한 공식적인 통계보고는 남아 있지 않다. 식민당국은 두창, 콜레라, 이질, 티푸스 등 급성전염병 통제에도 실패하고 있었고, 결핵이나 성병 같은 만성전염병에는 이렇다 할 대책조차 갖고 있지 못했다. 비교적 성공적으로 억제된 말라리아 역시 방역활동의 성공이라기보다는 키니네라는 효과적인 치료제 덕분이었다. 이와 같은 관점에서 본다면, 조선총독부가 그동안 겪어보지 못했던 낯선 전염병인 페스트에 대해서만 유달리 남다른 성과를 거두었다는 것은 상상하기 어려운 일이다.

페스트의 확산과
북만주의 방역시스템

19세기 말까지 한반도에서 페스트가 유행한 흔적은 찾을 수 없다. 다만 이론적으로 고대와 중세기의 페스트가 중앙아시아나 러시아 스텝 지역에서 유행한 적이 있고, 삼국시기에 한반도와 만주 일부가 고구려의 영토였기 때문에, 고대와 중세기에 유행했던 페스트의 영향에서 완전히 자유로웠다고 말하기는 어려울 것이다. 19세기 말, 홍콩 페스트가 이미 동아시아에 확산되어 많은 사상자를 냈기 때문에, 페스트는 동아시아 각국에서 악명을 떨치고 있었다.

대한제국과 식민지 조선에서는 흔히 '흑사병(黑死病)', '흑역(黑疫)', '페스도(Pest)' 등으로 불리었는데, 1899년 이래로 대한제국시기 동안 법정전염병에 포함되지 않았으며, 실제로 페스트로 인한 사망자는 보고되지 않았다. 1910-1911년 중국 동북지역에서 폐페스트가 크게 창궐하여 수만 명의 사상자를 냈으며, 식민지 조선에서 페스트가 법정전염병에 포함되기 시작한 것은 1915년 이후였다.

페스트는 일본이나 중국 등지에서는 자주 빈발하는 전염병인데다가 지리적 위치상 대한제국으로 유입될 가능성이 높았기 때문에, 페스트에 대한 검역은 개항장을 중심으로 전개되었다. 1898년 12월부터 일본 고베(神戶)

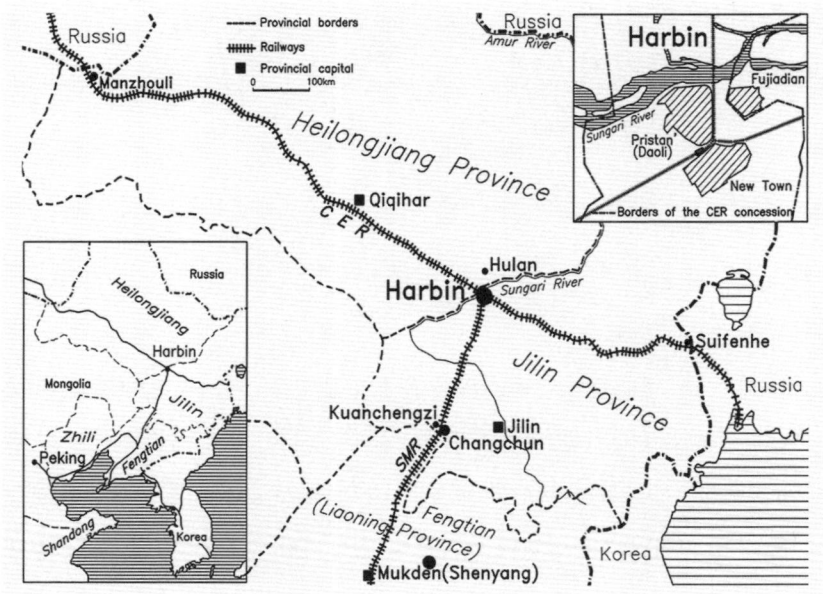

만주지역 철도상황과 만주 페스트의 확산 경로[3]

에서 페스트가 유행하자, 인천에서는 1898년 12월 28일부터, 부산에서는 12월 30일부터, 원산항에서는 1899년 12월에 검역규칙을 행하여 일본으로 경유하는 선박에 대한 면밀한 조사가 실시되기도 했다.[4]

특히 19세기 말 중국 동북부와 일본 등지에서 페스트가 지속적으로 유행하고 있었기 때문에, 대한제국 정부(1897. 10-1910. 8)와 통감부(1906.

---

3   Mark Gamsa, "The Epidemic of Pneumonic Plague in Manchuria 1910-1911," *Past and Present*, no. 190 (Feb. 2006), 149쪽.
4   「잡보: 흑사병과 각항검역」, 『황성신문』(1899. 12. 2), 2면.

2-1910. 8) 역시 페스트의 유행을 계속 주시하고 있었다. 그러나 대한제국시기 동안 페스트로 인한 우려할만한 사태가 발생하지는 않았으며, 중국 동북지역에서 페스트가 폭발하여 최소 4만 명 이상이 사망한 것으로 보고되었던 1910-1911년 시기에도 조선에서 페스트는 발생하지 않았다. 그렇다면 중국이나 일본에서 유입된 콜레라가 식민지 조선에 맹위를 떨쳤던 것과 달리, 식민지 조선에서 페스트가 발생하지 않았던 이유는 무엇일까?

북만주 지역에서 페스트가 말썽이 되었던 것은 새로운 수렵환경의 변화와 철도교통의 발달로 시작된 것이다. 원래 중국 동북부 지역은 청조의 발상지로 건륭 5년(1740) '용흥지지(龍興之地)'를 보호한다는 명목으로 만주 봉금정책(封禁政策)이 시행되면서 인구이동이 엄격하게 제한된 지역이었다. 그러나 19세기 중엽 서구열강의 침략으로 이곳에서도 근대 도시가 개척되기 시작했다.[5] 19세기 말 20세기 초 서구열강의 각축장으로 변모하면서 인구이동과 자본유동이 본격화되었다. 특히 동북부 지역에서 이권을 차지하려는 러시아와 일본, 이에 대한 청조의 군사적 방어목적 등으로 철도가 건설되면서 중국 동북부 지역의 정치·경제·사회 환경은 크게 변모했다.[6] 아울러 20세기 초 유럽지역에서 모피 값이 폭등하자 페스트의 전염원이기도 한 마멋 가죽을 얻기 위해 서구 자본이 중국 동북부 지역에 모이기 시작했고, 이와 더불어 겨울철 농한기를 활용하여 소득을 올리려는 계절노동자들과 일확천금을 노리는 사냥꾼에 이르기까지 새로운 이주민들이 이 지역에 집결하기 시작했다.

---

5 유지원 외, 『근대 만주 도시 역사지리 연구』(서울: 동북아역사재단, 2007), 200-280쪽.
6 김지환, 『철도로 보는 중국역사』(서울: 학고방, 2014), 제2-5장.

1910년 9월 16일, 러시아 지역 국경 부근에서 일하던 중국인 목수들 중에서 최초의 환자가 목격된 이래로 열악하고 불결한 주거환경에 집단 거주했던 노동자 및 수렵꾼 등에게 확산되기 시작했다. 10월에는 헤이룽장성 만저우리로 확산되었다. 만저우리는 러시아인 5천여 명, 중국인 2천여 명이 거주하는 작은 촌락이었는데, 4월에서 10월까지 수렵 시즌이 되면, 중국인들이 1만여 명으로 늘었던 곳이다. 1910년 10월부터 12월까지 3개월 동안, 만저우리에서 392명이 페스트로 사망했다. 이후 페스트는 만저우리에서 하얼빈, 창춘, 지린 등 철도 연선을 따라 각지로 퍼져나갔다.[7] 페스트가 남쪽으로 급속히 퍼져나갔던 것은 겨울이 되자 산둥(山東) 쿨리들이 철도를 통해 본격적인 귀향길에 오르면서였다. 페스트 감염에는 빈부격차에 따른 감염률의 차이가 뚜렷했기 때문에, 단지 가난한 쿨리라는 이유만으로 철도 승차를 거부당하기도 했다. 동북삼성 69개소에서 페스트 환자가 발견되었는데, 펑톈성(현 遼寧省) 29개소, 지린성(吉林省) 24개소, 헤이룽장성 16개소였다. 하얼빈, 창춘, 후란(呼蘭, 만저우리 이남) 등지에서만 5천여 명 이상이 사망했고, 관동도독부 임시방역부가 작성한 사망통계에 의하면, 1910년 10월에서 1911년 2월에 이르기까지 반년 만에 페스트 사망자는 43,972명에 이르렀다.[8] 페스트는 동북지역

7　Ch'uan Shao Ching, "Some Observations on the Origin of the Plague in Manchouli," International Plague Conference, *Report of the International Plague Conference held at Mukden, April, 1911* (Manila: Bureau of Printing, 1912), 27-28쪽; 余新忠 等著, 『瘟疫下的社會拯救: 中國近世重大疫情與社會反應硏究』(北京: 中國書店, 2004), 264-267쪽.

8　關東都督部 臨時防疫部의 공식통계상 페스트 사망자수는 43,972명인데, 飯島涉은 5만여 명, 伍連德, Nathan, 焦潤明 등은 6만여 명 정도로 추산하고 있다. 飯島涉, 『ペストと近代中國: 衛生の制度化と社會變容』(東京: 硏文出版, 2000), 141-142쪽; Wu Lien-teh, *Plague Fighter: The Autobiography of Modern Chinese Physician*, p.33; Carl F. Nathan, *Plague Prevention and Politics in Manchuria, 1910~1931*, pp.1-2; 焦潤明, 「1910-1911年的東北大鼠疫及朝野應對

을 넘어 베이징, 텐진, 지난(濟南) 등으로까지 확대되었다.

페스트가 확산되자 러시아와 일본은 제국의 패권을 유지하기 위해 독자적인 방역체제를 구축하고자 했고, 만주의 지역사회에서도 방역에 적극 나섰다.[9] 초기에 적극적으로 대처하지 못했던 중국정부도 페스트 통제에서 밀릴 경우 주권의 보전에 심각한 위협이 된다는 사실을 인식하기 시작했다. 1910년 12월 경사방역국(京師防疫局)의 설립을 시작으로 각 지방에서는 펑톈방역총국, 펑톈성성방역사무소, 북부방역분국(이상 펑톈성), 지린전성방역총국, 하얼빈방역국, 창춘방역국(이상 지린성), 장성전성방역회(헤이룽장성) 등 각종 방역국을 설치하여 방역행정을 본격화했다. 중국정부가 방역을 위해 전면에 나선 것이다.[10]

페스트 확산을 방지하기 위한 청조 방역당국과 러시아의 조치는 검역과 격리였다. 북만주 지역에선 1910년 11월 청조당국, 러시아 대표, 상회 및 자치회 등은 방역사무소 등을 설치하고 호구검역을 실시하고, 환자는 요양원에 송치 및 격리한다는 것에 합의했다. 러시아측은 중국인 노동자의 연해주 진입을 금지시키고, 중국인 노동자의 동청철도의 승선을 금지시켰다. 다만 급행열차의 중국인 승객은 예외로 했다. 그 후 하얼빈의 검역은 중국인 서양의사인 우롄더가 주도했고, 시체 소각과 경찰을 동원한 강경수단 등으로 방역행정

措施」, 『近代史硏究』 2006年 第3期, 108-110쪽.

9 러시아와 일본의 페스트 방역 및 청조와 지역사회의 갈등에 대해서는 飯島涉, 『ペストと近代中國: 衛生の制度化と社會變容』, 143-157쪽, 187-194쪽.

10 中國第一歷史檔案館 編, 「淸末東北地區爆發鼠疫史料(上)」, 『歷史檔案』 2005-1期, 20-26쪽; 中國第一歷史檔案館 編, 「淸末東北地區爆發鼠疫史料(下)」, 『歷史檔案』 2005-1期, 21-32쪽; 焦潤明, 「1910~1911年的東北大鼠疫及朝野應對措施」, 『近代史硏究』 2006年 第3期, 110-118쪽.

을 실시했다.

1911년 1월 2일, 창춘과 펑톈에서 처음 발견된 환자는 하얼빈에서 되돌아온 상인이었는데, 당시 동청철도는 산둥 쿨리의 유입을 제지하지 않아 페스트 환자들이 철도를 통해 하얼빈에서 창춘으로 계속해서 유입되었다. 2월 초를 정점으로 2월 하순부터는 이 지역에서 페스트 유행은 상당 부분 억제되었다. 동삼성 총독 스량(錫良: 1853-1917)은 펑톈임시방역소를 설치했는데, 산둥 쿨리를 격리시키고, 환자가 발생한 가옥을 소각하는 등의 조치가 필요함을 인식하고, 산둥 쿨리를 배제하는 대대적인 조치를 시행했다.

관동주(關東州)는 1898년 러시아의 조차지가 되었고, 다롄·뤼순 등 도시건설이 진전되었다. 러시아는 조차기간 동안 동청철도가 경영하는 철도병원과 중국인을 위한 전염병병원 등을 건설하고 성병검진 등을 실시했다. 러일전쟁 중에 일본은 다롄을 점령하고 러시아의 도시계획을 계승했다. 평시 관동주의 위생사업은 관동도독부, 만철[南滿洲鐵道株式會社], 관동청해무국 등이 주도했는데, 만철은 17개의 만철부속의원을 설치하여 위생사업에 개입했고, 관동청해무국은 관동지역 위생행정의 핵심사업인 검역을 주도했다.

1910년 겨울 만주 북부에서 페스트가 유행하자, 10월 하순 만철다롄의원의 아베 나카오(安倍仲雄) 원장은 하얼빈을 시찰하고 만철부속지에 대한 방역 필요성을 제기하고 검역 실시 및 격리병동의 설치, 쥐잡기[驅鼠]작업 등을 실시했다. 이를 위해 일본 현지로부터 의사를 고빙하고 거류민 등에 대해서 예방 및 선전활동을 전개했다. 1910년 11월 25일, 기차검역이 실시되었는데, 이 시기는 대두(大豆)의 수출시기로 정차장에서는 검역을 실시하지 않았고, 기차에 검역 의사를 배치하여 운행 중에 검역을 실시했다. 반면 창춘 등 만철부속지의 중국인과 여관 등에 대해서는 차별적인 엄격한 검역이 실시되었다.

아울러 중국인 노동자의 해고, 중국인의 일본인 상점 출입 제한 등의 조치가 실행되었다. 1911년 1월 5일, 다롄에서 페스트 환자가 발생하자 차중 검역이 정차장 검역으로 변경되었다. 1910년 12월 31일, 창춘 남방지역에서 최초 환자가 발생한 이래로, 1911년 3월 1일, 만철 부속지에서 마지막 환자가 발생하기까지 폐페스트 환자가 지속적으로 발생했다. 아울러 중국인 노동자의 기차 승선이 금지되었으며, 일본인 관할 지역으로의 중국인 출입을 금지시켰으며, 특별한 사유가 있을 시에는 7일간의 검역 기간을 거쳐야 했다. 이를 위해 경찰과 군대가 동원되었다.

만철부속지를 비롯한 일본 통치지역에서 특징적인 방역 중의 하나는 검역 이외에 쥐잡기 작업에 상당한 에너지를 쏟아부었다는 점이다. 관동도독부 임시방역부의 조사에 의하면, 뤼순·다롄·잉커우·펑톈·창춘·안둥 등지에서 1911년 1월에서 4월까지 70,556마리의 쥐를 잡아들였고, 그 중에서 35,225마리에 대해서 세균검사를 실시했으나 페스트균이 검출된 사례는 한 건도 없었다.[11] 당시 폐페스트 방역을 위해 쥐잡기운동이 반드시 필요한 것은 아니었음에도 불구하고, 쥐잡기운동이 과도하게 실행된 점은 단순한 정책적인 실수이거나 위생조건의 개선을 목표로 했다기보다는 전염원의 포획을 통한 가시적인 성과를 드러냄으로써 점령지역의 위생수준을 확인시키고 검역의 정당성을 강화하기 위한 의도적인 조치였다.

11　飯島涉, 『ペストと近代中國: 衛生の制度化と社會變容』, p188.

식민지 조선의
페스트 방역

중국 동북부 지역의 페스트 소식이 알려지기 시작한 1910년 10월은 일제가 조선을 강점한 지 2개월여가 지난 시점이었고, 북만주 지역의 페스트가 남만주로 향하고 있으며 국경을 인접한 조선에는 치명적일 수 있었다. 1910년 11월 경무총감부는 각도에 예방경계령을 내려 전염병 예방에 만전을 기하게 했다.[12]

그러나 두 달이 지나도록 한반도 내에서 특별한 검역이 시행되지 않았다. 조선총독부는 1911년 1월 중순이 되어서야 검역을 시작하고 각종 훈령과 법령을 공포하기에 이르렀다. 검역과 훈령 역시 의례적인 것들이었다. 심지어 1911년 1월 12일, 경무총감부 위생과장이 반포한 통첩은 유독지 혹은 의심 지역에서 온 여행객에게 10일간의 검역기간을 거치도록 했다.[13] 하지만 1월 14일, 인천항에서는 오히려 콜레라 방역을 위해 진행되어온 검역마저 중단하기에 이르렀다.[14] 같은 날 조선총독부는 신의주 세관에서는 페스트 검역을 개

---

12 「滿洲의 黑死病과 朝鮮」, 『每日申報』(1910. 11. 20), 2면.
13 「黑死病과 諭達」, 『每日申報』(1911. 1. 15), 2면.
14 「仁川港 檢疫廢止」, 『每日申報』(1911. 1. 14), 2면.

시하도록 했다.[15] 1월 15일, 경무총감부는 중국인의 경우 10일간의 검역을 거치도록 했다.[16] 1월 19일 발표된 「조선총독부 경무총감부령 제2호」는 '일정한 기간 동안 일정한 처소에 체류케 하고 또는 격리소에 수용했다가 확실히 건강자로 인정치 아니하면 그 여행을 불허함'이라고 했는데, 격리 기간에 대한 명확한 규정이 없었다.[17] 1월 20일, 신의주에서는 의심 여행객에게 3일간의 검역만을 실시했다.[18] 물론 만주 지역 교역품에 대한 금수조치, 방역헌병의 증원, 평양의 기차검역 등 강제적이고 무단적인 조치가 동원되었다.[19] 1월 21일, 신의주에서 실제 검역이 시작되었고, 1월 23일부터는 원산에서 검역이 시작되었다.[20] 아울러 신의주에서는 경찰력을 활용하여 호구검역을 실시하고, 『흑사병명심록(黑死病銘心錄)』을 제작·배포했으며, 석탄산을 산포하여 페스트를 예방하고자 했다. 아울러 안펑선(安奉線)을 타고 조선에 들어오는 여행객에게는 3일 동안을 검역을 거치게 했다.[21] 1월 26일, 북만주의 페스트 유행 상황이 심각해짐에 따라 신의주 세관 관내 지서(支署) 네 곳의 수출입수속을 중지하고 페스트 유행지역에서 건너온 여행객의 상륙을 금지했다.[22] 1월 27일부터는 만주 및 기타 중국 등지에서 내항하는 선박은 신의주, 진남포, 인천, 부산 등지에서 검역을 거쳐야 입항이 가능했다.[23]

---

15 「黑死病과 道廳의 諭告」, 『每日申報』(1911. 1. 21), 2면; 「總督府公文」, 『每日申報』(1911. 1. 22), 1면.
16 「黑死病과 諭達」, 『每日申報』(1911. 1. 15), 2면.
17 「黑死病과 總監部」, 『每日申報』(1911. 1. 21), 2면.
18 「新義州防疫嚴密」, 『每日申報』(1911. 1. 24), 2면.
19 「黑死病과 總監部」, 『每日申報』(1911. 1. 21), 2면.
20 「總督府公文」, 『每日申報』(1911. 1. 24), 1면.
21 「新義州防疫嚴密」, 『每日申報』(1911. 1. 24), 2면.
22 「總督府公文」, 『每日申報』(1911. 1. 28), 1면.
23 「總督府公文」, 『每日申報』(1911. 1. 29), 1면.

신의주를 비롯한 주요 국경 및 항구에서 일련의 검역 조치가 강화되어 갔음에도 불구하고 격리병원조차 없는 실정이었고, 안둥현(安東縣)과 상호협력을 기대했으나 안둥현에는 별다른 방역대책을 강구하지 않는 상황에서 겨울철 결빙기를 이용하여 천여 리에 걸쳐있는 압록강을 도보로 건너는 유민들을 일일이 검역하는 일은 녹록치 않았다. 이 때문에 조선총독부는 신의주 검역지부를 중심으로 상류 벽동(碧潼)으로부터 하류 용암포에 이르기까지 약 300여 리 사이는 헌병을 파견하고, 부족한 인력은 조선인을 강제 징집하여 밤낮으로 경비하도록 했다. 이렇게 헌병분견소 및 파출소에서 사역하는 조선인만 약 800명에 달했다. 1월 26일까지 신의주 격리소에 수용된 인원은 91명이며, 모두 조선인과 일본인이고, 중국인은 단 1명뿐이었다.[24] 2월 1일부터는 두만강 연안에서도 검역이 시작되었다.[25]

1월 14일부터 1월 27일에 이르기까지 신의주에서 검역한 인수는 일본인이 1,029명, 조선인이 521명, 중국인이 778명, 기타 외국인이 1명이었고, 격리소에 수용한 인수는 일본인이 128명, 조선인이 20명, 중국인이 20명인데, 페스트 감염 혐의자는 1명도 없었고, 또한 1월 21일부터는 중국인 노동자의 상륙을 금지하는 방침을 취했기 때문에 검역인수는 점차 감소하기에 이르렀다. 수용시설이 부족하여 일본인 여관으로 이를 충당했다.[26]

북만주 지역에서 페스트가 여전히 맹위를 떨치고 있자, 경기도 경무부에서는 수백리에 달하는 경기도 연안에 경찰서와 주재소를 중심으로 감시 보초

---

24 「鴨綠江防疫完備(明石警務總長談)」, 『每日申報』(1911. 1. 29), 2면.
25 「豆滿江岸과 防疫」, 『每日申報』(1911. 2. 3), 2면.
26 「新義州의 檢疫數」, 『每日申報』(1911. 2. 7), 2면.

를 세워 감시하도록 했고, 각 동리(洞里)에는 방역자위단(防疫自衛團)을 조직하여 부족한 인력을 보충하도록 했다.[27] 경기도 연안에 설치된 방역자위단은 각 동마다 설치한 것으로 각 동의 장정 30명 정도로 구성되는 것으로 연안 경계를 위해 순번제로 감시초소를 운영했다. 경기도 헌병대장 야쿠시가와(藥師川)에 의하면, 방역자위단에 자원하는 자가 있을 정도로 방역자위단의 조직은 위생조합과 같은 자율적인 분위기였으며, 그 성적이 매우 양호하여 단순 방역에 그치지 않고 위생조직이나 소방조직 등으로 개변될 수 있을 것이라고 낙관했다.[28] 그러나 방역을 책임졌던 군경의 입장과 동원되는 민간의 입장을 고려할 때, 페스트 방역에 대한 시각은 상반될 수밖에 없었다. 페스트 환자가 발생하지도 않는 상황에서 민간인이 순번제로 연안을 감시하는 것은 가혹한 처사일 수밖에 없었다.[29]

일제가 페스트 방역 초기부터 가장 심혈을 기울였던 것은 쥐잡기운동이었다. 1911년 1월 15일, 경무총감부 위생과장은 쥐덫[捕鼠器]을 설치하여 쥐잡기를 실시한다는 통첩을 전국에 발표했다.[30] 특히 신의주와 인천에서는 쥐를 매입하여 세균검사를 실시했으며,[31] 경성 북부경찰서에서도 쥐잡기를 통해 페스트를 예방할 수 있다는 교육과 선전을 강화하여 쥐잡기에 전력하도록 고무했다.[32] 쥐잡기를 고무하기 위해 경무총감부는 쥐덫을 직접 판매했는

---

27 「防疫自衛團組織」,『每日申報』(1911. 2. 10), 2면.
28 「防疫自衛團(藥師川隊長의 談)」,『每日申報』(1911. 3. 1), 2면.
29 「朝鮮의 防疫方針(中野警務官談)」,『每日申報』(1911. 3. 3), 3면.
30 「黑死病과 諭達」,『每日申報』(1911. 1. 15), 2면.
31 「因疫檢鼠」,『每日申報』(1911. 1. 15), 2면.
32 「鈴木署長의 諭示」,『每日申報』(1911. 1. 26), 2면.

데, 왕가에서 쥐덫 350개를 구입하여 창덕궁에 200개, 덕수궁에 150개를 비치했다는 점을 선전하기도 했고, 다수 포획자에게는 추첨을 통해 포상한다는 계획도 발표했다.[33] 실제로 2월 1일부터는 경성내 경찰서를 중심으로 쥐잡기운동을 본격화하여 6일 동안 7,900마리의 쥐를 포획했다.[34] 1월 21일부터 2월 9일까지 누계 15,253마리를 포획했으며, 2월 12일 포획자에 대한 포상 추첨을 실시했다.[35] 그 밖에도 방역당국은 페스트 방역을 목적으로 부산항에서도 매일 200-300마리의 쥐를 사들이기도 했다.[36]

일제는 관동주 지역에서도 쥐잡기운동을 대대적으로 벌인 바 있었기 때문에, 쥐잡기운동이 조선에서 이례적인 조치는 아니었다. 그러나 식민당국은 수백 수천 건의 쥐 세균검사를 실시했음에도 불구하고 1910년 발생한 만주 페페스트가 사실상 쥐와 직접적인 상관관계가 있다는 점을 확인시킨 바 없었다. 식민당국의 쥐잡기운동의 목적은 페스트 방역에 있었다기보다는 조선의 위생수준을 각인시키고 방역의 성과를 선전하고 위생활동을 훈육시키기 위한 것이었다는 점에 주목할 필요가 있다.

---

33 「兩宮의 捕鼠獎勵」, 『每日申報』(1911. 1. 27), 2면.
34 「買鼠의 好成績」, 『每日申報』(1911. 2. 10), 2면.
35 「捕鼠一萬五千餘(12일 오후 1시 추첨)」, 『每日申報』(1911. 2. 14), 3면.
36 「釜山港의 買鼠數」, 『每日申報』(1911. 2. 17), 2면.

일제의 페스트 방역조치가 어느 정도 효과가 있었을까?

첫째, 경무총감부의 방역대책은 초반부터 쥐잡기운동에 집중되었다. 대만, 일본 등지에서 유행했던 선페스트 경험을 바탕으로 식민당국은 쥐잡기운동에 매진했다. 한성부민회나 총독부의원 등도 나서서 쥐잡기운동이 필요하다고 선전했다. 조선에서 쥐잡기운동은 포상책 등으로 말미암아 크게 호응을 받았던 것이 사실이나, 다른 한편에서는 쥐덫을 살 돈이 없는데 인민에게 손해를 끼친다거나 관청에서 쥐를 이용할 곳이 있어 쥐잡기운동을 벌이고 있다는 등 쥐잡기운동에 대한 불만이 적지 않았다.[37] 조선을 방문했던 기타사토 역시도 선페스트와 달리 폐페스트가 쥐를 통해 확산될 수 있다는 것에는 회의적인 시선을 보냈다. 기타사토는 폐페스트의 감염원으로 주목해야 할 것은 중국인노동자의 이동이라는 점을 강조했다.[38]

둘째, 폐페스트는 사람을 통해 전염이 가능했고, 불결한 주거환경에서 집단 거주하는 20만-30만 명의 중국인 노동자들에 대한 검역이 가장 중요한 조치였다. 그러나 만주 지역에서 이들에 대한 검역은 사실상 실패였다. 신의주지역에서 검역이 시작된 것은 1911년 1월 14일이었고, 만주지역으로부터 유입되는 물품에 대해 금수 조치를 내린 것은 1월 21일이었다. 이 시기는 이미 페스트로 인한 사망이 정점에 이르렀던 시기였다. 1월 31일, 설날에 고향에서 새해를 맞이하고픈 중국노동자들의 마지막 귀향으로 노동자들의 이동은 사실상 막바지였다. 말

---

37 「捕鼠令 誤鮮者에게」, 『每日申報』(1911. 2. 8), 1면.
38 「北里博士의 講話(京城호테루歡迎會席上)」, 『每日申報』(1911. 2. 28), 3면.

하자면 신의주의 검역 자체가 효과적인 것은 아니었다. 게다가 격리소 설비가 전무하여 의심환자 조차도 별도 격리할 상황이 되지 못했다. 그럼에도 불구하고 만주의 폐페스트가 조선에 유입되지 않은 것은 전적으로 중국인 노동자의 이동경로에 조선이 포함되지 않았기 때문이었다.

셋째, 검역기간에도 문제가 있었다. 방역 초기에는 10일간의 검역을 의도했으나 방역시설이 미비하여 실제로는 3일 정도 격리소를 경유하는 방안을 유지했다. 러시아의 경우는 페스트 방역을 위해 5일 정도를 소요했는데, 실질적인 방역을 위해서는 11일 이상을 필요로 했다.

넷째, 방역프로그램이 적절하게 운용되었나 하는 점이다. 뒤늦게 시작된 일제의 페스트 방역은 경찰과 군대를 활용한 방역이었다. 그것은 강압적이고 무단적인 조치였고, 조선에 페스트가 들어온 흔적이나 보고가 없었음에도 불구하고 이러한 강제적 방역은 지나치게 혹심하다는 비평이 나올 정도였다.[39]

이처럼 일제 식민당국에 의한 페스트 통제는 대대적인 선전구호와 경찰과 군대를 활용한 무단적 통제가 강행된 탓에 그 효과가 매우 높았을 것이라고 막연히 예측하기 쉽다. 그러나 사실은 일제 식민당국의 페스트 통제는 식민공간을 훈육시스템으로 재편하기 위한 목적에서 쥐잡기운동과 같은 사태의 본질을 벗어난 선전선동에 열중하고 있었고, 시기적으로 그 대처는 매우 미흡한 것이었다. 다만 만주 폐페스트 확산의 주범이었던 중국노동자의 귀향 노선에 조선이 포함되지 않았기 때문에, 식민당국은 만주로부터 불어오는 페스트의 공포를 피할 수 있었다. 따라서 만주 페스트에 대한 식민당국의 방역대책은 식민지 근대화의 성공적인 사례로 평가할 수는 없다. 제1차 만주 페스트의 유행에서 조선이 별다른

---

39 「朝鮮의 防疫方針(中野警務官談)」, 『每日申報』(1911. 3. 3), 3면.

인적 피해를 입지 않은 것은 식민당국의 철저한 방역으로 인한 필연적인 성공이 아니라 페스트의 전염병원이 조선으로 유입되지 않은 뜻하지 않은 행운이었다.

만주방역은 서양의학이 국가위생의료체제에 극적으로 등장하게 된 중국 근대의학사상 중요한 역사적 분기점으로 여겨진다.[40] 만주방역이 국가적인 중대사였듯이 대륙팽창을 기대하고 있던 일제로서도 제국의 경영과 식민지 운영에 방역은 필수적이었다. 그러나 일제의 방역정책이 효과적인 것이었는지는 의문이다. 대부분 군대와 경찰력을 동원한 억압적인 검역이나 효과 없는 백신 투여 등 진부한 방식을 고집하고 있었기 때문이다. 기존 연구에서는 일제는 페스트 방역활동을 통해 강제성을 동원하기는 했지만, 방역의 공공성을 강조하면서 식민지배의 정당성을 확보하는 한편 일제의 지배정책에 조선인들을 순응케 하는 효과를 얻을 수 있었으며, 일련의 페스트 방역활동의 결과 조선에는 단 한 명의 페스트 환자도 발생하지 않았다고 보았다. 그런 관점에서 보자면, 1910-1911년 조선에서 일제 식민당국의 페스트 방역은 의외의 성공이었다. 검역은 뒤늦게 시작되었고, 효과적인 예방백신이나 치료제도 거의 없었으며, 식민당국은 폐페스트의 억제에 그다지 도움이 되지 않는 쥐잡기에만 열을 올리고 있었다. 심지어 페스트에 관한 한 세계적 권위자였던 기타사토가 현지조사를 마치고 조선에 방문하여 직접적인 정책조언을 했음에도 불구하고 식민당국은 쥐잡기에만 몰두해 있었다. 이것은 본국과 식민지의 정책상의 갈등, 식민지 내부 방역정책을 둘러싼 갈등 등 페스트 방역을 둘러싼 복합한 역학관계가 작동하고 있었기 때문이다.

---

40 Seon Hsiang-lin Lei, "Sovereignty and the Microscope: Constituting Notifiable Disease and Containing the Manchurian Plague," in Angela Leung and Charlotte Furth, eds., *Health and Hygiene in Chinese East Asia* (Durham, NC and London: Duke University Press, 2010)의 연구사정리를 참고.

7

제2차 만주 페페스트의 유행과
방역대책의 전환

1910-1911년 제1차 만주 폐페스트의 유행으로 6만여 명 이상의 사상자가 발생했고, 그 후 10년 동안 만주지역에서는 거의 매년 크고 작은 규모의 페스트 환자와 사망자가 발생했다.[1] 선페스트와 폐페스트의 유행이 교차했는데, 비교적 규모가 큰 것으로는 1만 6천여 명이 사망한 1917-1918년 선페스트와 9천여 명이 사망한 1920-1921년의 폐페스트 유행 등이 있었다.[2] 그 중에서 1920-1921년 폐페스트는 제2차 만주 폐페스트로 불리고 있다.[3] 페스트는 여시나 페스티스(*Yersina pestis*)라는 원인균이 일으키는 급성 감염질환으로, 설치류에 기생하는 벼룩이 인체를 무는 과정에서 감염되어 림프절 종창을 일으키는 선페스트, 출혈성 반점과 괴사가 나타나는 패혈성 페스트, 호흡기로 감염되는 폐페스트 등으로 나뉜다. 그 중 폐페스트는 호흡기 감염으로 빠르게 전파되며, 치사율이 높아 가장 치명적인 양상을 보인다.

---

[1] 1912년에 3명의 폐페스트 환자가 보고되었고, 1917년 山西省에서는 선페스트 유행으로 16,000명의 사망자가 발생하였다. Wu Lien-teh(G. L. Tuck), "The Second Pneumonic Plague Epidemic in Manchuria, 1920-21, I. A General Survey of the Outbreak and Its Course," *The Journal of Hygiene* 21-3(May, 1923), p.263.

[2] "Plague in the Orient with Special Reference to the Manchurian Outbreaks," *The China Medical Journal* 36-1(January 1922), p.25.

[3] 제3차 페스트유행은 1946년부터 1954년까지 발생하였다. 이 시기동안 페스트 사망자는 220명이었다. 金東英·李志平, 「人爲因素與哈爾濱第三次鼠疫大流行」, 『中華醫史雜誌』 41-2, (2011. 3).

제2차 만주 폐페스트의 시작은 다음과 같았다. 1920년 8월, 시베리아 일대에서 이미 산발적으로 선페스트 환자가 발생했다. 1920년 10월 22일, 만저우리(滿洲里)에서 188km 떨어진 하이라얼(海拉爾, Hailar) 지역에서 철교를 지키는 러시아인 철도원의 아내가 선페스트(bubonic plague)에 감염되어 사망했다. 같은 합숙소 안에는 그녀의 가족들과 철도경비대에 소속된 21명의 중국인 경비대원들이 거주하고 있었다. 그녀의 남편과 3명의 아들, 3명의 경비대원들이 페스트에 감염되었다. 그 중 2명의 아들과 3명의 경비대원들이 사망했고, 그녀의 남편만이 살아남아 병원에서 회복되었다. 도망친 그녀의 두 아들을 제외하고 모두 철도병원에 격리되었으며, 감염자들은 선페스트에 감염된 것으로 확진되었다. 중국인 경비대원들과 노동자들 사이의 만남이 금지된 것은 아니었기 때문에, 감염은 곧 도시 전체로 확산되어 갔다. 그해 12월, 방역당국은 격리조치의 실행으로 페스트가 하이라얼을 벗어나지 못하고 종식될 것으로 예상했다. 그러나 방역당국의 격리조치는 군인들의 저항에 부딪쳤다. 처음에는 선페스트라고 알려졌지만, 점차 폐페스트 형태로 급속하게 확산되었다. 하이라얼의 페스트는 다라이눠얼(達來諾爾, Dalainor) 탄광으로 확대되었다. 1921년 1월 초에 다라이눠얼에 첫 환자가 발생했는데, 그 후로는 급격한 증가세를 보였다. 광부 4,000명 중 1,000명 이상이 사망했다. 다라이눠얼에서 만저우리까지의 거리는 21km에 불과했다. 다라이눠얼에서 유행한 페스트는 만저우리로 확산되어 1,141명이 사망했고, 치치하얼(齊齊哈爾)에서 1,734명, 하얼빈(哈爾濱)에서 3,125명이 사망했다. 치치하얼에서 첫 환자는 1월 18일에 발생했다. 1월 22일, 다라이눠얼 탄광에서 도망친 감염된 광부가 하얼빈에서 발견되었다. 2월 1일에는 하얼빈과 창춘 등지에서 기차 승차가 금지되었으나, 화물차 승선과 도보 등을 통해 페스트가 확산될 가능성은 여전히 남아있었다. 하얼빈에서 사망자수가 최고점에 이르렀던 것은 4월 3일이었다. 페스트는 남으로는 톈진, 즈푸(芝罘)까지 확대되었고, 만주에서 마지막 환자가 발견된 것은 5월 말이었다. 블라디보스토크에서는 4월 9일에 첫 환자가 발견되었으며, 마지막 환자가 발생했던 10월까지 총 520명이 사망했다. 제2차 만주 폐페스트는 1920년 10월 하이라얼에 시작되어 1921년 10월 블라디보스토크에서 종결되기까지 1년여 동안 지속되었으며, 사망자는 러시아인 600여 명을 포함하여 9,300여 명이었다.[4]

만주에서 발생한 제1차 만주 폐페스트 방역의 관건이 중국인 쿨리들의 이동을 어떻게 효과적으로 차단하느냐에 있었다면, 제2차 만주 폐페스트는 군벌전쟁 중에 갑작스럽게 증가된 중국인 군대의 망동을 어떻게 제어하느냐에 달려 있었다. 만주 방역의 총책임자였던 우렌더는 페스트 확산의 주범으로 군인들을 지목했다. 그는 군인들이 풀어준 접촉자들이 매개가 되어 페스트가 만저우리와 하얼빈으로 확산되었다고 보았다. 군인들은 기차검역을 방해하고 격리병원을 공격하는 등 방역조치에 적대적이었을 뿐만 아니라 스스로 감염원이 되어 페스트를 확산시켰다.[5]

제2차 만주 폐페스트는 제1차 만주 폐페스트 발생 이후 10년 만에 다시 발생한 만큼 새롭게 구축된 방역체계가 얼마나 효과적으로 작동하는지를 검증할 수 있는 중요한 사건이었다. 그럼에도 불구하고, 지금까지 제2차 만주 폐페스트는 거의 주목을 받지 못했다. 제2차 만주 폐페스트를 선구적으로 연

---

4 Wu Lien-teh(G. L. Tuck), "The Second Pneumonic Plague Epidemic in Manchuria, 1920-21, I. A General Survey of the Outbreak and Its Course," *The Journal of Hygiene* 21-3(May, 1923), pp.262-265.

5 "Plague in the Orient with Special Reference to the Manchurian Outbreaks," *The China Medical Journal* 36-1(January 1922), p.25.

구했던 것은 네이선(Carl F. Nathan)이었고, 최근에는 중국의 마쉐보(馬學博) 등이 이와 관련된 연구 성과를 제출한 바 있다. 네이선은 우렌더가 지적한대로 군인들이 기차검역을 방해하고 격리병원을 공격하는 등 방역조치에 적대적이었을 뿐만 아니라 스스로 감염원이 되어 페스트를 확산시켰다고 보았다. 그러나 그는 여러 장애 요인에도 불구하고, 중국 및 러시아 당국 등의 협력으로 방역활동은 성공리에 마무리되었다고 평가했다.[6] 마쉐보 역시 주로 우렌더의 자서전에 근거하여, 폐페스트의 주요한 발생원인으로 타바간 사냥과 모피산업의 성장을 지목했으며, 동삼성방역사무총처의 주도적 역할로 폐페스트 방역에 성공했다고 평가했다.[7]

제2차 만주 폐페스트 유행시기의 공식적인 사망자수는 제1차 만주 폐페스트 유행 시기 사망자수 43,972명의 21%인 9,300여 명에 불과했지만, 그 사망자수가 결코 적다고 할 수 없다. 또한 페스트 유행 시기도 제1차 만주 폐페스트가 5개월여 동안이었는데, 제1차 만주 폐페스트는 1920년 10월부터 1921년 10월까지 거의 1년여 동안 지속되었다.[8] 제2차 폐페스트 유행 기간은 폐페스트 유행을 처음 경험했던 제1차 때보다도 2배 이상 길었다. 더욱이 이전에 수십 명에 불과했던 러시아인들의 사망자수는 수백 명 수준으로 급증했다. 따라서 단순히 전체 사망자수가 이전보다 줄었다는 이유로 제2차 만주

---

6 Carl F. Nathan, *Plague Prevention and Politics in Manchuria, 1910-1931*(Cambridge, Mass.: Harvard East Asian Monographs, 1967), pp.66-70.
7 馬學博,「東三省第二次肺鼠疫大流行(1920-1921)述論」,『黑龍江史誌』233, (2010. 8), 31-35쪽.
8 제3차 페스트유행은 1946년부터 1954년까지 발생하였다. 이 시기동안 페스트 사망자는 220명이었다. 金東英·李志平,「人爲因素與哈爾濱第三次鼠疫大流行」,『中華醫史雜誌』41-2, (2011. 3), 99쪽.

폐페스트 방역이 성공적이었다고 평가하는 것은 성급한 것일 수 있다.

제1차와 제2차 만주 폐페스트 유행과 방역상황을 비교해 보면 다음과 같다. 제1차 만주 폐페스트 유행시기 중국 국경 내인 만저우리에서 첫 환자가 발생한 것은 1910년 10월 25일이고, 하얼빈(당시에는 吉林省 濱江廳)에서 첫 환자가 발생한 것은 11월 8일이었다. 당시 동북삼성 69개소에서 페스트가 유행했고, 희생자가 5,000명 이상 발생한 곳은 하얼빈, 창춘청(長春廳), 후란부(呼蘭府) 등 3개소였다. 1910년 11월 9일, 하얼빈에서 3명의 페스트 사망자가 발생한 이래로, 1911년 3월 11일, 마지막 페스트 사망자까지 4개월 동안 하얼빈에서 5,693명이 페스트 사망자가 발생했다.[9] 게다가 제1차 만주 폐페스트 유행시기 하얼빈 사망자는 하얼빈의 인구 70,000명 중 8.1%에 해당하는 5,693명이 사망했는데, 전체 페스트 사망자 43,972명 중 차지하는 비중은 12.9%였다. 이에 비해, 제2차 만주 폐페스트 유행시기 하얼빈 사망자는 하얼빈 인구 300,000명 중 1.1%에 해당하는 3,382명이었지만, 전체 페스트 사망자 9,300명 중 차지하는 비중은 36.4%로 매우 높았다. 말하자면, 제2차 페스트가 만주 방역의 중심 도시인 하얼빈에 가한 충격은 제1차 페스트보다도 강력한 것이었다.[10]

그렇다면 페스트 유행에 대처할 수 있는 가이드라인을 제시하고 있는 방역법규와 방역대책은 제대로 작동하고 있었을까? 제1차 만주 폐페스트 유행

---

9 焦潤明,「1910-1911年的東北大鼠疫及朝野應對措施」,『近代史硏究』2006年 第3期.
10 더구나 사망자 중 러시아인은 600명(6.5%)에 달할 정도로 러시아인이 차지하는 비중도 매우 높았다. Wu Lien-teh(G. L. Tuck), "The Second Pneumonic Plague Epidemic in Manchuria, 1920-21, I. A General Survey of the Outbreak and Its Course," *The Journal of Hygiene* 21-3(May, 1923), pp.262-265.

시기 동안 중국에서 제정된 방역법규는 쥐잡기 등 선페스트 대책을 중요한 항목으로 규정한 바 있다. 제1차 만주 폐페스트 유행 시기 중국정부는 엄청난 사회적 비용을 치르고도 제대로 된 방역법규를 제정하지 못하고 있었다. 방역활동에 필요한 방역법규는 오히려 시대에 뒤떨어져 있었다.[11] 제1차 만주 폐페스트 유행 이후, 신해혁명, 제1차 세계대전, 러시아혁명, 5·4운동 등 중요한 정치사회적 사건이 발생했다. 이러한 정치사회적 사건들은 엄청난 사회변화와 더불어 전염병의 확산을 부추기고 있었는데, 이에 대응한 새로운 방역대책이 강구될 필요가 있었다.[12]

그렇다면 제1차 만주 폐페스트 방역 이후, 제2차 만주 폐페스트 방역에서는 무엇이 달라진 것일까? 또, 하얼빈에서 독자적인 도시공간을 구축하고 방역에 선진적이었던 러시아인 사회가 제2차 만주 폐페스트의 위협에 심각하게 노출되었던 이유는 무엇인가? 이런 점들을 해명하기 위해 이 글에서 페스트 유행과 방역행정의 중심지였던 하얼빈 도시공간의 변화상에 주목한다. 또한 만주 페스트 유행의 제1차 시기와 제2차 시기의 연속선상에서 하얼빈의 도시공간에서 의학지식과 방역행정 등에서 어떠한 변화가 있었는지를 종합적으로 검토함으로써, 20세기 초 만주 페스트 방역의 전체상을 조명하는 데 기여하고자 한다. 이를 위해 제2차 만주 폐페스트 유행시기 하얼빈 정국의 변화를 분석하고, 방역법규의 제정과정과 그 내용을 검토할 것이다. 그런 다음 우롄

---

11 신규환, 「제국의 과학과 동아시아 정치: 1910-11년 만주페스트의 유행과 방역법규의 제정」, 『동방학지』 167, (2014. 9).
12 식민지 조선의 경우, 제2차 만주 폐페스트 방역 이후 방역행정에 중대한 변화가 관찰된다. 식민지 방역당국은 더이상 쥐잡기와 같은 선페스트 방역대책에 매달리지 않았다. 신규환, 「제1·2차 만주 폐페스트의 유행과 일제의 방역행정(1910-1921)」, 『의사학』 21-3, (2012. 12).

더의 방역보고서를 중심으로 페스트 확산에 따른 방역조치와 하얼빈 도시공간의 통제과정 등을 검토할 것이다.

하얼빈 정국의 변화와
공간재편

1901년 만저우리에서 하얼빈을 거쳐 수이펀허(綏芬河)에 이르는 동청철도 개발로 시작된 하얼빈은 도시개발 초기부터 러시아인들이 거주하는 다오리구(道裡區)와 중국인들이 거주하는 다오와이구로 분할되어 있었다. 1907년 1월, 하얼빈에 러시아 영사관이 설치되었지만, 러시아 정부는 영사관에 밀령을 보내 동청철로관리국(東淸鐵路管理局)이 러시아 교민에 대한 행정권과 사법권을 행사하도록 하는 조치를 단행했다.[13] 동청철로관리국은 동청철로의 관리를 명분으로 다오리구에서 철도뿐만 아니라 행정, 사법, 외교 등 각종 권한을 장악하게 되었다. 동청철로관리국은 다오리구의 효율적인 관리를 위해 1908년 1월 설립된 자치공의회(自治公議會)에 일부 권한을 양도하기도 했다.[14] 그 대표적인 것이 방역행정에 관한 것이었다. 이후 동청철로관리국과 자치공의회는 러시아인들이 주로 거주하는 다오리구의 방역을 위해 상호 협

---

13 尼魯斯, 『東省鐵路沿革史』(第1卷), (哈爾濱出版, 1923), (臺北: 文海出版社, 1984), p.127; 滿鐵北京公所硏究室 編, 『支那鐵道槪論』(東京: 大空社, 1927).
14 王學良, 「美俄'哈爾濱自治公議會'問題上的構結與爭奪」, 『北方文物』1985年 2期.

조했을 뿐만 아니라 다른 지역과는 차별화된 선진적인 도시관리 방안을 강구했다.

제1차 만주 페스트가 발생하자 동청철로관리국과 자치공의회는 하얼빈을 8개 구역으로 분할하여 각 구마다 의사 3명과 위생원 4명씩을 배치했다. 여기에는 다오리구뿐만 아니라 다오와이구도 포함되었다. 다오와이구를 방치할 경우, 다오와이구의 페스트 유행이 다오리구에 직접 영향을 미칠 수 있다고 판단했기 때문이다. 동청철로관리국과 자치공의회는 푸자뎬 방역당국과 협조 내지는 경쟁하면서 다오와이구의 방역문제에 신경을 썼다. 중국인이 주도하는 푸자뎬 방역당국이 다오와이구에서 독자적인 방역대책을 강구함에 따라 중러방역에 갈등이 없었던 것은 아니지만, 서양의학을 전공한 우롄더를 중심으로 다오와이구의 방역대책이 실행되면서 이전과 달리 서구열강의 신뢰를 얻게 되었고, 중러방역에도 협조적인 분위기가 형성되었다.[15]

1917년 러시아혁명 이후 소련정부가 일체의 이권을 포기하는 선언을 발표하면서, 중국인들은 사회주의와 소련에 호의적인 기대감을 가졌다. 제1차 세계대전 종전 후 전승국의 위치에 있었던 중국은 중국 각지에서 패전국이 가지고 있던 이권을 회수할 것이라고 낙관했다. 1919년 1월 18일, 파리강화회의에서 중국정부는 일본과의 조약폐기, 독일 산둥(山東)이권 회수, 주권을 훼손하는 각종 조약과 이권의 폐기를 주장했다. 그러나 파리강화조약은 산둥이권을 일본에 이양하는 등 중국인들의 기대와는 다른 결론을 냈다. 이에 중국에서는 5·4운동과 이권회수운동 등이 전개되었다.[16]

---

15 신규환, 「제국의 과학과 동아시아 정치: 1910-11년 만주 페스트의 유행과 방역법규의 제정」 『동방학지』 167, (2014. 9).
16 배경한, 「동아시아 역사 속의 5·4운동: 반제운동으로서 5·4운동 연구의 검토와 제언」, 『중국근

반면 소련정부는 제정 러시아 시대에 획득한 모든 이권을 포기한다는 의사를 중국에 전달했다. 1919년 7월 25일, 제1차 카라한선언을 통해 "비밀조약의 폐지, 침략으로 획득한 토지소유권의 포기, 동청철도, 광산 및 기타 특권을 대가 없이 중국에 반환한다"고 선언했다. 또한 1920년 9월 27일, 제2차 카라한선언을 제출하여 거듭 "제정러시아 정부가 취득한 권리, 특권을 무조건적으로 중국에 반환한다"고 발표했다.[17]

소련정부가 대외적으로는 이권 포기를 약속했지만, 5·4운동 이후 중국 각지에서 반제운동이 심화되었고, 파업이나 폭동이 빈번하게 발생하면서 러시아인들의 신변보호도 장담할 수 없는 상황으로 변모하고 있었다. 하얼빈의 사정도 크게 다르지 않아 다오리구의 치안확보조차 어려울 지경이었다. 이에 지린성(吉林省) 정부는 다오리구에 하얼빈임시경찰총국을 설치하여 치안유지에 만전을 기했다. 이것은 치외법권 지역에서 중국인이 독자적으로 경찰권을 행사한 첫 사례였다.

1919년 5·4운동 발발 이후, 전국 각지에서 반제구국운동이 폭발했고,

현대사연구』 83, (2019. 9); 김영숙, 「일본의 5·4운동 인식과 대응: 산둥이권문제와 전후 국제질서를 중심으로」, 『중국근현대사연구』 83, (2019. 9).

17 1924년 5월, 카라한 선언에 기초한 중소협정과 9월 봉소협정 등을 통해 소련정부는 동청철도에 관한 일체의 특권을 포기하고 동청철도공사의 상업적 권한만 일시적으로 인정하기로 의결하였다. 그러나 동북지역에서는 불평등조약의 폐기와 이권회수를 목표로 한 철도이권회수운동과 철도부설사업이 동시에 전개되었으며, 동청철도를 강제로 회수하기 위한 1929년 7월에는 중동로사건이 발생하기도 했다. 1935년 소련정부는 만주에서의 긴장완화와 군사적 충돌 방지를 위해 동청철도를 만주국과 일본에 매각하는 조치를 단행하였다. 송한용, 「중동로사건에 대한 일본의 대응과 영향」, 『역사와 담론』 31, (2001. 9); 김지환, 「滿鐵과 東北交通委員會」, 『中國近現代史硏究』 40, (2008. 12); 김지환, 「중국 동북지역 상품유통망의 변화와 동청철도의 매각」, 『歷史學報』 217, (2013. 3); 김지환, 「중동철도 매각과 중일소 외교관계」, 『중앙사론』 37, (2013. 6), 283-284쪽, 306-307쪽; 김지환, 『철도로 보는 중국역사』(서울: 학고방, 2014), 399쪽.

하얼빈 등지에서도 학생운동, 노동자운동 등이 폭발했다. 1919년 7월, 동청철로 각 역에서 중러노동자대표대회가 개최되어 중러파업위원회가 조직되었다. 이에 대해 러시아 백군 사령관이 파업을 전시 군법으로 처리하겠다고 공표했고, 동청철로관리국은 파업현장에 군경을 파견하여 긴장을 고조시켰다. 같은 해 8월, 동청철로의 파업이 지속되자, 일본군은 질서유지를 명분으로 동청철로에 군대를 파병했다. 8월 15일에는 하얼빈의 콜레라 유행으로 207명이 사망했고, 치안유지를 위해 지린독군(吉林督軍) 바오구이칭(鮑貴卿: 1867-1934)이 중동철로호로군총사령에 임명되었다. 9월 3일, 하얼빈의 콜레라 사망자는 3,000여 명에 이르렀다.

1920년 1월 26일, 동청철로 독판(督辦) 드미트리 호르바트(Dmitry Leonidovich Horvat: 1859-1937, 중국명 霍爾瓦特)는 제10호 명령을 반포하여 일체의 군사권과 행정권을 자신이 통할한다고 공표했다. 1월 29일, 중국 외교부가 동청철로는 중국의 영토주권으로 제2외국의 통치권을 허용하지 않는다고 발표했다. 이는 호르바트가 단지 동청철로의 책임자일 뿐이지 통치권을 가진 자가 아니라는 의미였다. 3월 12일, 하얼빈 30여 개 노동자조직연합은 호르바트에게 24시간 이내 사직하라고 압박했다. 3월 16일, 중국은 동청철로 연선에 군대를 파병하고 러시아 군경의 무장을 해제했다. 본국으로부터 재정적·군사적 지원이 없는 상태에서 호르바트 혼자서 혼란을 수습하기에는 역부족이었다. 결국 호르바트는 동청철로 독판의 지위에서 사퇴하고, 동청철로는 중국정부가 관할하게 되었다.[18]

---

18 彭傳勇,「『奉俄協定』是蘇聯重新控除中東鐵路的"再保險條約"」,『西伯利亞研究』37-3, (2010. 6), 68-69쪽.

1920년 9월 27일, 하얼빈 주재 러시아 총영사관이 폐쇄되고, 러시아의 영사 업무도 중단되었다.[19] 같은 해 10월, 중국정부는 지린성과 헤이룽장성 일대의 동청철로부속지의 사법권을 회수하고자, 두 지역을 동성특별구로 재편했는데, 장기적으로는 동성특별구의 설치를 통해 동청철로관리국이 장악하고 있던 행정권을 회수하려던 의도였다. 하얼빈은 동성특별구의 5개구 중 제1구로 편성되었다. 같은 해 12월 9일, 중국정부는 하얼빈임시경찰국을 폐지하고, 동성특별구 경찰총관리처를 설립했다. 1921년 2월 5일, 하얼빈에 동성특별구 시정관리국을 설립했고, 하얼빈의 동청철로부속지에는 빈강도윤(濱江道尹) 둥스인(董士恩)이 국장, 마중쥔(馬忠駿)이 부국장에 임명되었다. 1922년 11월에는 동성특별구 행정장관공서를 설립하여 특별구내의 군사, 경찰, 외교, 행정, 사법 등의 권한을 귀속시켰다. 1926년 3월, 하얼빈 자치공의회와 이사회[董事會]가 해산되고, 모든 재산은 시정관리국으로 이관되었다. 1926년 6월, 시정관리국을 대신하여 하얼빈특별시가 정식으로 출범했다.[20]

러시아 혁명 이후, 러시아 이주민들의 국경진입, 러시아 당국의 정치적 혼란과 재원부족 등으로 러시아인들은 다오리구의 방역에서 그 주도권을 이미 상실한 상태였다. 이 점은 1910-11년의 방역과 1920-21년의 방역상 중요한 차이를 만들었다. 1920년 10월 2일, 하얼빈에서 러시아 영사대우가 중지됨에 따라 다오리구에서 러시아인들의 방역 권한은 현저히 쇠락했다. 1920년 1월부터 하얼빈시 다오리구에서는 동청철로의 책임자인 호르바트와 중국정

---

19 「俄領事通告辭職」, 『遠東報』(1920. 10. 1), 3쪽.
20 張忠, 「哈爾濱早期市政近代化研究(1898-1931)」(吉林大學文學院 博士學位論文, 2011. 12), 55-59쪽.

부 및 중국인 노동자들 사이에 긴장 국면이 조성되기 시작했고, 같은 해 9월 하얼빈 주재 러시아 총영사관이 폐쇄되는 등 다오리구의 정국은 급변하고 있었다. 3월 15일, 다오와이구에 중국인 자본으로 『빈강시보(濱江時報)』가 창간되고, 4월 1일에는 러시아 자본으로 발행되던 『원동보(遠東報)』가 정간되는 등 신문계에서도 중러간의 대조적인 행보가 이어졌다. 1921년 1월부터 9월까지 하얼빈에서 중국인이 3,000명 이상이 사망하고, 러시아인은 300명 이상이 사망했다. 다른 지역의 러시아인까지 포함하면 이 시기 동안 러시아인은 페스트로 인해 600명 이상이 사망했다. 이것은 1910년대 하얼빈에서 사망한 5,000여 명 중 외국인이 차지하는 비중이 20여 명에 그쳤던 것과는 대조된다.[21] 이러한 차이는 1920년대 하얼빈 방역의 한 축이었던 러시아 당국이 몰락한 때문이었다. 그에 따라 러시아인들이 주도하던 다오리구는 더이상 전염병으로부터 안전한 공간이 아니었으며, 하얼빈 방역 당국은 다오리구를 방역적 관점에서 새롭게 재편할 필요가 있었다.

---

21 "Harbin Status of Plague," *Public Health Report* 26-12, (March 24, 1911), p.382.

방역법규의 제정과
방역정책의 전환

제1차 만주 폐페스트 유행시기, 중국정부와 동삼성 방역당국이 주도한 방역법 제정과 방역조치가 시의적절한 것은 아니었다. 중국정부가 만주방역의 책임자로 임명한 우롄더가 만주 페스트가 폐페스트임을 확인했고, 그의 제안에 따라 방역대책은 호흡기 감염의 차단과 격리에 방점을 두었어야 했다. 그럼에도 불구하고, 중앙정부와 지방정부의 법적인 대응은 쥐잡기를 중시하는 선페스트 대응책에 한정되어 있었다. 중국정부는 「방역장정」(1911. 4. 22)과 같은 최초의 전국성 방역법규를 반포했으나 주로 일본의 선페스트 방역법규를 모방했으며, 현지 사정에 따라 일부 내용만을 변경했을 뿐이다.[22] 제1차 만주 폐페스트가 종결된 이후에도 중국정부는 사실상 선페스트 대책을 강구하고 있었던 것이다.

신해혁명 이후 1912년 4월 새로 성립된 위안스카이(袁世凱: 1859-1916)의 베이징정부는 「육군전염병예방규칙(陸軍傳染病豫防規則)」과 「육군전염병예방소독규칙(陸軍傳染病豫防消毒規則)」(1913. 12. 15)을 각각 반포했다. 육군

---

22 신규환, 「제국의 과학과 동아시아 정치: 1910-11년 만주 페스트의 유행과 방역법규의 제정」, 『동방학지』 167, (2014. 9).

이 이들 규칙에서 지정한 전염병은 콜레라, 이질, 장티푸스, 두창, 발진티푸스, 황열, 성홍열, 디프테리아, 페스트 등 9종이었다. 페스트가 최초로 법정전염병의 영역에서 다루어지기 시작했다는 점에서 의의가 있는데, 방역행정은 육군 군의처장의 책임하에 있었고, 방역대상은 군부대 내에 한정되었다. 1916년 베이징정부 내무부는「전염병예방조례(傳染病豫防條例)」(1916. 3. 12)를 반포하고, 콜레라, 이질, 장티푸스, 두창, 발진티푸스, 성홍열, 디프테리아, 페스트 등 8종을 법정전염병으로 지정했다. 이들 전염병 환자에 대해서는 소독과 격리, 검역, 시체 매장 등을 실시하고, 각 지방장관이 방역을 책임지도록 했다. 이전의「방역장정」이 경찰 주도로 페스트를 관리하도록 하면서도 방역의 실질적인 책임은 지방장관하에 두었던 것과 비교해보면,「전염병예방조례」에서는 경찰의 주도적인 역할은 배제되어 있음을 알 수 있다. 이러한「전염병예방조례」의 기본방침은 중국 방역정책의 기초가 되었다.[23]

1917-1918년 수이위안(綏遠), 산시(山西) 등지에서 페스트가 유행하자, 중국정부는「전염병예방조례」에 근거하여「검역위원설치규칙(檢疫委員設置規則)」(1918. 1. 16),「화차검역규칙(火車檢疫規則)」(1918. 1. 16),「청결방법소독규칙(淸潔方法消毒方法)」(1918. 1. 25),「방역인원 포상징계 및 구휼금조례(防疫人員獎懲及恤金條例)」(1918. 3) 등을 반포했고, 각 지방정부는「군인검역판법(軍人檢疫辦法)」,「징한철로검역잠행세칙(漢鐵路檢疫潛行細則)」,「북양임시방역처장정(北洋臨時防疫處章程)」 등을 반포했다.[24]

1914-1917년까지 하얼빈에서는 페스트 환자가 발견되지 않았고, 1917년

---

[23] 「陸軍傳染病豫防規則」과「傳染病豫防條例」등 구체적인 조문은 陳明光 主編,『中國衛生法規史料選編』下篇, (上海: 上海醫科大學出版社, 1996), 518-526쪽을 참고.
[24] 焦潤明,『清末東三省鼠疫災難及防疫措施研究』(北京: 北京師範大學出版社, 2011), 164쪽.

몽골 남부와 산시 등지에서 발생한 페스트는 폐페스트로 인식되고 있었다.[25] 1918년 3월, 난징에서 유행한 전염병도 폐페스트로 인한 것으로 여겨졌다. 상하이에서는 난징에서 유행한 페페스트를 막기 위해 다양한 대책이 논의되었고, 격리와 마스크 착용 등이 중요한 방역대책으로 다루어졌다.[26] 1911년 11월 진푸철로(津浦鐵路)의 개통으로 산둥성 일대까지 전염병은 손쉽게 확산될 수 있었고, 1918년 3월 산둥성 지난(濟南)에서도 페스트 유행에 직면했다.[27]

1910-1919년까지 상하이에서는 61명의 페스트 감염자가 보고되었다.[28] 1918년 3월 상하이 공공조계(公共租界) 공부국(工部局) 위생처는 「폐역병전단(肺疫病傳單)」을 공표했는데, 총 10개 항목에 걸쳐 폐페스트의 전염경로, 신고방법, 격리, 마스크 사용법 등에 대해 상세히 설명했다. 그 주요 내용은 다음과 같다.

전염은 기침을 통해 근거리에서 이루어지며(1항), 마스크를 착용해야 하고(2항), 가능하면 환자에게 접근하지 말아야 하며(3항), 환자가 발생하면 위생처에 보고해야 하며(4항), 환자는 격리되어야 한다(5항). 격리된 환자는 7일 이상 격리기간을 거쳐야 하며(6항), 초기에 두통과 발열을 보이고 기침과 객혈을 한 후 이틀 안에 사망하게 되며, 복약으로 치료되지 않는다(7항). 전염

---

25 "Notes on Pneumonic Plague in China," *The China Medical Journal* 32-3, (May 1918), pp.207-209.
26 "Pneumonic Plague in Nanking," *The China Medical Journal* 32-3, (May 1918), pp.251-254.
27 "Report on Epidemic of Pneumonic Plague in Tsinanfu, 1918," *The China Medical Journal* 32-4, (July 1918), pp.346-348.
28 "Plague in the Orient with Special Reference to the Manchurian Outbreaks," *The China Medical Journal* 36-1 (January 1922), p.25.

의 위협은 살아있는 사람으로부터 온다(8항). 집안에서 환자가 발생하면, 격리하고 마스크를 착용하고 환자를 돌봐야 한다(9항). 환자가 발생하면 외부에 전염시킬 우려가 있으므로 집을 떠나서는 안된다(10항).[29]

    1919년 중국 내에서는 소강상태를 보였던 페스트는 1920년 10월 말 중러 국경 인근인 하이라얼에서 환자가 발생했다는 소식과 함께 확산되기 시작했다.[30] 1920년 12월 초, 하이라얼의 페스트가 만저우리까지 확대되자, 중국 방역당국은 방역조치를 가동하기 시작했다. 같은 해 12월 중순, 동삼성방역사무총처는 「방역사무처의 포고(防疫事務處之布告)」라는 이름으로 페스트 방역에 관한 포고문을 발표했다.[31] 동삼성방역사무총처는 하이라얼에서 유행하는 페스트의 증상과 예방조치 등에 대해 공포했다. 특히 페스트는 공기, 비말, 배설물 등을 통해서 감염될 수 있는 폐페스트이므로 예방접종, 격리, 소독, 마스크 착용 등이 필요하다고 강조했다. 다만 격리기간에 대해서는 구체적인 언급이 없었는데, 당시 하이라얼에서 5일간의 검역을 둘러싸고 검역기간이 길다는 비판이 있었기 때문에, 방역당국은 5일 이상의 검역을 추진하기는 어려웠다.[32]

    동삼성방역사무총처 우롄더 총판(總辦)은 하이라얼에서 발생한 페스트가 12월 중순경에 종결되었다고 베이징에 방문하여 보고했다.[33] 그러나 곧바

---

29 "The Prevention of Pneumonic Plague," *The China Medical Journal* 31-3, (May 1918), pp.253-254.
30 「百斯篤延及海拉爾」,『盛京時報』(1920. 10. 24), 4면.
31 「來件: 防疫事務處之布告」,『遠東報』(1920. 12. 18), 6면;「來件: 防疫事務處之布告(續)」,『遠東報』(1920. 12. 19), 6면.
32 「時評: 滿洲之鼠疫」,『遠東報』(1921. 1. 22), 1면;「鐵路公司防疫」,『遠東報』(1921. 1. 26), 3면.
33 *North China Herald* (January 1, 1921), 6면.

로 하이라얼에서 페스트 환자가 급증하자, 동삼성방역총처는 페스트 방역을 위한 포고를 반포하여, 페스트의 전염경로, 증상, 예방 및 조치 등을 규정한 바 있다. 이에 따르면, 하이라얼에서 유행하는 전염병은 폐페스트이며, 가래, 침, 호흡, 배설물과 공기 중의 호흡을 통해 전염될 수 있다고 경고했다.[34] 폐페스트의 예방을 위해서는 마스크 착용, 예방접종, 쥐잡기 등의 활용을 전개하고, 환자가 발생하면 소독과 격리를 진행하도록 했다.[35]

우롄더는 하이라얼 일대에 페스트가 발병함에 따라 하얼빈 본부와 상민에게 해가 입지 않도록, 1920년 12월 19일 하얼빈 본부에서 방역회의를 열고, 예방방법 및 검사규칙 등을 연구하여 다음과 같은 6개조를 결정했다.

제1조   격리사무소를 임시로 상무회 안에 둔다.

제2조   3만위안 예산 청구는 도윤진수사사(道尹鎭守使司)가 현지사 총의관 등에게 명령하여 안건을 상정하도록 하는데, 도서(道署)가 원고를 작성한다.

제3조   다오리(道里)에 전염자가 있으면 화차(火車)를 빌려 격리소(隔離所)로 삼을 수 있고, 다오와이(道外)는 경청(警廳)이 거리 밖에서 격리소를 감시[預覓]한다.

제4조   무릇 만저우리에서 온 객차는 본부(本埠) 군경이 의관과 함께 다오리와 다오와이를 검사하고, 각 여관[旅店] 또한 검사장정에 의거 군경과 의관이 함께 조사하지만 의원(醫院)이 초안을 잡는다.

제5조   각처에 본부(本埠) 방역회의 성립을 통지한다.

---

34   「來件: 防疫事務處之布告」, 『遠東報』(1920. 12. 18), 6면.
35   「來件: 防疫事務處之布告(續)」, 『遠東報』(1920. 12. 19), 6면.

제6조　도내외의 환자가 만약 페스트와 유사할 경우에는 경청국(警廳局)이 수시로 의원(醫院)이 검험에 나가도록 통지한다.[36]

우롄더는 하얼빈의 방역을 위해 의료진과 군경을 총동원했다. 흥미롭게도 과거 열악한 방역현장을 대표했던 다오와이구는 격리병원과 격리소를 운영하고 있었던 반면, 다오리구는 격리열차를 이용해야 하는 열악한 상황으로 변해 있었다. 어쩌면 다오리구의 러시아 당국이 붕괴된 후, 계속되는 인구증가와 페스트 확산에 따른 당연한 결과였을 것이다. 얼마 후 우롄더는 다라이뉘얼 탄광에서 폐페스트 유행을 다시 확인하고, 일본군과 소련 의사들과 협력하여 북만주 지역에 대한 방역을 재개했다.[37] 제1차 만주 폐페스트 방역에 대한 경험을 통해, 동삼성방역사무총처는 방역조치의 핵심이 철도노선을 통한 중국인 쿨리의 이동노선을 차단해야 한다는 점을 인식하고 있었다.[38] 방역당국은 1921년 1월 17일부터 동청철도에 대한 전면적인 검역을 실시했다.[39] 1월 21일, 동삼성방역사무총처는 「페스트 방역조치(Anti-Plague Measures I)」과 「페스트소독조치(Anti-Plague Measures II)」 등을 공포했다.[40] 이 방역법규가 제2차 만주 폐페스트 유행시기 각종 방역조치를 규제한 실질적인 가이드라인이었다.

36　「本埠開防疫會議」, 『遠東報』(1920. 12. 22), 3면.
37　「海站鼠疫之狀況」, 『盛京時報』(1921. 1. 16), 7면.
38　「說防疫政策」, 『盛京時報』(1921. 1. 15), 5면.
39　「決定實行檢驗鼠疫」, 『盛京時報』(1921. 1. 19), 2면.
40　Wu Lien-teh(G. L. Tuck), "The Second Pneumonic Plague Epidemic in Manchuria, 1920-21, I, A General Survey of the Outbreak and Its Course," *The Journal of Hygiene* 21-3(May, 1923), p.278.

「페스트 방역조치」

제1조 환자

1항   의심환자가 보고되면, 곧바로 의료진에 알려야 하며, 의료진은 환자를 검사한다. 만약 페스트로 판명나면 즉시 환자를 병원으로 옮겨야 한다.

2항   환자와 접촉하는 모든 사람은 감염을 예방하기 위한 마스크와 후드를 반드시 착용해야 한다. 이것은 코와 입만을 통해서 전염된다. 마스크용 소독제는 없다. 따뜻한 티몰 항균제로 입안을 헹군 후, 물로 다시 헹궈야 한다.

3항   의료진이 발급한 확인서 없이 환자를 병원에 옮길 수 없다. 경찰은 유념해야 한다.

제2조 접촉인자

1항   접촉자들은 전염병으로 발전하거나 전염병을 확산시킬 수 있는 존재들이기 때문에, 이들에 대해서는 각별한 돌봄이 필요하다. 페스트 환자로 확진되면, 그와 접촉한 모든 사람은 도피를 막기 위해 호위 하에 철도 객차로 이송해야 한다. 접촉자들을 위한 모든 돌봄이 제공될 것이기 때문에, 두려워 할 필요가 없음을 접촉자들에게 알려야 한다.

2항   한 가구의 접촉자들이 다른 가구와 섞여서는 안된다. 차량 1대당 5명 이상을 넘기지 않는 게 좋다.

3항   매일 접촉자를 감시하고, 밤낮으로 체온과 맥박을 확인해야 한다. 질병을 가진 사람은 2-4일 후에 고열과 빠른 맥박이 나타날 것이다. 그와 같은 케이스들은 즉시 의료진에게 보고하고, 확진되면 병원으로 이송해야 한다. 환자들이 기침을 하지 전까지는 다른 사람을 감염시키지 않는다. 환자를 제외한 나머지 사람들은 새로운 차량으로 옮긴다.

4항 모든 접촉자들은 밤낮으로 감시하여 안전하게 해야 한다. 이러한 업무의 총책임은 차량을 감독하는 경찰과 스탭에게 있다. 어느 누구도 차량에서 이탈하거나 다른 차량을 방문하게 해서는 안된다.

5항 검역기간 동안 접촉자는 신선한 공기를 마시고 얼굴에 햇볕을 쬐게 하는 등 태양에 노출시켜야 한다. 밤에는 그들이 내부에서 잠을 자게 한다.

6항 차량 내부 부엌에서 우수한 영양식을 제공한다.

제3조 사망자

1항 모든 페스트 사망자는 구덩이를 파고 화장해야 한다. 구덩이를 파는 것으로써 화염을 한 곳에 집중시킬 수 있고, 시체들과 목재를 서로 뒤섞이게 할 수 있다. 도시에서 발견된 시체들은 공매지에서 화장하고, 병원에서 사망한 시체들은 격리소 내부의 특별한 구덩이를 사용할 수 있다.

2항 시체를 두려워할 필요는 없다. 환자가 호흡을 중단하면 세균은 시체에서 빠져나오지 못한다. 다만 새로 사망한 자의 의복은 위험하다. 가래 등의 위험을 피하기 위해서 시체는 반드시 석회로 뒤덮거나 승홍수 1:2000 혹은 크레졸 1:2000의 비율로 소독액을 분사해야 한다.

3항 부검에 참여한 사람들은 최대의 돌봄을 받아야 한다. 부검실에서 일하는 사람은 반드시 마스크와 고무장갑을 사용해야 한다. 어떠

	한 외상이라도 있다면 반드시 부검실 입실에 앞서 치료를 받아야 한다. 외상에 대해서는 거즈와 콜로디온을 사용한다.
4항	부유한 사람의 경우 매장할 여유가 있다면, 시체는 반드시 생석회로 덮어야 하며, 시체를 관에다 두고, 7피트 깊이로 구덩이를 파서 매장한다.

제4조 의심환자

1항	천자 비장, 알콜램프, 슬라이드, 세균배양 튜브, 나이프, 백금침 등을 적당한 쟁반에 준비한다.
2항	Tr.요오드로 해당 부위를 칠한다. 소독한 나이프를 9번 좌측 공간 겨드랑이 부위를 통해 아래와 뒷쪽으로 찔러 넣는다. 획득된 펄프가 검붉게 변할 것이다.
3항	세균배양 튜브에서 조직을 배양한다.
4항	2개의 자국을 슬라이드로 만들다.
5항	나이프를 소독한다.

이 방역법규는 방역요원들이 실질적으로 시행해야 할 조치들을 구체적으로 담고 있다는 점에서 이전과 달랐다. 검역 기간이 명확히 제시되지 않았지만, 페스트 증상이 2-4일 이내에 발생한다고 지적한 것으로 보아 5일 검역을 실시한 것으로 보인다. 실제로도 『원동보』 보도에 따르면 5일 검역을 실시하고 있었다.[41] 특히 지역사회에서 논란이 되었던 시체 화장 및 매장에 대해서 구체적 방안을 제시함으로써 논란의 여지를 없앴다.

---

41 「鐵路公司防疫」, 『遠東報』(1921. 1. 26), 3면.

방역당국은 1921년 1월 31일부터 동청철로 서부노선(만저우리-하얼빈)의 객차 운행을 전면 중지했다.[42] 주요한 방역조치는 기차검역, 석회수 소독,[43] 예방주사,[44] 격리[45] 등이었다. 이러한 조치에도 불구하고, 2월 14일에는 창춘에서 페스트환자가 발견되었다.[46] 2월 16일, 헤이룽장성 방역처는 「방역판법」을 제정, 공포했다.[47] 「방역판법」은 다음과 같은 10개조로 구성되었다.

제1조 상가(商家)나 주호(住戶) 가릴 것 없이 가옥 내외는 일률적으로 청소하고 청결히 하여 공기를 환기시킨다.

제2조 쥐벼룩은 페스트를 전염시키는 매개물로 당연히 소독제를 사용하여 일률 박멸해야 한다.

제3조 긴급한 일이 아니면 주점, 찻집, 희원, 기원 및 대중들이 많이 모이는 장소에는 출입하지 않는다.

제4조 외출시 반드시 마스크를 착용하여 병균의 직접 침입을 방지한다.

제5조 상가나 주호를 막론하고 환자가 발생하면 신속히 방역처에 보고하고 검사 후 곧바로 나누어 격리시킨다.

제6조 환자 가족 및 친인척들은 모두 경찰에 보고하여 의사의 검사를 받게 할 책임이 있으며, 만약 환자를 은닉할 경우에는 엄벌에 처한다.

제7조 환자가 토한 가래, 피, 기타 일체의 오염물질은 보고 이전까지는

---

42 *North China Herald* (February 5, 1921), p.333; 「中東路西部客軍停駛」, 『盛京時報』(1921. 2. 4), 4면.
43 「警廳防疫之佈告」, 『盛京時報』(1921. 1. 30), 4면.
44 「注射防疫」, 『盛京時報』(1921. 2. 2), 2면.
45 「各醫院注意鼠疫」, 『盛京時報』(1921. 2. 1), 4면.
46 「長春發見百斯篤」, 『盛京時報』(1921. 2. 15), 4면.
47 「規定防疫辦法」, 『盛京時報』(1921. 2. 16), 4면.

석회 혹은 20배 석탄산으로 침적시켜 덮어싸고 소독하거나 소각시킨다.

제8조　환자의 친구들이 돌아가면서 간호하는 것으로는 전염을 막을 수 없다.

제9조　사망자를 발견하고도 경찰에 보고하여 의사의 검사를 받지 않고서 마음대로 매장하여 소독하여 전염을 막을 수는 없다. 만약 환자를 은닉하거나 위 사항을 위반하는 경우 엄벌에 처한다.

제10조　전염병으로 사망한 사람이 남긴 의복은 병균이 있을 혐의가 있으므로 반드시 검역의사의 소독처분을 받아야 하며, 마음대로 수습하거나 판매할 수 없어야 조기에 박멸할 수 있다.

제2차 만주 페스트 역시 폐페스트로 확인되고 있었기 때문에 전염병 유행 시 방역조치로 마스크 착용, 경찰신고, 의사진단, 소독, 격리 등은 더이상 논란의 여지가 없었다. 더불어 쥐벼룩의 박멸은 계속해서 중시되었다. 다만 우렌더의 방역조치와 달리「방역판법」에는 시체 화장 등이 명시되지 않았다. 아마도 화장은 여전히 지역사회에서 논란이 되고 있음을 반증하는 것일 것이다.

하얼빈 최고방역회는 2월 17일 새벽부터 동청철로의 남선 제5열차(하얼빈-창춘)와 남만선 제8열차[창춘-펑톈(奉天)]에 탑승한 쿨리에 대해서는 창춘에서 펑톈에 이르는 각 기차역에서 5일간의 정류 검역을 실시하도록 했다. 아울러 중일 관헌의 증명서를 갖지 않았거나 정류 검역을 받지 않은 자는 기차에 승차할 수 없도록 했다.[48]

48　「中東路實行停留檢疫」,『盛京時報』(1921. 2. 17), 4면.

2월 13일, 창춘에서 중일국제방역회의가 개최되어, 방역행정에서 중일 간의 공조가 성사되었다.[49] 회의 당시에는 검역 격리기간을 정하지 않았으나, 며칠 후 중일간의 협의를 거쳐 정류 검역 기간을 5일에서 10일로 크게 연장하게 되었다. 폐페스트의 잠복기간은 2-6일이며 평균 3일이다.[50] 따라서 5일의 검역기간은 당시로서는 적정한 수준이었다. 물론 검역기간이 길수록 검역 자체의 성과는 높일 수 있지만, 그로 인한 방역비용과 사회적인 반발감의 증대 또한 무시할 수 없는 요인이었다. 그러나 일본의 요구 때문에 검역 기간을 늘리지 않을 수 없었다. 일본측의 주요한 방역지침이었던「관동청 전염병예방규칙」이 격리기간을 10일로 규정했기 때문이다.[51]

3월 초에는 우롄더의 방역보고 등에 기초하여 각 언론은 하이라얼에서 하얼빈에 이르는 지역과 하얼빈에서 창춘에 이르는 지역의 폐페스트 유행이 소강상태에 접어들었다고 보도했다.[52] 창춘에서 펑톈으로 향하는 기차 승차시 요구되던 검험증 제시도 취소되었다.[53] 헤이룽장성은 매일 30-40명에 이르던 폐페스트 사망자가 더이상 나오지 않자, 3월 8일부로 방역처를 폐지하기로 했다.[54] 반면 산둥성 동부연안의 상위안(桑園)에서는 폐페스트가 창궐하여 90여 명의 사망자를 내기도 했으며,[55] 진푸철로(津浦鐵路)의 페스트 방

---

49 「中日國際防疫會議」,『盛京時報』(1921. 2. 17), 4면.
50 "Plague in the Orient with Special Reference to the Manchurian Outbreaks," *The China Medical Journal* 36-1 (January 1922), p.25.
51 「防疫隔離期延長消息」,『盛京時報』(1921. 2. 18), 4면.
52 「北滿鼠疫減輕」,『盛京時報』(1921. 3. 3), 4면;「疫症消滅之福音」,『盛京時報』(1921. 3. 6), 4면.
53 「長春站取消檢驗證」,『盛京時報』(1921. 3. 6), 4면.
54 「防疫處已取消」,『盛京時報』(1921. 3. 9), 4면.
55 「山東鼠疫形勢猖獗」,『盛京時報』(1921. 3. 10), 2면.

역을 위해 3월 9일부터 류전(柳鎭, 德州 부근)부터 상신뎬(桑梓店, 濟南 부근) 사이의 정차역에 대해서 일률 검역을 실시하기도 했다.[56] 3월 10일부터 20일까지 상위안 부근에서 10명의 페스트 사망자가 발생했다.[57]

잠잠해진 것으로 여겼던 헤이룽장성의 페스트도 다시 유행하기 시작했다.[58] 하얼빈에서는 초기에 40-50명에 이르던 사망자가 3월경에는 70-80명으로 대폭 증가했다.[59] 이에 따라 중국정부는 동삼성 일대를 방역구(防疫區)로 재편했는데, 만저우리에서 하얼빈에 이르는 지역을 방역 제1구, 하얼빈에서 창춘에 이르는 지역을 방역 제2구, 창춘에서 펑톈에 이르는 지역을 방역 제3구로 지정했다.[60]

뜻밖에도 하얼빈 격리 열차에서 500여 명의 페스트 감염환자가 격리소를 벗어나 도주했다는 소문이 전해졌다. 당국은 격리차량의 격리인원은 최대 201명을 넘은 적이 없으며, 2월 12일 격리소 운영 이래로 몇 차례 도주자가 발생한 것은 사실이지만, 대량의 감염환자가 격리소에서 도주한 사례가 없다고 강조했다.[61] 페스트 유행과 감소를 전하는 보도가 몇 차례 반복되다가 6월 이후로는 두창, 콜레라 등이 유행하면서 페스트 유행은 소강상태를 보였다. 그러나 9월에도 북만주에서 페스트가 발생하면서 페스트는 여전히 주요한 방역대상이었으며, 중일국제방역회의는 페스트 방역을 주요한 의제로 다루었다.[62]

---

56 「津浦鐵路防止鼠疫」, 『盛京時報』(1921. 3. 12), 2면.
57 「津浦路線鼠疫之近勢」, 『盛京時報』(1921. 3. 18), 1면.
58 「鼠疫因寒復熾」, 『盛京時報』(1921. 3. 19), 4면.
59 「疫勢猖獗情形」, 『盛京時報』(1921. 4. 9), 4면.
60 「規定東省防疫區」, 『盛京時報』(1921. 3. 25), 4면.
61 「隔離車無人逃走」, 『盛京時報』(1921. 4. 1), 4면.
62 「北滿發生百斯篤」, 『盛京時報』(1921. 9. 21), 4면; 「長春召開之中日國際防疫善後會議」, 『盛京時報』(1921. 9. 4), 4면.

우롄더의 방역보고

『원동보』나 『성경시보』의 페스트 보도가 피상적이었던데 비해, 노스 차이나 헤럴드(North China Herald)의 보도는 우롄더의 방역보고서를 직접 게재하면서 보도의 정확성을 높였다. 제2차 만주 폐페스트의 유행에 대한 우롄더의 방역보고서가 적지 않게 남아있기 때문에, 이들 신문보도와 보고 내용을 중심으로 방역조치를 재구성해보고자 한다.[63]

하이라얼은 원래 몽골에 속한 도시로 몽골어로 '초원의 진주'라는 뜻을 지녔다. 하이라얼은 몽골에서 중국과 러시아로 들어가는 관문 역할을 했던 도시였다. 하이라얼의 서부에 위치한 만저우리가 동청철도의 시작점이 되면서 하이라얼의 정치, 경제적 중요성은 감소했지만, 동청철도의 중간 기착지로서 여전히 교통과 상업의 중심지였다. 당시 하이라얼의 인구는 러시아인 2천 명을 포함하여 몽골인, 중국인 등 1만여 명이었다. 우롄더가 하이라얼을 최초

---

63 Wu Lien-teh, "Plague in the Orient with Special Reference to the Manchurian Outbreaks," *The China Medical Journal* 36, (January 1922); Wu Lien-teh(G. L. Tuck), "The Second Pneumonic Plague Epidemic in Manchuria, 1920-21, I, A General Survey of the Outbreak and Its Course," *The Journal of Hygiene* 21-3(May, 1923); Wu Lien-teh, *A Treatise on Pneumonic Plague*(Geneva: League of Nations, 1926) 등을 참고.

방문했던 것은 1920년 11월 28일이었다.

우롄더의 조사에 의하면, 러시아인 철도원의 아내가 사망하기 전인 1920년 10월 4일부터 10월 7일 사이에 이미 하이라얼 철도에서 1.6km 반경 안에 있던 피혁공장에서 일하던 중국인 쿨리 중에서 사망자가 발생한 바 있다. 이들 쿨리가 정확히 어디에서 왔는지 알 수 없지만, 그들의 사망은 피혁과 관련이 있는 것으로 알려졌다. 그리고 2주가 지난 10월 22일, 러시아인 철도원의 아내가 사망했다. 그녀는 생전에 만저우리를 정기적으로 방문하곤 했다. 그리고 함께 거주했던 경비대원 중에서 마지막 사망자는 11월 25일 발생했다. 우롄더는 감염원인 쥐와 쥐벼룩을 찾는 데는 실패했으나, 조직검사 등을 통해 그들이 선페스트에 감염된 것으로 결론을 내렸다. 중국인 경비대원의 증언에 따르면, 철도원 가족과 경비대원은 같은 주방을 사용하고 있었고, 자유롭게 접촉하고 있었다. 경비대원은 평소에 쥐를 많이 보았고, 쥐벼룩에 자주 물렸다고 말했다. 그러나 죽은 쥐를 보지는 못했다고 했다.

11월 13일부터는 하이라얼 시내에서도 페스트 사망자가 보고되었다. 12월 2일에도 사망자가 발견되었다. 부검결과 이들은 패혈성 페스트로 밝혀졌다. 이날 이후로 선페스트 환자는 거의 발견되지 않았다. 검역과정에서 뜻하지 않은 사건이 발생했다. 12월 8일, 어느 여인숙에서 페스트 사망자가 발생하자 경찰이 그곳을 폐쇄했는데, 그 여인숙의 주인은 현직 군인이었다. 그 군인은 자신의 여인숙이 폐쇄된 것에 앙심을 품고, 검역하는 경찰들을 공격했다. 이 때문에 검역이 일주일간 중단되고, 격리되었던 페스트 환자들도 도망쳤다. 이 사건은 페스트가 본격적으로 확산된 계기가 되었다. 12월 말 이후로 두 달 가까이 하이라얼에서 페스트는 더이상 발견되지 않았다.

하이라얼의 페스트 환자가 다라이눠얼 탄광에서 발견된 것은 1921년 1월

2일이었다. 극도로 전염성이 강한 폐페스트는 다라이눠얼 탄광에서 유행하기 시작했다. 매일 수십 명의 사망자가 나왔고, 2월 10일 하루만 491명의 사망자가 보고되기도 했다. 그 이후로는 사망자가 감소하기 시작했고, 다라이눠얼 탄광에서 마지막 사망자가 발생한 것은 5월 19일이었다. 그동안 인구 6,000명의 다라이눠얼 지역에서 1,022명(러시아인 4명과 일본인 1명 포함)이 사망했다. 지역민의 17.0%가 사망한 역대 최고의 사망률이었다. 이렇게 많은 사망자가 나온 것은 탄광 쿨리들이 숙소에서 집단 거주하는 특성이 있고, 접촉자를 격리해야 하는 방역대책에 대해 무지했으며, 업주와 방역당국의 격리조치에 대해 저항하거나 도피하는 등 비협조적인 태도를 보였기 때문이었다.

다라이눠얼의 페스트는 곧바로 만저우리로 퍼졌다. 만저우리의 첫 페스트 환자는 1921년 1월 12일에 발생했다. 1월 한 달 동안에 36명이 페스트로 사망했고, 2월에는 페스트 사망자가 475명으로 치솟았다. 3월과 4월 페스트 사망자는 각각 318명과 164명이었다. 만저우리는 러시아와 인접한 국경도시로 인구 2,100명 중 러시아인과 중국인이 절반씩을 차지했다. 러시아혁명의 영향으로 러시아인들의 유동인구가 많았다.

제2차 폐페스트 유행기간에 만저우리의 사망자는 1,141명이었는데, 그 중 3분의 1인 334명이 러시아인들이었다. 사망자 중 러시아인들이 급증했던 이유 중의 하나는 제1차 폐페스트 유행시기에는 러시아 당국의 적극적인 방역활동이 있었지만, 제2차 폐페스트 유행시기에는 러시아 정국의 불안과 재정 부족으로 페페스트에 대해 적극적으로 대응하지 못하고 있었기 때문이다. 게다가 러시아 방역요원들은 이전과 달리 훈련을 잘 받지 못한 사람들로 구성되었다. 러시아 방역팀은 의사 5명, 간호사 6명, 방역원 15명으로 구성되었는데, 그들 중 간호사 3명과 방역원 15명이 목숨을 잃었다. 마스크를 착용하지 않거나 방역수칙을 준수하지 않는 등 부주의한 행동이 초래한 결과였다.

치치하얼은 5,000여 명이 거주하는 철도타운과 인구 90,000명의 부쿠이(卜奎, Pukuei) 지역으로 구성된다. 치치하얼은 하얼빈으로 향하는 동청철도의 중간 기착지로서 치치하얼에서 하얼빈까지는 8시간이 소요되었다. 1921년 1월 18일, 첫 사망자가 발생한 이래로, 1월 124명, 2월 661명, 3월 899명, 4월 44명 등 총 1,728명의 페스트 사망자가 발생했다. 치치하얼에서 열차검역은 2월 1일부터 시작되었고, 뒤늦은 방역조치는 피해규모를 확대시켰다. 하이라얼, 다라이눠얼, 만저우리에서 페스트 사망자가 주로 남성 쿨리들이었던 것에 비해, 치치하얼의 여성사망자는 20%(338명)에 달했다. 이것은 치치하얼의 사망자가 주로 가족 중심으로 발생했기 때문이었다.

하얼빈은 북만주 방역의 중심지로서 서쪽으로는 만저우리와 치치하얼, 동쪽으로는 블라디보스토크, 남으로는 창춘, 심양, 다롄으로 이어지는 철로교통과 상업의 중심지이며, 동삼성방역처를 비롯한 방역기구가 집중되어 있는 곳이다. 1910-1911년 인구 10만 명이 되지 않았던 하얼빈은 1920년대에는 30만 명 내외의 대도시로 성장했다. 러시아혁명 전인 1916년에는 다오리구의 인구는 9만 명 규모였는데, 러시아 혁명 이후에는 다오리구의 인구가 두 배 가량 증가했다. 1916년 러시아인은 34,115명이었는데, 1918년 60,200명, 1920년 131,075명, 1922년 155,402명으로 증가했다.[64] 러시아 지역에서 일

64　哈爾濱市地方志編纂委員會, 『哈爾濱市志』2, (大事記, 人口), 黑龍江人民出版社, 1999, 461쪽.

〈표 1〉 하얼빈시 연도별 인구변화[65]

단위: 명

연도	道裡區	道外區	계
1903	44,756	25,244	70,000
1911	46,258	53,113	99,371
1912	68,549	63,753	132,302
1916	89,751	-	-
1917	-	69,904	-
1920	170,578	115,915	286,493
1921	155,700	64,300	220,000
1922	126,952	253,254	380,206

어난 반볼세비키 백군의 내전과 혁명 이후의 정치적 망명에 따른 결과였다. 이 중에는 2만여 명의 러시아 유태인이 포함되어 있었다. 그 밖에는 일본인 4,000여 명, 기타 외국인 2,000여 명 수준이었다. 1926년 『빈강시보』의 인구통계에 의하면, 하얼빈 인구수는 118,423명으로 중국인이 58,031명, 신구 러시아인이 54,826명, 기타 5,566명 등이었다.[66]

하얼빈시의 인구 구성은 중국인과 러시아인이 대등한 수준으로 압도적 다수였음을 알 수 있다. 인구가 급증함에 따라, 도로확장, 상하수도 건설, 쓰레기 처리 등 도시 인프라가 건설이 절실했음에도 불구하고, 공급은 수요를

65　哈爾濱市地方志編纂委員會, 『哈爾濱市志』2, (大事記, 人口), 黑龍江人民出版社, 1999, 460-462쪽.
66　「本埠外僑戶口總數」, 『濱江時報』(1926. 12. 22), 6면.

충족시키지 못하고 있었다. 게다가 도시위생과 환경을 감시하는 경찰들은 충분한 훈련을 받지 못한 상태였다.

하얼빈은 북만주의 교통의 중심지이자 인구가 집중된 곳이었기 때문에, 이곳이 만주방역에서 차지하는 지위는 두말할 필요가 없다. 더욱이 하얼빈은 러시아 당국이 주도하는 다오리구와 중국정부가 관할하는 다오와이구로 분할되어 있었고, 다오와이구는 전염병의 온상으로 지목받아왔다. 그러나 러시아혁명 이후, 다오이구의 상황은 반전되었다. 러시아인들의 하얼빈 이주는 급증했지만, 다오리구의 사법과 행정이 붕괴되면서, 방역 행정도 공백이 초래되었다.

제1차 만주 페페스트 이후, 다오와이구에는 우렌더를 중심으로 서양의학적 방역행정이 시도되었다. 우렌더의 새로운 조치들은 중국인의 전통적 관행에 대한 도전이었고, 무엇보다 통제되지 않는 군인들은 예상치 못한 장애물로 등장했다. 하이라얼에서 페스트가 유행하자, 1920년 12월 19일 우렌더는 지역민이 참여하는 방역위원회를 조직하고, 철도차량 20량으로 격리소를 설립하는 등 방역조치를 단행했다. 12월 21일에는 중국인과 외국인이 참여하는 국제방역위원회를 조직하기도 했다.

1921년 1월 22일, 하얼빈에서 첫 사망자가 발견되었다. 그는 다라이눠얼 탄광 쿨리로 그 전날 하얼빈에 도착했는데, 하루만에 사망했다. 그와 접촉했던 가족들은 방역처 병원에 격리되어 감염자가 더이상 확산되지 않았다. 그러나 1월 26일, 다라이눠얼 탄광에서 온 또 다른 쿨리가 하얼빈 인근 촌락에서 사망했는데, 그와 접촉했던 수많은 사람들이 감염되어 전염병이 확산되었다. 우렌더는 한번에 400명을 수용할 수 있는 철도 격리차량 60량을 준비했고, 방역조치를 본격화했다. 무엇보다 우렌더는 통행을 제한하고, 도시공간을 봉

쇄하는 강력한 조치를 강행했다.⁶⁷

하얼빈 격리병원에 수용된 1,461명 중에서 1,312명이 사망했다. 하얼빈에서 마지막 환자가 발견된 5월 15일까지 4개월 동안 3,125명이 사망했다. 우렌더는 제1차 페페스트 유행시기 하얼빈에서 70,000명의 인구 중 7,000명이 사망한 것에 비해, 제2차 페페스트 유행시기 300,000명에 이르는 하얼빈 인구 중에서 3,125명의 사망자를 낸 것은 초기부터 방역조치가 효율적으로 진행되었기 때문이라고 평가했다. 그렇지 않았다면 3만 명 혹은 10배 이상의 사망자가 나왔을 것이라고 예측했다.

빈강도윤 등스인은 우렌더의 방역행정을 적극적으로 지원했지만, 중의에 대한 사회적 요구도 무시할 수 없었다. 그는 정부 기금으로 중의치료를 담당할 수 있는 4천 달러 규모의 병원을 설립하기로 결정했다. 1921년 4월 1일, 12명의 중의들로 구성된 중의병원을 개원했다. 개원 첫날부터 나흘간 10명의 페스트 환자를 받았다. 그들 모두 사망했다. 다섯째 되던 날, 중의들은 더 이상 환자를 보내지 말라는 편지를 우렌더에게 보냈다. 더이상 환자를 치료할 수 없다고 판단했기 때문이다.⁶⁸

---

67 伍連德 等編, 『鼠疫槪論』(衛生署海港檢疫處 上海海港檢疫所, 1937), 26쪽.
68 "Notes from Hospitals in China," *The China Medical Journal* 36-6(Nov. 1922), p.498.

제2차 만주 폐페스트 유행에 따른 방역대책은 이전과는 확연히 다른 몇 가지 모습을 살펴볼 수 있다. 우선은 폐페스트 감염원으로 쿨리 노동자가 아닌 군인들이 지목되었다는 점이다. 폐페스트 방역의 관건은 환자 및 접촉자들의 격리를 어떻게 실현할 것인가에 있고, 그것은 군대 및 경찰력에 의해 좌우되었다. 특히 군대는 대규모 인력을 집중적으로 배치할 수 있는 이점을 가지고 있기 때문에, 차단, 검역, 격리 등을 위해 가장 중요한 인력 자원이라 할 수 있다. 반면 이들이 전염병의 주범이 된다면, 전염병 확산은 더욱 가속화될 것이었다.

그다음으로 제2차 폐페스트 확산과정에서 주목해 보아야 할 것 중의 하나는 하얼빈의 공간구조의 변화가 전염병 확산에 미친 영향에 주목할 필요가 있다. 하얼빈 도시사회는 다오리구와 다오와이구로 이원화되어 있었고, 다오리구는 러시아식 방역행정을 통해 전염병 통제를 효과적으로 유지했던 곳이었다. 그러나 제1차 세계대전과 러시아혁명의 영향으로 하얼빈의 러시아 이민이 급증했던 반면, 동청철로관리국과 자치공의회가 누렸던 사법권과 행정권 등이 중국측으로 이관되었고, 러시아 영사관이 폐쇄되는 등 하얼빈정국이 급변했다. 하얼빈 도시공간의 통제를 주도했던 러시아당국이 붕괴됨에 따라 하얼빈으로 유입되는 페스트를 막아낼 1차 방어선이 무너진 것이나 다름없게 되었다. 러시아인들의 유입으로 하얼빈 도시사회에서 러시아인들의 사회적 비중은 커졌던 반면, 그들의 정치적·사회적 지위는 하락했다. 하얼빈의 러시아 사회의 동요 속에 러시아 이민사회는 급증했던 반면, 그것을 효과적으로 통제할 자치기구 등의 존립기반이 축소되어 갔다. 따라서 다오리구는 더이상 전염병으로부터 안전한 곳은 아니었다. 러시아인들은 중국정부가 임시로 설치한 격리차량에 갇혀야 되는 처지로 전락했고, 중국정부는 전염병통제를 빌미로 러시아사회에 대한 공간재편을 진행했다. 흔히 말하는 우렌더의 성공 혹은 1920년대 만주 폐페스트의 성공이란 중국측의 입장만을 부각시킨 것이다. 이런 시각으로는 다오리구의 혼란과 붕괴, 1910년대와 1920년대의 달라진 하얼빈의 공간상황에 대해서는 설명할 수 없게 된다.

그리고 제2차 만주 폐페스트 유행 이후 달라진 페스트 방역대책에 주목할 필요가 있다. 제1차 만주 폐페스트 유행 시기 중국정부는 각종 방역법규를 제정하여 방역활동을 전개했다. 그러나 전국 규모로 반포된 「방역장정」(1911. 4. 22)을 살펴보면, 이 법규가 오직 페스트만을 위한 방역법규였음에도 불구하고, 쥐잡기와 느슨한 검역행정을 규정하고 있어 방역에 실효성이 있었는지 의문시 될 정도였다. 그러나 제2차 만주 폐페스트 유행 이후 각종 방역법령에는 마스크 착용, 경찰신고, 의사진단, 소독, 격리 등 새로운 방역조치가 포함되었다. 더이상 쥐잡기에만 몰두하지는 않았다. 동삼성방역사무총처는 「페스트 방역조치」과 「페스트소독조치」(1921. 1. 21)를 반포했고, 각국마다 격리기간의 차이는 있었지만, 국제적인 공조 속에서 폐페스트 방역에 필요한 강력한 조치를 실시하게 되었다. 무엇보다 우렌더는 격리, 차단, 봉쇄 등 강력한 조치로 도시공간을 통제하는 데 역점을 두었다.

form
8

1920년대 페페스트의 유행과
일제의 방역행정

1920년은 한국 전염병사에서 중요한 전환점이었다. 1919-1920년에 콜레라와 스페인 독감이 유행했고, 1920-1921년 페스트가 유행했기 때문이다. 그동안 대규모 사망자를 발생시킨 콜레라 방역에는 적지 않은 연구가 집중되었지만,[1] 공식적으로 페스트 환자가 보고되지 않았던 탓에, 비슷한 시기에 발생한 페스트 방역의 중요성은 거의 논의되지 않았다. 콜레라가 설사 및 탈수 증세와 같은 비교적 명확한 증세를 보이고, 끓인 물 마시기, 예방주사, 격리 등을 통해 예방적 조치를 실행할 수 있었지만, 페스트의 경우에는 장기간의 격리조치를 필요로 하는 데다 격리 이외에는 별다른 방역조치가 없었다. 페스트 방역을 위해서는 보다 엄격한 방역조치가 필요했다. 콜레라 방역이 한말 및 대한제국시기의 적극적인 전염병관리와 일제시기의 강압적인 전염병관리를 대표한다면, 페스트 방역은 1910년 및 1920년 전후 일제의 전염병 관리의 성격과 방역체계의 발전과정을 해명할 수 있는 중요한 전염병이라 평가할 수

---

1   한말 대한제국시기의 콜레라 방역에 대해서는 신동원, 『한국근대보건의료사』(한울아카데미, 1997); 박윤재, 『한국 근대의학의 기원』(혜안, 2005)를 참고. 일제의 콜레라 방역에 대해서는 정민재, 「근대 의학 수용에 대한 자주적 노력 - 개항에서 대한제국시기까지」, 『한성사학』 21, 2006; Park Yun-jae, "Sanitizing Korea: Anti-Cholera Activities of Police in Early Colonial Korea," *Seoul Journal of Korean Studies* 23, no. 2(Dec. 2010); 백선례, 「1919·20년 식민지 조선의 콜레라 방역활동: 방역당국과 조선인의 대응을 중심으로」, 『사학연구』 제101호 (2011. 3); 金穎穗, 「植民地朝鮮におけるコレラの大流行と防疫對策の變化: 1919年と1920年の流行を中心に」, 『アジア地域文化研究』 第8號, (2012. 3) 등을 참고.

있다.

만주에서 페페스트는 1910-1911년 6만여 명의 사망자를 발생시킨 이후에도 거의 매년 발생했다. 특히 만주지역에서는 1917-1918년 선페스트, 1920-1921년 폐페스트가 크게 유행했고, 중국에서만 각각 1만 6천, 9천여 명의 사망자를 발생시켰다.[2] 일반적으로 1910-1911년 만주에서 유행한 페스트를 제1차 만주 폐페스트, 1920-1921년에 유행한 페스트를 제2차 만주 폐페스트라고 부르고 있다. 식민지 조선에서는 제1차 만주 폐페스트 유행기간 동안 한 명의 사망자도 보고되지 않았지만, 제2차 만주 폐페스트 유행기간에는 페스트 사망자가 발생하기에 이르렀다. 만주에서 페스트 유행과 식민지 조선의 대응에 대해서는 주로 제1차 만주 폐페스트만이 다루어져 왔으며, 제2차 만주 폐페스트는 거의 다루어진 적이 없었다. 이 글은 제1차 만주 폐페스트 유행 이후 10년 동안 일제의 방역행정에는 어떤 변화가 있었는지 검토하고, 제2차 만주 폐페스트 유행이 일제의 방역체계의 발전에 어떠한 영향을 미쳤는지를 살펴보고자 한다.

---

2 Wu Lien-teh, "Plague in the Orient with Special Reference to the Manchurian Outbreaks," *The China Medical Journal* 36, (January 1922), p.25.

제1차 만주 폐페스트의 유행과 쥐잡기운동

1910년 9월 16일, 러시아 지역 국경 부근에서 일하던 중국인 목수들 중에서 최초의 환자가 목격된 이래로 열악하고 불결한 주거환경에서 집단 거주했던 노동자 및 수렵꾼 사이에서 페스트가 확산되기 시작했다. 10월에는 헤이룽장성 만저우리로 확산되었다. 10월부터 12월까지 3개월 동안, 만저우리에서 392명이 사망했다. 이후 페스트는 만저우리에서 하얼빈, 창춘, 지린 등 철도 연선을 따라 각지로 퍼져나갔다. 페스트가 남쪽으로 급속히 퍼져나갔던 것은 겨울이 되자, 산둥 쿨리들이 철도를 통해 귀향길에 오르면서부터였다. 페스트는 베이징, 톈진, 지난 등지로까지 확대되었다. 중국정부는 1910년 12월 경사방역국(京師防疫局)의 설치를 시작으로 각 지역에 방역국을 설치하여 방역행정을 본격화했다. 만주 페스트 방역의 총책임자로는 영국 캠브리지대학 의학박사로 톈진 제국육군군의학당 부감독으로 재직하고 있던 우롄더가 임명되었다.

중국 동북부에서 페스트가 유행하고 있다는 소식은 1910년 10월 일제가 조선을 강점한지 2개월이 지난 시점에 전해졌다. 1910년 11월 경무총감부는 각도에 예방경계령을 발령하여 전염병예방에 만전을 기하도록 했다.[3] 그러나 두 달이 지나도록 검역 관련 법안은 마련되지 않았고, 한반도 내에서 특별한 검역도 실시되지 않았다.

「전염병예방규칙」(1899. 8. 16)에 따르면, 대한제국시기 법정전염병은 콜레라, 이질, 장티푸스, 두창, 발진티푸스, 디프테리아 등 6종이었다. 「전염병보고례」(1910. 8. 16)에 따르면, 기존 6종 이외에 성홍열과 페스트가 포함되었다.[4] 1910년 9월 1일, 전염병 발생시 지방 관찰사와 지방 경찰서 등에 보고하도록 했는데, 콜레라와 페스트는 내부 위생국과 경찰부장에 직접 보고하도록 했다.[5] 그러나 페스트를 위한 특별한 법령은 반포되지 않았다. 조선총독부가 페스트와 관련한 법령들을 쏟아내기 시작한 것은 1911년 1월 중순 이후였다. 본격적인 검역도 법령 반포 이후에 시작되었다.

1911년 1월 14일 신의주 세관에서 페스트 검역이 시작되었다.[6] 1월 15일, 경무총감부는 중국인은 10일간의 검역을 거치도록 했다. 그러나 신의주에서 실제 검역은 3일간 실시되었다.[7] 1월 19일부터는 신의주와 인천에서 검진을 실시하여 이상자는 격리소에 3일간 격리되도록 했다.[8] 1월 23일에는 원산에서 페스트 검역이 실시되었고,[9] 1월 24일부터는 평양역에서 기차검역이 실시되었다.[10] 1월 27일부터는 신의주, 진남포, 인천, 부산 등에서 항만검역이 실

---

3 「滿洲의 黑死病과 朝鮮」, 『每日申報』(1910. 11. 20), 2면.
4 「傳染病報告例」(1910. 8. 16), 『警務月報』2, (1910. 8), 例規, 12-13쪽.
5 「咸鏡南道警察部訓令第2號」, 『朝鮮總督府官報』(1910. 9. 1), 2면.
6 「朝鮮總督府警務總監部告示第5號」(1911. 1. 12), 『朝鮮總督府官報』(1911. 1. 14), 71면.
7 「新義州防疫嚴密」, 『每日申報』(1911. 1. 24), 2면.
8 「朝鮮總督府警務總監部令第2號」(1911. 1. 19), 『朝鮮總督府官報』(1911. 1. 19), 1면; 「朝鮮總督府警務總監部告示第7號」(1911. 1. 19), 『朝鮮總督府官報』(1911. 1. 19), 1면.
9 「朝鮮總督府告示第13號」(1911. 1. 23), 『朝鮮總督府官報』(1911. 1. 23), 110면.
10 「朝鮮總督府警務總監部告示第9號」(1911. 1. 23), 『朝鮮總督府官報』(1911. 1. 24), 1면.

시되었다.[11] 만주에서 군산이나 목포로 내항한 선박은 인천 등지에서 검역을 받아야만 입항이 가능했다.[12] 1월 27일에는 신의주 및 인천 격리소의 격리기간을 3일에서 5일로 연장했다.[13] 2월 1일부터는 두만강 연안에서도 검역이 시작되었다.[14] 1월 14일부터 2주 동안 신의주에서 검역 성과는 일본인 1,029명, 조선인 521명, 중국인 778명, 기타 외국인 1명 등이었고, 격리소에 수용된 인원은 일본인 128명, 조선인 20명, 중국인 20명인데, 페스트 감염 의심자는 1명도 없었다. 1월 21일부터는 중국인의 상륙을 금지시켰다.[15]

항만 검역에 관한 가장 포괄적인 규정은 「해항검역에 관한 건」(1911. 1. 21)으로 전염병 유행지에서 출발했거나 경유한 선박이 전염병의 오염 의심이 있을 경우 정선(停船)을 명하고 소독 및 서류의 구제작업을 실시하도록 했다. 이 때 10일을 초과하지 않는 범위에서 승객 및 승무원을 검역소나 선박 안에 정류(停留)할 수 있도록 했다. 또, 검역관의 직무 집행을 거부하거나 방해할 경우에는 200원 이하의 벌금을, 선장이나 승무원이 검역업무에 협조하지 않는 경우에는 50원 이상 500원 이하의 벌금에 처하도록 했다.[16] 「해항검역수속」(1911. 1. 24)은 검역을 시행할 수 있는 전염병으로 콜레라, 성홍열, 페스트, 황열 등을 우선 지정했다(제1조). 기타 전염병에 대해서는 "임시검역을 시행할 때 다시 그것을 지정할 수 있다(제1조). 승객 및 승무원의 정류기간은 페

---

11 「總督府公文」, 『每日申報』(1911. 1. 29), 1면.
12 「朝鮮總督府告示第22號」(1911. 1. 27), 『朝鮮總督府官報』(1911. 1. 27), 1면.
13 「朝鮮總督府警務總監部告示第13號」(1911. 1. 27), 『朝鮮總督府官報』(1911. 1. 27), 1면.
14 「朝鮮總督府警務總監部告示第16號」(1911. 2. 1), 『朝鮮總督府官報』(1921. 2. 1), 1면.
15 「新義州의 檢疫數」, 『每日申報』(1911. 2. 7), 2면.
16 「海港檢疫ニ關スル件」(1911. 1. 21)」, 『朝鮮總督府官報』(1911. 1. 21), 1면.

스트는 10일간, 콜레라, 황열은 5일간으로 한다(제3조)"고 했다.[17]

페스트 만연으로 중국과 접경지역에서 방역을 담당할 경비선이 요청되었다. 경찰에서는 1911년 1월 이래 수차례에 걸쳐 육군 소속 기선 5척을 빌리고, 휘발유 발동선 5척을 구입하여 항만과 하천에서 방역을 담당케 했다.[18] 이렇게 마련된 경비선이 일제시기 수상경찰의 기초를 이루는 계기가 되었다.[19] 페스트 방역을 계기로 항구 및 하안 등지에서 방역을 실시할 수 있는 법적 장치와 행정수단이 마련되었다.

육상 및 해상 검역 이외에, 식민당국이 심혈을 기울인 방역대책은 쥐잡기 운동이었다. 쥐잡기를 통해 페스트 예방 교육과 선전을 강화했으며, 세균검사를 실시하고, 우수 포획자에 포상했다. 만주에서 유행한 페스트는 폐페스트였지만, 의과학자 사이에서 폐페스트의 원인과 감염경로 등에 대한 논란이 계속되고 있었다.[20] 당시 페스트라고 하면 선페스트를 의미하는 것이었고, 페스트 주요 방역대책 중의 하나는 선페스트의 매개체인 쥐벼룩과 쥐를 잡는 것이었다.

1월 14일 신의주에서 본격적인 검역과 더불어 경무총감부가 내린 법령 역시 "페스트 예방을 위해 특히 지정된 지역 내에 죽은 쥐(斃鼠)를 발견할 때 속히 관할경찰서 혹은 순사주재소 혹은 순사파출소에 신고"하도록 하고, 위

---

17 「海港檢疫手續」(1911. 1. 24), 『朝鮮總督府官報』(1911. 1. 24), 1면.
18 「水上警備」, 『朝鮮彙報』 12, 1915, 129쪽; 「防疫警備船派遣」, 『每日申報』(1911. 2. 15).
19 『朝鮮警察之槪要』(朝鮮總督府警務局, 1914), 8쪽.
20 1910-11년 만주에서 유행한 폐페스트에 관한 이론적 논쟁에 대해서는 신규환, 「제국의 과학과 동아시아 정치: 1910-11년 만주 페스트의 유행과 방역법규의 제정」, 『東方學志』 167, (2014. 9)을 참고.

반시에는 구류 혹은 벌금에 처했다.[21] 신고 지정 지역은 평안북도 신의주와 경기도 인천항으로 했다.[22] 그러나 페스트 유행 가능성에도 불구하고, 상하이, 후쿠오카, 야마구치 등에서 콜레라가 종식됨에 따라 인천의 검역은 같은 날 폐지되었다.[23] 1월 16일 경무총감부는 창춘, 펑톈, 다롄 등지의 페스트 만연 상황을 알리고, 쥐잡기, 청결관리 등 방역대책을 발표했다. 그 중 가장 중요한 대책은 쥐잡기와 쥐매입이었다.

> 페스트병은 흔히 서족(鼠族)의 매개로 인하여 병독이 전파하는 것인즉 각호(各戶)에 쥐덫[捕鼠器]을 비치하거나 또는 쥐약[捕鼠劑]을 사용하거나 혹은 고양이를 사육하는 등 수단을 써서 구서(驅鼠)를 이행하고 더불어 벼룩, 빈대, 이 등이라도 구제(驅除)함을 힘써서 할 일[24]

1911년 1월 14일, 경무총감부는 쥐덫을 설치하여 쥐잡기를 실시한다는 포고를 전국에 발표했다.[25] 특히 신의주와 인천에서는 쥐를 매입하여 세균검사를 실시했으며,[26] 경성 북부경찰서에서도 쥐잡기를 통해 페스트를 예방할 수 있다는 교육과 선전을 강화하여 쥐잡기에 전력하도록 고무했다.[27] 쥐잡기를 고무하기 위해 경무총감부는 쥐덫을 직접 판매했는데, 왕가에서 쥐덫 350개

---

21 「朝鮮總督府警務總監部令第1號」(1911. 1. 14), 『朝鮮總督府官報』(1911. 1. 14), 70면.
22 「朝鮮總督府警務總監部告示第6號」(1911. 1. 14), 『朝鮮總督府官報』(1911. 1. 14), 71면.
23 「朝鮮總督府京畿道警務部告示第1號」(1911. 1. 14), 『朝鮮總督府官報』(1911. 1. 14), 85면.
24 「朝鮮總督府警務總監部告諭第1號」(1911. 1. 14), 『朝鮮總督府官報』(1911. 1. 18), 3면.
25 「黑死病과 諭達」, 『每日申報』(1911. 1. 15), 2면.
26 「因疫檢鼠」, 『每日申報』(1911. 1. 15), 2면.
27 「鈴木署長의 諭示」, 『每日申報』(1911. 1. 26), 2면.

를 구입하여 창덕궁에 200개, 덕수궁에 150개를 비치했다는 점을 선전하기도 했고, 다수 포획자에게는 추첨을 통해 포상한다는 계획도 발표했다.[28] 실제로 2월 1일부터는 경성내 경찰서를 중심으로 쥐잡기운동을 본격화하여 6일 동안 7,900마리의 쥐를 포획했다.[29] 1월 21일부터 2월 9일까지 누계 15,253마리를 포획했으며, 2월 12일 포획자에 대한 포상 추첨을 실시했다.[30] 그 밖에도 방역당국은 페스트 방역을 목적으로 부산항에서도 매일 200~300마리의 쥐를 사들이기도 했다.[31] 용암포 경찰서는 1마리당 3전씩 매입했고,[32] 평안북도 경찰부는 2월 6일부터 4월 27일까지 1,000마리의 쥐를 매입했으며, 그 중에서 추첨을 통해 1등에게는 20원의 상금을 수여하기도 했다.[33] 신의주와 인천에서 세균검사가 실시되었으며,[34] 경무총감부 위생과에 세균검사실을 설치하고 2월 25일 오카다 소지로(岡田宗次郎), 다카노 치카오(高野親雄) 등을 세균검사 기사로 임명했다.[35] 그러나 세균검사를 통해서 페스트균을 발견한 사례는 전무했다.

「전염병예방심득서」는 각 전염병의 원인과 예방법에 관한 주의서 혹은 안내서로 전염병에 관한 핵심적인 내용을 간단히 인쇄하여 주재소나 접객업소에서 배포하거나 전신주에 붙이는 형태로 대중에게 공표하여, 전염병 유행을 경각시키고 각 전염병을 선전·교육하는 대표적인 수단이었다. 따라서 「전

---

28 「兩宮의 捕鼠獎勵」, 『每日申報』(1911. 1. 27), 2면.
29 「買鼠의 好成績」, 『每日申報』(1911. 2. 10), 2면.
30 「捕鼠一萬五千餘(12일 오후 1시 추첨)」, 『每日申報』(1911. 2. 14), 3면.
31 「釜山港의 買鼠數」, 『每日申報』(1911. 2. 17), 2면.
32 「朝鮮總督府平安北道警察部告示第9號」(1911. 3. 29), 『朝鮮總督府官報』(1911. 4. 5), 24면.
33 「朝鮮總督府平安北道警察部告示第17號」(1911. 4. 27), 『朝鮮總督府官報』(1911. 5. 4), 25면.
34 「朝鮮總督府京畿道諭告第1號」(1911. 1. 18)」, 『朝鮮總督府官報』(1911. 1. 21), 1면.
35 「敍任及辭令」, 『朝鮮總督府官報』(1911. 2. 25).

염병예방심득서」의 내용을 살펴보면 그 당시 방역당국의 전염병에 대한 인식과 방역정책을 유추해 낼 수 있다.

흥미로운 점은 1911년 1월 말, 관동군 산하인 뤼순진수부 사령장관이 해군대신에게 보낸 보고서에 첨부된 뤼순진수부 발행의 「페스트예방심득(ペスト豫防心得)」에 의하면, 당시 페스트의 유형을 선페스트, 피부페스트, 폐페스트 등으로 분류하면서 만주에서 유행하는 페스트가 폐페스트라고 인식하고 있었다. 또, 폐페스트가 가래나 기침 등에 의해 공기로 전염될 수 있고, 환자의 의복이나 물품 등을 통해서도 전염될 수 있음을 경고했다. 반면 같은 문서에 첨부된 「예방법」에서는 페스트 예방을 위해 쥐잡기를 중요한 방역대책으로 설정했다.[36]

식민지 조선에서는 「페스트예방심득서」를 대신하여 당시 방역행정을 주도하던 조선총독부의원 후지타 쓰구아키라(藤田嗣章: 1854-1941)의 강연을 신문지상에 공표했다.

페스트라는 것은 즉 인간과 쥐가 여러 곳에 병독을 옮긴다는 것은 이미 확실하게 증명되었고, 극단적으로 말하면 인간과 쥐가 있지 않게 된다면 시가지에 페스트 병균은 만연하지 않고 고사하게 된다. 거기에서 인간을 본위로 하면, 쥐가 전염의 매개를 하는 것이므로 자연히 이 쥐를 전멸시키지 않으면 우리가 안심할 수 없게 되었다.…이 페스트는 어떠한 경로로 전파되는 것인가? 인간과 쥐에만 한정하여 이를 다루고 있는데, 그 병독이 페스트 환자가 사용한 기구나 물

---

36 「第87-2ペスト豫防の件」(1911. 1. 21), 『南滿洲ペスト一件』, アジア歷史資料センタ, 海軍省-公文備考-M44-92-1270, 0231쪽.

건에 붙어서 모두 매개가 되는 것이고, 우선은 이들에 대한 세밀한 주의를 기울여 예방 계획을 세우게 되면 쉽게 그 목적을 이룰 수 있다.[37]

후지타가 만주에서 발생한 페스트가 폐페스트라고 명확하게 밝히고 있지는 않지만, 후지타 역시도 관동군 방역당국의 페스트에 대한 인식을 일부 공유하고 있었다. 즉 페스트가 인간, 쥐, 환자와의 간접 접촉 등을 통해서 감염될 수 있음을 경고했다. 그럼에도 불구하고 후지타에게도 가장 중요한 페스트 방역정책은 바로 쥐잡기를 통한 방역이었다. 이것은 1911년 1월에 이미 조선총독부에서도 제1차 만주 폐페스트의 실체를 이미 파악하고 있었거나 폐페스트에 관한 논의를 거쳤을 가능성이 높다는 것을 의미한다. 그럼에도 불구하고 쥐잡기는 남만주와 식민지 조선에서 여전히 중요한 정책이었다는 점도 상기시켜 준다.

대한제국의 방역대책이 지방관의 관할 하에 경찰, 의사 등을 동반하되, 지방행정의 말단인 리임(里任)과 동임(洞任) 등을 활용한 것이었다면. 통감부는 전염병과 관련된 모든 사무는 경찰관서에서 집행하고, 관련비용은 각 지방 관찰사가 담당하되, 경찰관서는 필요비용을 청구할 수 있도록 했다.[38] 조선총독부의 위생사무는 내무부 지방국 위생과와 경무총감부 위생과로 이원화되어 있었는데, 1912년 4월 내무부 위생과가 폐지되고, 총독부의원 및 자혜의원 관련업무만이 내무부 지방국에서 관할하도록 했다.[39] 말하자면, 한국

---

37 「藤田院長の講演(1): ペスト豫防心得」, 『京城新報』(1910. 2. 5), 2면.
38 「地方衛生事務協定의 件(1910. 7. 27)」, 『警務月報』2, (1910. 8), 例規, 9쪽.
39 「朝鮮總督府事務分掌規程(朝鮮總督府訓令第27號)」(1912. 3. 30), 『朝鮮總督府官報』第475號, (1912. 3. 30), 262-265쪽.

병합 이후 방역사무의 실질적인 책임은 경무총감부가 담당했다. 경무총감은 조선주차헌병대장이 겸임했고, 검역 및 방역활동을 위해서 경찰의 수가 절대적으로 부족했기 때문에, 부족한 경찰력은 헌병에서 차출되었다. 페스트 방역을 위해 민간에서 조직된 방역자위단(防疫自衛團) 역시 자율적인 민간조직이라기보다는 공권력에 의해 강제로 동원된 것이었다.[40] 방역자위단은 방역활동 이외에 지역사회의 치안유지 활동을 겸하고 있었는데, 당시 전염병 예방을 위한 관민 협동기구로 위생조합도 등장했다.[41]

방역행정은 경무총감부가 담당했고, 경무총감부는 페스트 환자의 격리기간을 3일, 5일, 10일 등 임의대로 정하는 등 방역정책이 그 때 그 때 달랐다. 특히 경무총감부는 제1차 만주 폐페스트를 선페스트로 간주하여 방역대책으로 구서작업에 몰두했다. 경무총감부는 수십 건의 법령의 반포를 통하여 방역체계를 강화해 나갔지만, 사실 그 대책은 효과적이지 않았다. 조선총독부가 페스트 방역을 더이상 경무총감부 관할로 두지 않고, 만주 폐페스트가 종결되는 시점인 1911년 3월에 총독이 임명하는 임시방역위원회(臨時防疫委員會)가 담당하도록 한 것도 이와 무관치 않을 것이다.[42]

제1차 만주 폐페스트에 대한 식민당국의 대처는 페스트에 대한 잘못된 정보와 군경을 활용한 강권적인 검역 및 민간의 방역자위단을 활용한 방역활

40　Sihn Kyu-hwan, "Unexpected Success: the Spread of Manchurian Plague and the Response of Japanese Colonial Rule in Korea, 1910-1911," *Korea Journal* 49-2, 2009, p. 177.

41　권기하, 「1910년대 총독부의 위생사업과 식민지 '臣民'의 형성」, 연세대 사학과 석사학위논문, (2010. 1), 32-33쪽.

42　「朝鮮總督府臨時防疫委員會規則」(1911. 3. 13), 『朝鮮總督府官報』(1911. 3. 13), 101면. 실제로 임시방역위원회가 어떻게 조직되고 어떤 활동을 했는지는 알 수 없다. 페스트는 잦아들었고, 경무총감부는 콜레라 유행에 대비하여 활동을 재개하였다.

동으로 정리된다. 실질적인 검역기간도 3일 정도로 짧았고, 당국은 쥐잡기에만 몰두하고 있었다. 세계적 세균학자인 기타사토 시바사부로(北里柴三郎: 1853-1931)가 조선을 방문하여 페스트의 전염원으로 중국인노동자에 주목할 것을 경고했음에도, 쥐잡기 중심의 방역행정은 변경되지 않았다.[43] 그럼에도 불구하고 식민당국이 제1차 만주 폐페스트 유행시기 페스트 사망자가 발생하지 않았던 것은 효과적인 방역대책 때문이 아니라 페스트의 주요 전염원이었던 중국인노동자의 조선 유입이 적었던 상황에 기인한 것이었다.

---

43 「北里博士의 講話(京城호테루歡迎會席上)」, 『每日申報』(1911. 2. 28), 3면.

방역법령의 정비와
1919-1920년 콜레라방역의 성과

대한제국시기「전염병예방규칙」은 콜레라, 이질, 장티푸스, 두창, 발진티푸스, 디프테리아 등 6종을 법정전염병으로 정했고, 1910년 8월에「전염병보고례」는 기존 6종에 성홍열과 페스트를 추가했다.「전염병보고례」의 제정 이전에 조선에서 성홍열과 페스트가 유행한 것은 아니지만, 일본에서는 성홍열과 페스트로 인해 매년 수백 명의 사망자가 발생하고 있었다.[44] 조선의 법정전염병에 페스트가 포함된 것은 일본의 상황에 근거한 것이었다.「전염병보고례」는 법령으로 정식 공포된 것은 아니었지만, 당시 전염병을 통제하던 경찰조직에서 공식적으로 통용되었기 때문에, 사실상 법령과 같은 효력을 지녔다.

「전염병예방령」(1915. 6. 5)은 콜레라, 이질, 장티푸스, 파라티푸스, 두창, 발진티푸스, 성홍열, 디프테리아, 페스트 등 9종을 법정전염병으로 정했다. 기존 8종에 파라티푸스가 포함된 것이었다. 이 역시 1910년대 일본에서 급증한 파라티푸스 유행과 관련된 것이다.[45]「전염병예방령」의 특징은 각

---

44 內務省衛生局,『法定傳染病統計』(1924), 第一表,「累計傳染病患者及死亡總數」를 참고.
45 일본내무성이 파라티푸스를 주요한 전염병으로 파악하기 시작한 것은 1910년부터이고, 매년 200-800명 내외의 사망자가 발생하였다. 전염병환자의 사망통계는『法定傳染病統計』(1924)를 참고. 일본은 1897년 4월 1일「전염병예방법(傳染病豫防法)」(법률 36호)에서 두창, 콜레라, 장티푸

지방 경무부장 책임하에 전염병을 관리하도록 했고, 시체 검안 및 소독 등은 경찰, 헌병 등의 관리를 받도록 했다는 점이다. 말하자면 전염병 관리는 경찰에 의한 일원적 관리를 목표로 했다.

「전염병예방령시행규칙」(1915. 7. 12)은 전염병예방령의 주요 내용을 보다 구체화했는데, 전염병 유행시 각 지방 경무부장은 경무총장에게 우선 보고하고, 도장관에게 통보하도록 했다(제1조). 특히 페스트 유행시에는 쥐의 구제를 우선적인 시행업무로 삼았다(제4조). 또 콜레라, 이질 환자의 격리기간을 5일, 발진티푸스, 성홍열 환자의 격리기간을 7일로 했던 것에 비해 페스트 환자는 격리기간을 10일로 정했다(제6조).[46]

1919년 지방제도 개편을 통해 도 경무부장이 가졌던 위생관련 처리권한이 도지사에게 이관되었다. 그동안 위생을 포함한 경찰사무를 총괄하던 경무총감부가 해체되면서, 위생사무와 관련한 도지사의 개입여지가 확보되었다.[47] 1919년 4월, 도 경무부장은 도 장관의 승인을 받아 부(府)·면(面)에 각종 방역활동을 실시하고 방역설비를 갖출 수 있었다. 그런데 그 비용은 부·면의 지방비로 처리하도록 했다.[48] 다만 중앙정부는 전염병 예방비와 관련하여 부에는 지출액의 1/5, 면에는 지출액의 1/3을 보조하도록 했다.[49] 1919년 9월 11일 「전염병예방령시행규칙 개정안」에 따르면, 경무부장 책임이 도지

스, 이질, 디프테리아, 발진티푸스, 성홍열, 페스트 등 8종을 법정전염병으로 관리하였고, 1922년 개정을 통해 파라티푸스와 유행성뇌척수막염이 추가되었다.

46 「傳染病豫防令施行規則」(1915. 7. 12), 『朝鮮總督府官報』(1919. 7. 12), 133면.
47 박윤재, 「조선총독부의 지방 의료정책과 의료소비」, 『역사문제연구』 제21호, (2009. 4), 165쪽.
48 「朝鮮總督府令第61號」(1919. 4. 8), 『朝鮮總督府官報』(1919. 4. 8), 109면.
49 「傳染病豫防費補助規定」(1919. 9. 27), 『朝鮮總督府官報』(1919. 10. 8), 87면.

사로 이관되면서 도지사의 역할이 중요해졌고, 헌병의 역할은 삭제되었다.[50] 각 지방에서는 도지사가 관할하는 검역위원회가 조직되었는데, 검역위원 본부는 도청 소재지에 설치하고, 주요 경찰서를 검역위원 지부로 하여 검역활동을 관리하기도 했다.[51] 이는 검역활동이 지방 중심으로 옮겨졌지만, 여전히 경찰행정을 중심으로 방역활동이 진행되었음을 의미한다. 또, 각종 전염병 보고 및 시체 검안 등을 경찰관리 혹은 검역위원에게 보고하도록 했는데, 이 역시 경찰 중심이었음을 나타낸다. 콜레라 예방을 명분으로 어로와 수영이 금지되었고, 각종 집회도 금지될 수 있었다.[52]

만주방역 이후 방역활동의 중심이 지방화된 데 이어, 중요한 변화 중의 하나는 동아시아 전염병 정보체계의 변화였다. 『조선총독부관보』는 1919년 1월부터 매주 단위로 전염병 정보를 보고하기 시작했다. 만저우리 및 하얼빈 등 북만주, 창춘 및 다롄 등 남만주(관동도독부 경무부). 블라디보스토크(浦潮斯德 총영사관). 칭다오(칭다오수비군 민정부경무부). 상하이(내무성 방역사무촉탁). 홍콩(홍콩주재 총영사) 등지에서 유행하는 법정전염병이 그 대상이었다.

특히 홍콩지역에서는 1919년 1월부터 8월 말까지 페스트 신규환자와 사망자가 계속 발생했고, 홍콩 및 카오룬 지역에서 쥐를 포획하여 세균검사를 실시했고, 일부 쥐들이 페스트균에 감염된 사실을 확인했다.[53] 8월 말부터는

---

50 「朝鮮總督府令第143號」(1919. 9. 11), 『朝鮮總督府官報』(1919. 9. 11), 113면.
51 「朝鮮總督府咸鏡南道訓令第18號」(1919. 9. 15), 『朝鮮總督府官報』(1919. 9. 26), 302면; 「朝鮮總督府忠淸北道告示第36號」(1920. 8. 20), 『朝鮮總督府官報』(1920. 9. 2), 21면.
52 「朝鮮總督府京畿道令第8號」(1919. 9. 5), 『朝鮮總督府官報』(1919. 9. 15), 157면.
53 「傳染病週報」(1919. 8. 23), 『朝鮮總督府官報』(1919. 8. 23), 257면.

홍콩의 콜레라 환자에 관한 전염병 정보가 보고되었다.[54]

　　1919년 8월 2일, 「경무총감부공문」을 통해 남중국에서 콜레라가 유행하고 있으며, 콜레라에 유의할 것을 당부했다.[55] 8월 21일 콜레라 유행에 대비하여 신의주, 용암포 등지에서 만주지역에서 오는 여행객을 대상으로 검역을 실시했다.[56] 8월 28일에는 신의주 이외에 평안남도, 황해도, 경기도, 전라남북도, 경상남북도 등 전국에 걸쳐 선박 검역이 실시되었다.[57] 8월 한 달 동안 940명의 환자와 639명의 사망자가 발생했는데, 사망자의 84%(537명)가 평안북도에 집중되었다.[58] 9월이 되자, 충청북도를 제외한 전 지역에서 사망자가 발생했고, 평안북도, 평안남도, 황해도 등지에서 사망자가 가장 많이 발생했다.[59] 이것은 콜레라가 만주를 통해 한반도로 유입되었음을 나타낸다. 1919년 식민지 조선에서 콜레라 환자 수는 16,991명, 사망자는 11,084명이었다.[60] 1919년 콜레라의 유행은 신의주 방역의 중요성을 다시 한 번 일깨

54　「香港傳染病週報」(1919. 8. 28), 『朝鮮總督府官報』(1919. 8. 28), 319면.
55　「警務總監部公文」(1919. 8. 1), 『朝鮮總督府官報』(1919. 8. 2), 17면.
56　「朝鮮總督府告示第216號」(1919. 8. 21), 『朝鮮總督府官報』(1919. 8. 21), 223면.
57　「朝鮮總督府告示第218號」(1919. 8. 28), 『朝鮮總督府官報』(1919. 8. 28), 305면.
58　전체 환자 및 사망자는 940명/639명이었고, 평안북도(772명/537명), 평안남도(137명/85명), 황해도(26명/16명), 경기도(5명/1명) 순이었다. 「傳染病患者數」, 『朝鮮總督府官報』(1919. 10. 25), 299면.
59　전체 사망자 5,351명 중 평안북도 1,767명(33%), 평안남도 1,510명(28, 2%), 황해도 1,501명(28, 1%) 등의 사망자가 전체의 89, 3%를 차지하였다. 「傳染病患者數」, 『朝鮮總督府官報』(1919. 11. 3), 31면.
60　1919년 콜레라 환자수 및 사망자수는 황해도(4,507명/3, 101명), 평안남도(3,787명/2,405명), 평안북도(3,471명/2, 246명) 순이었다. 朝鮮總督府, 『大正8年虎列剌病防疫誌』(京城: 朝鮮總督府, 1920), 13-16쪽. 이 통계는 『朝鮮防疫統計』와 약간 차이가 있다. 1919년 콜레라 환자수는 16,915명, 사망자수는 11,533명이었다. 朝鮮總督府警務局, 『朝鮮防疫統計』(朝鮮總督府警務局, 1941), 10쪽.

왔다. 신의주가 페스트뿐만 아니라 만주지역에서 유입되는 각종 전염병을 막아내야 하는 최전선이라는 점을 보여주었기 때문이다.

1920년 6월 일본 고베를 통해 경상남도로 유입된 콜레라는 경상북도, 전라남도, 경기도 등지에서 크게 유행했다. 평안도와 황해도 지역에도 콜레라가 유행하긴 했지만, 남부지역에서 전염병이 크게 유행했고 피해도 컸다.[61] 1920년 식민지 조선에서 콜레라 환자 수는 24,229명, 사망자는 13,570명이었다.[62] 콜레라 검역은 페스트에 비해 검역기간이 짧았지만, 강제격리·교통차단·소독 이외에도 선박·기차·여객 검역시 검역 대상자들에게 검변증명서와 예방주사증명서 등을 요구할 수 있었고,[63] 심지어 콜레라 확산을 이유로 집회도 금지할 수 있었다.

1919-1920년 콜레라 방역에서 가장 중요한 특징 중의 하나는 환자 발견 방법으로 해항, 기차, 여객검역보다 검병적 호구조사, 즉 호구검역의 중요성이 증강되었다는 점이다. 1919년 콜레라 환자발견의 방법으로는 호구검역(58, 13%). 타인신고(16, 97%). 의사보고(12, 74%). 환자가족의 신고(11, 13%) 등이었으며, 해항, 기차, 여객검역 등은 모두 합쳐도 1% 미만에 불과했다.[64] 1920년 진성콜레라 환자발견의 방법으로는 호구검역(67, 19%). 자위단(7, 33%). 의사보고(4, 75%). 환자가족의 신고(3, 75%). 밀고(3, 71%). 시

---

61 「朝鮮總督府全羅南道諭告第2號」, 『朝鮮總督府官報』(1920. 8. 6), 44쪽.
62 1920년 콜레라 환자수 및 사망자수는 전라남도(13,667명/6,419명), 경상남도(3,655명/2,373명), 경기도(2,636명/2,019명), 경상북도(1,650명/1,097명) 순이었다. 朝鮮總督府, 『大正9年コレラ病虎防疫誌』(京城: 朝鮮總督府, 1921), 17-18쪽. 『朝鮮防疫統計』의 1920년 콜레라 환자수는 24,229명, 사망자수는 13,568명이었다. 朝鮮總督府警務局, 『朝鮮防疫統計』(朝鮮總督府警務局, 1941), 10쪽.
63 「朝鮮總督府令第114號」(1920. 8. 27), 『朝鮮總督府官報』(1920. 8. 27), 290면.
64 朝鮮總督府, 『大正8年虎列剌病防疫誌』(京城: 朝鮮總督府, 1920), 143-144쪽.

체 검안(3.08%). 검변(3.04%) 등이었다. 환자발견에 있어 호구검역의 중요성은 절대적이었다.[65]

1919-1920년 콜레라 방역에서 또 다른 특징 중의 하나로 지역중심형 방역사업과 방역자위단의 활동을 들 수 있다. 방역자위단은 정무총감의 지시와 지방유지 등 민간의 움직임이 결합되어 조직된 것으로 방역인원의 부족과 전염병 예방 설비를 위한 재원 부족 등을 만회하기 위한 조치였다. 방역자위단의 활동은 예방심득서의 배포, 청결활동 등 간단한 예방활동에서부터 환자발견, 소독, 예방주사, 교통차단, 차단구역내 구호활동, 시체 화장, 연안감시 등 다양한 활동을 통해 지방정부의 방역행정을 보조했다.[66] 방역자위단은 제1차 폐페스트 유행 당시에 이미 방역 및 치안유지에서 성과를 보인 조직으로 전염병이 크게 유행할 때에 지방민을 동원하기 위한 민간조직이었다. 콜레라나 페스트와 같은 급성전염병의 유행시에 호구검역과 더불어 방역 및 치안유지 활동을 강화하는 중요한 수단이 될 수 있었다.

---

65 朝鮮總督府,『大正9年コレラ病虎防疫誌』(京城: 朝鮮總督府, 1921), 89-92쪽.
66 金穎穗,「植民地朝鮮におけるコレラの大流行と防疫對策の變化: 1919年と1920年の流行を中心に」,『アジア地域文化硏究』第8號, (2012.3), 22-24쪽.

제2차 만주 폐페스트의 유행과
폐페스트 인식의 변화

1920년 10월 만저우리에서 117마일 떨어진 하이라얼(Hailar) 지역에서 철교를 지키는 헌병의 아내가 페스트에 감염되어 사망했다. 그녀의 가족들도 페스트에 감염되어 두 아들이 사망했고, 남편은 병원에서 회복되었다. 곧이어 같은 지역에 거주하던 3명의 중국군이 사망했고, 처음에는 선페스트라고 알려졌지만, 점차 폐페스트 형태로 급속하게 확산되었다. 12월 하이라얼의 페스트는 달라이너(Dalainor) 탄광으로 확대되었는데, 광부 4,000명 중 1,000명 이상이 사망했다. 달라이너에서 유행한 페스트는 만저우리로 확산되어 1,141명이 사망했고, 치치하얼에서 1,734명, 하얼빈에서 3,125명이 사망했다. 2월 1일에는 하얼빈과 창춘 등지에서 기차승선이 금지되었으나, 페스트는 남으로는 톈진, 즈푸까지 확대되었고, 4월 9일에는 블라디보스토크에서 첫 환자가 발견되기도 했다. 제2차 만주 페페스트는 1921년 10월에 이르러서야 종결될 수 있었으며, 사망자는 러시아인 600명을 포함하여 9,300명이었다.[67]

67　Wu Lien-teh(G, L, Tuck), "The Second Pneumonic Plague Epidemic in Manchuria, 1920-21, I, A General Survey of the Outbreak and Its Course," *The Journal of Hygiene* Vol. 21, No. 3(May, 1923), pp.262-265.

만주에서 발생한 제1차 만주 폐페스트 방역의 관건이 중국인 쿨리들의 이동을 어떻게 효과적으로 차단하느냐에 있었다면, 제2차 만주 폐페스트는 군벌전쟁 중에 갑작스럽게 증가된 중국인 군대의 망동을 어떻게 제어하느냐에 달려 있었다. 군인들은 기차검역을 방해하고 격리병원을 공격하는 등 방역조치에 적대적이었을 뿐만 아니라 스스로 감염원이 되어 페스트를 확산시켰다. 여러 장애요인에도 불구하고, 중국 및 러시아 당국 등의 협력으로 방역활동은 성공리에 마무리되었다.[68]

만주지역에서 페스트가 유행하고 있다는 소식이 식민지 조선에 전해진 것은 2개월여 지난 12월 16일이었다.[69] 다음해인 1921년 2월 10일부터 신의주, 정주, 신안주, 평양 등에서 기차검역을 시작으로 실제 검역이 본격화되었다.[70] 아울러 식민당국은 2월부터 5월까지 『조선총독부관보』를 통해 정기적으로 만주지역의 페스트 사망 및 환자발생에 관한 방역정보를 자세히 공표했다.[71]

2월 24일, 만주 방역정보는 페스트 방역의 초점이 쥐잡기가 아니라 중국인 쿨리 노동자에 있었다는 점에 주목했다.[72] 또, 3월 5일에는 창춘에서 사망한 환자가 폐페스트 감염자였음을 확인했고, 경무국 위생과는 페스트 환자들의 남하에 대비하여 신의주에 격리병사를 개축했다.[73] 3월 23일 방역당국은

---

68 Carl F. Nathan, *Plague Prevention and Politics in Manchuria, 1910-1931* (Cambridge, Mass.: Harvard East Asian Monographs, 1967), pp.66-70.
69 「北滿地方의 흑사병 창궐」,『朝鮮日報』(1920. 12. 16), 3면.
70 「朝鮮總督府告示第17號」(1921. 2. 10),『朝鮮總督府官報』(1921. 2. 10), 125면.
71 1921년 2월 10일부터 5월 13일까지 총 11회에 걸쳐 만주 방역정보가 공표되었다.
72 「滿洲ニ於ケル'ペスト'防疫狀況」,『朝鮮總督府官報』(1921. 2. 24), 297면.
73 「ペストの南下襲來に備へる爲め新義州の病舍改築」,『朝鮮新報』(1921. 3. 5), 5면.

상하이 공부국 위생처가 발행한 「폐페스트 예방심득서」(1918. 5)

상하이 공공조계는 폐페스트 유행에 대비하여 폐페스트 예방심득서를 영문과 중문으로 발행했다. 총 10개 항목에 걸쳐 폐페스트의 전염경로, 신고방법, 격리, 마스크 사용법 등에 대해서 상세하게 설명했다. 특히 기침 감염의 위험성을 예방하기 위해 마스크 사용을 독려했다.

페스트 방역을 위해 즈리성(直隷省), 산둥성(山東省)에서 온 중국인 쿨리에 대해서 5일 동안의 검역을 받도록 했다.[74] 4월 7일부터 신의주 경찰서 소속 의사 1명과 순사 2명을 안둥현(安東縣)에 파견하여 기차 검역을 실시했다. 검역은 중국인 노동자 전원에 대해 신의주역에 하차 후 5일 동안 격리소에서 검역을 받도록 했다. 도보로 한반도로 진입하는 중국인 노동자에 대해서도 격리소

---

74 「朝鮮總督府告示第53號」(1921. 3. 23), 『朝鮮總督府官報』(1921. 3. 23), 229면.

에서 5일 동안 검역을 받도록 했다. 격리소의 의심환자들에 대해서는 마스크를 반드시 착용하도록 했다.[75] 5월 25일에는 러시아 연해주에서 출발한 선박에 대해서 5일간의 검역을 시행하도록 했다.[76] 이것은 1915년 7월 제정된「전염병예방령시행규칙」에서 페스트 검역을 10일 동안 받도록 한 것과는 거리가 있는 조치였다.

1918년 3월 상하이에서 폐페스트 유행에 대비하기 위해 상하이 공공조계 공부국(工部局) 위생처가 공표한「폐페스트전단(The Prevention of Pneumonic Plague, 肺疫病傳單)」은「폐페스트 예방심득서」의 전형적인 내용을 잘 보여준다. 폐페스트의 감염경로와 대처방안이 상세하게 정리되어 있다. 그 내용은 다음과 같이 총 10개의 항목으로 구성된다.

전염은 기침을 통해 근거리에서 이루어지며(1항). 마스크를 착용해야 하고(2항). 가능하면 환자에게 접근하지 말아야 하며(3항). 환자가 발생하면 위생처에 보고해야 하며(4항). 환자는 격리되어야 한다(5항). 격리된 환자는 7일 이상 격리기간을 거쳐야 한다(6항). 초기에 두통과 발열을 보이고 기침과 객혈을 한 후 이틀 안에 사망하게 되며, 복약으로 치료되지 않는다(7항). 전염의 위협은 살아있는 사람으로부터 온다(8항). 집안에서 환자가 발생하면, 격리하고 마스크를 착용하고 환자를 돌봐야 한다(9항). 환자가 발생하면 외부에 전염시킬 우려가 있으므로 집을 떠나서는 안된다(10항).[77] 특히 기침

---

75 「北滿의 흑사병으로 열차에 검진 개시, 신의주역에 검역소를 개설하고 支那苦力은 일절 검진」, 『朝鮮日報』(1921. 4. 12), 3면.
76 「朝鮮總督府告示第121號」(1921. 5. 25), 『朝鮮總督府官報』(1921. 5. 25), 337면.
77 "The Prevention of Pneumonic Plague," *The China Medical Journal* 31, (May 1918), no. 3, pp.253-254.

에 의한 감염을 방지하기 위해 마스크 착용 그림과 사용법 등을 상세하게 설명했다.

반면 제2차 만주 페페스트 유행 초기에도 식민지 조선에서는 페스트라고 하면 여전히 선페스트로 인식하여, 쥐를 발견할 경우 즉시 경찰관이나 검역위원에게 신고하도록 조치했다.[78] 1921년 3월에 발표된 「흑사병예방심득서」는 제1차 만주 페페스트 유행시기의 페스트 인식과 비슷한 양상을 보이기도 한다.

> 흑사병의 병독 전파는 대개 벼룩, 빈대, 이 등들이 검구에 유행하지 못하도록 할 것이며 피부를 손상하지 아니하도록 할 것이며, 다른 사람과 대화할 때에 침을 뱉어 날리지 아니하도록 하여, 거리가 약 사획 이상을 격하게 할 것이오, 종사원의 자위(自衛)는 환자와 및 병독이 있는 놈 품에 접촉하지 말고 예방의복을 길게 할 것이오, 소독검지하는 기계 피복을 소독하며 서족(鼠族)과 및 곤충을 쓸어버려 신변에 은닉하지 못하게 예방할 것이오, 종무원의 심득(心得)은 병이 있는 곳으로부터 무병한 사람이 오는 것은 기한을 10일간으로 하되 만약 오래될 때에는 일주일 이상은 되지 못하게 할 것이고 살충하는 약을 뿌려 가는 균이라도 전부 살충하도록 시행하며 만약 사망한 사람은 화장을 하도록 할 것이다.[79]

「흑사병예방심득서」에서는 당시 의과학계에서 논의 중이던 모든 종류의 페스트가 발생할 가능성을 염두에 둔 예방조치를 강구했다. 예컨대, 벼룩,

---

78 「慶尙南道令第47號」, 『朝鮮總督府官報』(1920. 10. 30).
79 「黑死病과 豫防心得書」, 『朝鮮日報』(1921. 3. 5), 3면.

빈대, 이 등에 대한 언급은 선페스트를, 피부손상은 피부페스트를, 침을 뱉지 말라는 것은 폐페스트를 염두에 둔 것이었다. 또, 10일간의 격리를 주장했다. 「흑사병예방심득서」가 폐페스트의 가능성을 열어두고 있었지만, 여전히 강조점은 선페스트에 있었다.

이와 달리, 전형적인 「폐페스트 예방심득서」가 식민지 조선에 등장한 것은 1921년 4월이었다. 식민당국은 제2차 만주 페스트가 폐페스트라는 사실을 인식하고 그것이 식민지 조선에서 유행할 가능성이 임박했음을 시사했다.

> 흑사병에도 종류가 여러 가지가 있는 바 가장 무서운 것은 폐흑사병인데 지금 지나 북만주와 산동성과 즈리성(直隸省) 방면에는 폐흑사병이 크게 유행되어 사망하는 자가 무수한 중에 이 무서운 것이 장차 조선지방까지 미치려하는 염려가 없지 아니함도 지금 의주당국에서 대단히 주의하는 바이라, 그런데 폐흑사병으로 말하면 가장 전염하는 힘이 강하고 항상 침으로 인하여 전염되는 것이니 앓은 사람의 기침할 때에 입으로 나오는 침방울이 건강한 사람의 입이나 코로 들어가서 전염되는 법이며 전염된 지 3일이면 머리가 심히 아프고 몸이 달아오르며 기침이 나고 가래침과 피를 토하고 호흡이 곤란하여 속히 죽는 자는 24시간을 넘기지 못하고 더 되 죽는 자는 48시간을 넘기지 못하는 무서운 병이니 십분 주의하여 되도록 유행하는 지방에 다니지 않기를 힘쓰며 유행하는 지방으로 오는 사람을 가까이 하지 않기를 주의하는 중에 더욱이 지나 노동자를 가까이 말며 사람 많이 모인 곳이나 또는 기차와 전차 속에서는 입과 코를 싸매는 것이 필요하다고 의주군에서는 일반에게 주의를 시키기에 매우 노력중이라더라(의주통신).[80]

「페페스트 예방심득서」는 전염경로, 증상, 마스크착용, 격리 등에 대한 내용을 포함하고 있다. 이것은 제2차 만주 페페스트가 페페스트라고 명확하게 인식하고 있을 뿐만 아니라 공기전염과 중국인노동자를 경계할 필요가 있음을 지적했다. 물론 식민당국은 여전히 페스트 방역을 위해서는 쥐잡기가 필요하다는 인식을 버리지 않았지만, 제1차 만주 페페스트 유행시기처럼 더 이상 쥐잡기에만 몰두하지는 않았다.

1921년의 경우에는 중국 만주를 유행지로 지정하고, 신의주, 정주, 신안주 평양 등에서 기차검역을 실시하고, 펑톈 이북에서 오는 중국인 노동자는 신의주에서 격리했다. 결빙기였기 때문에 그것을 이용하여 강을 건너는 자를 경계할 필요가 있음으로 평안북도 내외의 여러 곳에 여객 검역소를 설치하여 검역을 시행하기도 했다.[81]

식민당국은 1920년 7월까지 인천, 목포, 군산, 부산, 진남포, 신의주, 용암포, 원산, 청진, 성진 등 해항검역소 10개소 및 임시선박검역소 12개소를 설치했다.[82] 이 시설들은 콜레라, 페스트 등 급성전염병의 검역에 사용되었다. 한반도 남부지역에서는 부산과 인천이 중요한 검역항이었고, 북부지역에서는 만주에서 들어오는 전염병 통로인 신의주와 용암포와 러시아 블라디보스토크에서 들어오는 청진이 중요한 검역항이었다.

만주 페페스트의 주요 경로는 신의주와 청진이었다. 신의주는 북만주에서 오는 페페스트와 남중국에서 오는 선페스트가 안둥을 거쳐 한반도로 진

---

80 「흑사병 漸近과 의주, 무서운 흑사병은 남으로 접근하다. 국경 일반은 조심」, 『朝鮮日報』(1921. 4. 27), 3면.
81 『朝鮮衛生事情要覽』(朝鮮總督府, 1922), 42-43쪽.
82 「검역소 증가, 호열자 예방」, 『朝鮮日報』(1920. 7. 16), 4면.

입하는 통로였다. 청진은 북만주의 페페스트가 러시아의 블라디보스토크를 거쳐 한반도로 진입하는 통로였다. 신의주로 들어오는 의심환자를 검역하기 위해 평안북도 각 지역에서 차출된 20명의 경찰관들이 동원되기도 했다.[83] 1921년 5월 함경북도 경성군에서 페페스트 환자가 6-7명 발생했는데, 중국 안동지역에서 온 사람들에게 감염된 것이었다.[84] 또, 1921년 4월 1일, 블라디보스토크에 입항한 선박 중에서 페스트 환자가 발견된 이래로 환자 가족 등 5명이 페스트로 사망함에 따라, 청진항에도 4월 14일부터 대대적인 검역이 실시되었다.[85] 1921년 5월 블라디보스토크에서 출발한 러시아선박이 청진항에 입항했는데, 8명의 중국인 페스트 환자가 발각되기도 했다.[86]

이와 같이 페스트 환자를 발견하기 위한 주요한 방법은 기차검역, 여객검역(육로검역). 해항검역, 선박검역 등의 검역소 및 격리병원 등을 활용하는 방안이 있었으나, 그것들이 실제로 차지하는 비중은 극히 적었다. 실제로는 위생경찰을 동원한 호구검역이 가장 확실한 검역방안이었다. 이러한 위생경찰에 의한 호구검역은 식민지배를 강화하는 일제의 전형적인 통치방식이 되었다.

일제는 조선병합 이래로 경찰헌병 통합제도를 실시했고, 1919년 조선의 경찰은 6,322명이고, 헌병은 8,179명 등 총 14,501명을 활용하여 치안 및 방역활동을 전개했다. 1919년 8월 보통경찰제도의 실시에 따라 헌병을 국경

---

83 「國境防疫應援, 흑사병 예방으로 平北管內署警官二十名의 응원대가 의주에」,『東亞日報』(1921. 4. 10), 3면.
84 「鏡城郡에도 흑사병, 6-7명이나 급격히 사망」,『朝鮮日報』(1921. 5. 18), 3면.
85 「淸津防疫嚴重, 해삼위 흑사병으로」,『東亞日報』(1921. 4. 22), 3면.
86 「청진에 入港한 露艦에 鼠軍, 支那人 8명이 흑사병에 걸려」,『朝鮮日報』(1921. 5. 12), 3면.

경비로 전환시키고, 경찰 2,382명을 증원하여 치안유지를 확보하고자 했다. 1920년에는 경찰 인원이 20,758명까지 증원되었다.[87]

    1916년 말 경찰의 총정원은 5,750명이었는데, 그 중에서 전문 위생인력은 기사 3명, 기수 6명, 항무의관 1명, 수의관 1명, 항무의관보 2명, 수의관보 3명 등 소수에 지나지 않았다. 이밖에 경찰촉탁의 25명이 위생업무를 지원했고, 실제 집행은 순사나 순사보 등 하급 경찰이 담당했다.[88] 1939년 경찰의 총정원은 22,087명이었는데, 그 중에서 전문위생인력은 기사 13명, 항무의관 1명, 수의관 3명, 기수 112명, 항무의관보 6명, 수의관보 8명, 촉탁의 10명, 통역생 17명 등 170명으로 이전에 비해서 증가되었으나 여전히 전문위생인력은 소수였다.[89] 즉 일제하에서 방역행정의 대부분은 전문위생인력이 아닌 하급 경찰의 지원에 의존할 수밖에 없는 구조였다. 1920년 콜레라 방역에서 해항검역을 위해 601명의 경찰, 113명의 의사, 522명의 검역원 등 총 1,242명이 동원되었다.[90] 경찰은 호구검역, 교통차단, 검변, 시체 화장 등 방역행정에 핵심적인 역할을 수행했다.

---

87 『朝鮮警察槪要』(朝鮮總督府警務局, 1940), 25쪽.
88 정근식, 「식민지 위생경찰의 형성과 변화, 그리고 유산: 식민지 통치성의 시각에서」, 『사회와역사』 90(2011), 237쪽.
89 『朝鮮警察槪要』(朝鮮總督府警務局, 1940), 〈표11〉 警察職員定員을 참고.
90 朝鮮總督府, 『大正9年コレラ病虎防疫誌』(京城: 朝鮮總督府, 1921), 73-74쪽.

식민지시기 조선에서 식민 당국이 공식적으로 페스트 환자 및 사망사례를 보고한 바 없었다. 그러나 일본, 대만, 홍콩, 중국, 만주 등지에서 페스트가 빈발하고 있었기 때문에, 페스트의 유행 가능성은 상존했다. 만주에서 유행한 제1차 만주 폐페스트가 유행하던 시기 일제의 페스트 방역은 여러 가지로 미흡했다. 제 때에 방역을 실시하지도 못했고, 격리기간도 불충분했으며, 페스트의 전염원도 정확히 파악하지 못하여 쥐잡기에 방역역량을 쏟아붓고 있었다. 그럼에도 불구하고 주요 전염원인 중국인 계절노동자가 설날 귀향루트로 조선을 선택하지 않았기 때문에 뜻하지 않은 성공을 거두었다.

일제는 제1차 만주 폐페스트가 유행하기 이전에 「전염병보고례」(1910. 8. 16)를 통해 페스트를 법정전염병에 포함시켜 관리하고 있었고, 실제로 페스트가 유행하자 1911년 1월 중순부터 페스트를 통제하기 위한 각종 법령을 쏟아냈다. 법령의 주요 내용은 10일간의 검역 혹은 격리기간을 거치도록 한 것인데, 실제로는 3일 내지 5일 동안 실시되었다. 그 밖에 주요한 페스트 방역 대책은 쥐잡기에 맞춰져 있었다.

1915년 6월과 7월에 공포된 「전염병예방령」과 「전염병예방령시행규칙」은 각 지방 경무부장 책임하에 전염병을 관리하도록 했고, 10일 동안의 격리기간과 쥐의 구제를 우선적인 조치로 설정했다. 이와 더불어 강제적인 방역정책을 강화하는 과정에서 위생경찰이 중요한 역할을 담당했다. 1919년 3·1운동의 발발 이후 일제는 무단정치에서 문화정치로 통치술의 변화를 꾀했다. 그 과정에서 헌병과 경찰이 분리되고, 일본인 경찰이 급증했다. 아울러 지방위생행정에도 중요한 변화가 있었는데, 위생행정의 중심이 도지사 관할로 개편되었다. 이것은 지방재정의 책임을 도 관할로 이관하기 위한 조치였는데, 방역활동에서 위생경찰은 여전히 중요한 역할을 담당했다.

제1차 만주 폐페스트 유행 이후 페스트 관련 법령들은 페스트 환자에 대한 10일 이상의 격리를 규정하고 있었으나, 실제로는 3일 내지 5일 동안 실시됨으로써 법과 현실에는 여전히 괴리가 있었다. 이 같은 현상은 제2차 만주 폐페스트 유행 이후에도 반복되었다. 또한 제1차 만주 폐페스트 시기에 등장한 방역자위단과 같은 민간조직은 급성전염병의 유행시기에 당국의 방역행정을 보완할 수 있는 중요한 조직으로 등장했으며, 1919-1920년 콜레라 유행시기가 적극적으로 활용되었다.

제2차 만주 폐페스트 유행에 대한 일제의 방역행정이 달라진 것은 두 가지 점에서였다.

첫째는 호구검역의 중요성이 증대되었다. 이것은 1919-1920년 시기에 유행한 콜레라의 방역행정에서 얻은 경험이기도 했다. 이 시기에 사망자만 두 해 모두 1만 명 이상이 발생했다. 콜레라는 페스트와 더불어 외부유입에 의해 발생하는 전염병이었기 때문에, 검역과 격리 등이 매우 중요한 방역정책이었다. 1919년 콜레라는 북방에서, 1920년 콜레라는 남방에서 발생했기 때문에, 식민당국으로서는 전국의 방역시스템을 점검하는 중요한 기회가 되었다. 그 중에서도 신의주는 페스트와 콜레라가 유입되는 중요한 지역으로 간주되어 각종 검역의 집중적인 관리대상이 되었다. 그런데 방역을 위해서는 해항, 기차, 여객검역보다도 호구검역의 중요성이 날로 강화되었다. 해항, 기차, 여객검역의 성과는 1% 미만이었던 데 비해, 호구검역으로 전염병환자의 60%

내외를 발견해 낼 수 있었다. 호구검역의 이러한 성과는 격리 이외에 별도의 예방조치가 없었던 페스트 방역에서는 절대적인 것이었다.

둘째는 폐페스트에 대한 인식의 변화였다. 제1차 만주 폐페스트 유행시기에 방역책임자들은 폐페스트의 가능성을 인식하고 있었다. 그러나 당시 페스트는 선페스트로 동일시되어 폐페스트의 유행에도 불구하고 쥐잡기를 주요한 방역대책으로 간주했다. 제2차 만주 폐페스트가 식민지 조선에 전해졌을 때, 이 페스트가 호흡기로 전염될 수 있는 폐페스트라는 사실이 일찍부터 알려졌다. 그러나 방역당국은 제1차 만주 폐페스트 유행시기와 마찬가지로 선페스트의 유행 가능성에 더 큰 무게를 두고 있었다.

폐페스트에 대한 새로운 인식은 1921년 4월 「폐페스트 예방심득서」를 통해서 발견된다. 방역당국은 폐페스트의 유행에 대비하기 위해 대중에게 폐페스트에 대한 선전과 교육을 실시했고, 의심환자들에게 마스크 착용을 강제했다. 또 폐페스트의 전염원으로 중국인 노동자를 지목하고 그들과의 접촉을 금지하도록 했다. 그럼에도 불구하고 선페스트의 가능성은 여전히 배제되지 않았다. 제2차 만주 폐페스트 유행시 식민당국이 폐페스트의 호흡기 전염 가능성을 인식하기 시작했으나 여전히 그 원인 등에 대한 정확한 정보나 분석은 없었기 때문이다. 다만 당국은 페스트에 대한 대책으로 더이상 쥐잡기만을 고집하지는 않았다.

제1차 만주 폐페스트 방역이 식민지 조선에서 방역시스템이 구축되지 않았음에도 불구하고 뜻하지 않은 방역성과를 얻어냈다면, 제2차 만주 폐페스트 방역은 방역법령의 정비와 동아시아 각지의 전염병 정보체계의 확립에 기초하여 콜레라 방역행정의 경험과 폐페스트에 대한 인식의 변화를 통해 보다 강력한 방역행정을 전개할 수 있었다. 위생경찰과 호구검역을 통한 일제의 방역행정은 식민통치시기 전형적인 통치방식으로 진화해나갔다.

에필로그

 이 책은 제3차 페스트 팬데믹의 실체를 밝히고, 페스트 유행에 맞서 제국주의와 동아시아 각국이 의학적 헤게모니를 장악하기 위해 어떠한 노력을 경주했는지 살펴보았다. 기존 연구들이 페스트 방역을 통해 동아시아 각국이 '위생의 제도화'나 '주권의 확보'를 위해 어떠한 노력을 경주했는지에 관심을 기울였다면, 이 책은 페스트 유행 시기 제국주의 각국의 제국의학(Imperial Medicine)과 동아시아 각국에서 근대적 의료체계의 구축과정에 주목했다.

 제3차 페스트 팬데믹은 1894년 중국 윈난과 홍콩에서 유행한 이후, 환태평양 지역을 중심으로 전 세계적으로 확산되어 나갔다. 1896년에는 대만에서 페스트가 유행했고, 1899년에는 고베와 오사카 등지에서 페스트가 유행했다. 1910년에는 북만주와 트랜스바이칼 경계 지역에서 새로운 형태의 폐페스트가 유행하여 동아시아를 강타했다. 19세기 말 20세기 초의 페스트 확산은 선박과 기차 등 교통수단의 발달이 중요한 역할을 했다. 홍콩 페스트가 동아시아에서 세균설 확산의 중요한 전환점이자 일본이 제국의학을 구축하게 된 사건이 되었다면, 만주 폐페스트는 중국이 반식민지적 상황을 극복하고 근대적 의료체계 수립으로 나아간 중요한 계기가 되었다.

 19세기 말과 20세기 초의 동아시아는 서구 열강의 식민지 경쟁과 동아시아 각국의 자주적 국가건설 노력이 최고조에 이르렀던 시기였다. 아울러 동아시아 의과학계는 의학교육과 방역행정에서 세균설에 기초한 생의학적 모델을 완비시켜 나갔다. 서구 열강은 제국주의를 확대하는 과정에서 의과학 지식을 제국의 도구로 활용하고자 했고, 식민지배를 벗어나기 위해 몸부림쳤던 동아시아 각국은 제국주의에 맞서는 방안으로 최신 의과학 지식을 활용하여 새로운 대항적 의료체계를 구축하고자 했다. 말하자면, 서구 열강과 동아시아 각국은 식민지 확대와 자주적 국가건설이라는 목표를 실현하기 위해 의학적 헤게모니를 장악하기 위한 치열한 싸움을 시작한 것이다.

페스트는 중세 유럽을 300년 동안 지배하면서 유럽문화에 깊은 영향을 미쳤다. 그 과정에서 쿼런틴, 즉 40일간의 격리검역을 통해 외부에서 들어오는 페스트를 막을 수 있다는 경험도 생겨났다. 19세기 중반 이후는 의과학계의 혁신기였다. 미아즈마설과 세균설이 경쟁하면서 공중보건과 방역행정에서 커다란 변화가 있었다. 먼저 주도권을 장악한 것은 미아즈마설이었다. 19세기 중반 유럽에서 콜레라가 크게 유행했고, 더러운 주거 및 생활환경의 개선을 강조했던 미아즈마설 — 채드윅의 공중보건운동으로 대표되는 — 은 콜레라와 같은 수인성 전염병의 예방과 억제에 효과를 내고 있었기 때문이다.

1880년대 코흐와 파스퇴르를 중심으로 세균설이 과학계에 확산되고 있었지만, 19세기 말까지 서양 각국의 보건당국은 본국과 식민지에서 세균설에 바탕한 보건정책을 전개하지 않았다. 보건당국과 의과학계는 콜레라 방역과정에서 다져진 청결, 소독, 격리정책 등 미아즈마설에 입각한 방역정책만으로도 각종 전염병에 대한 방역효과를 보고 있었기 때문에, 페스트 유행에 맞서 새로운 정책으로 전환할 필요성을 느끼지 못했다.

1894년 5월 홍콩에서 페스트의 유행과 페스트균 발견은 이러한 병인론 논쟁의 새로운 전환점이었다. 이로부터 페스트의 발병원인, 확산과정, 치료제 개발 등에 관한 지식이 심화될 수 있었다. 그럼에도 페스트 발견을 지원했던 홍콩 식민지 당국은 페스트균 발견에 큰 의미를 두지 않았고, 방역정책 상에서도 근본적 변화를 꾀하지 않았다. 당시까지만 해도 설치류에 기생하는 벼룩에 물려 페스트에 감염된다는 사실을 알지 못했고, 홍콩 식민 당국자들은 주거환경의 개선을 통해 질병의 확산을 막을 수 있다는 신념을 버리지 못했다. 홍콩 식민 당국이 세균설에 기초한 정책전환을 꾀한 것은 그로부터 10여년이 지난 후였다.

반면 일본은 홍콩에서 유행하는 페스트에 관한 지식으로 제국의학의 구축에 즉각적으로 활용하고자 했다. 일본정부는 파상풍균 연구로 이미 세계적인 세균학자의 반열에 오른 기타사토를 홍콩에 파견하여 페스트균 연구를 주도하고자 했다. 그는 홍콩에서 예르생과의 경쟁 중에 페스트균을 발견하고 『랜싯(Lancet)』에 그 결과를 보고하는 등 페스트 연구에서 선도적인 위치를 차지하고자 했다. 그러나 오염된 페스트균으로 실험을 강행하여 결과를 도출한 기타사토의 보고는 실험의 재현에 문제를 발생시켰고, 이는 제국의학에 치명상을 안겼다. 1896년 5월, 식민지 대만에서 페스트 유행은 제국의학의 위기이자 기회였다. 일본정부는 기타사토를 배제한 대만에서의 페스트 연구와 방역을 통해 기타사토의 페스트균 분리와 염색법 논란을 종결시켰고, 페스트가 쥐벼룩을 통해 확산된다는 것도 확인했다. 1899년 일본은 전국적인 페스트 유행을 경험했는데, 자신의 실패를 인정한 기타사토에게 다시 한 번 재기의 기회를 부여받았다. 기타사토는 현지 조사와 보고에 기초하여 쥐잡기를 비롯한 강력한 방역행정을 제안했고, 결과적으로 일본에서 페스트 유행은 성공적으로 억제될 수 있었다. 페스트가 쥐벼룩에 의해 감염된다는 주장이 제기된 것은 1899년의 일이고 세계적으로 공인된 것은 1909년의 일인데, 일본은 이미 10년 앞서 쥐잡기와 세균검사를 중요한 방역정책으로 활용하고 있었다. 일본정부는 제국의학의 기초를 다지는 데 기타사토 한 사람의 과학적 권위에만 의존하지 않았고, 이른바 '기타사토벌(北里閥)'과 '도다이벌(東大閥)' 사이의 경쟁관계를 활용하여 최신의 제국의학을 구축하고자 했다. 경쟁에서 밀린 기타사토벌은 자신들의 활동범위를 식민지 대만과 조선으로 전환시켰다. 제국의학의 지적 권위는 중심부로 수렴되고, 다시 주변부로 확산되는 양상을 보였다. 다른 한편, 제국과 식민지에서 독자적인 세균연구와 방역행정이 진행되면서 제국의학과 식민지의학은 보다 복잡한 양상으로 전개되었다.

  1910-11년 제1차 만주 폐페스트의 유행은 페스트 역사상 새로운 전환점이었다. 만주 폐페스트는 기존과는 달리 호흡기를 통해 급속히 확산되는 새로운 양상을 보여주었다. 선페스트 이론이 확립된 지 얼마 되지 않았기 때문에, 의과학계는 호흡기 감염의 가능성을 즉각적으로 수용하지 못했고, 각국의 보건당국도 쥐잡기 위주의 방역정책을 바꾸지 않았다. 사후 부검과 현미경 검사를 통해 폐페스트를 확신한 우롄더는 호흡기 감염 사실을 국내외에 공표했지만, 아무도 30대 초반의 젊은 중국인 의사의 주장을 받아들이지 않았다. 우롄더의 폐페스트 이론이 점차 의과학계에서 신망을 얻었음에도 불구하고, 중국 정부조차도 우롄더를 지원하지 않았다. 우선은 중앙정부 차원에서 우롄더를 지원하는 그룹과 그를 비판하는 그룹이 분화되어 있었다. 비판 그룹은 새로운 이론보다는 기존의 법과 제도를 더 선호했다. 중국의 방역법규는 낡은 일본의 법령을 모방하기에 바빴다. 또한 지방정부는 우롄더의 방역정책이 지방정부의 권한을 강탈할지 모른다고 우려했다. 제국의학에 맞서 새로운 의학지식을 구축하고 이에 근거하여 실천했던 우롄더의 방역은 중앙정부와 지방정부의

견제 속에서 만주에서조차 버겁게 실천되고 있었다.

　　만주 페페스트에 대해서는 중국뿐만 아니라 러시아, 일본, 미국, 프랑스 등 10여 개 국이 관심을 가졌으며, 만주에 주둔군을 보유한 중국, 러시아, 일본은 직접적인 이해 당사국으로서 가장 활발하게 방역활동을 전개했다. 그 중에서도 일본정부는 홍콩에서 선페스트균을 발견한 기타사토를 파견하여 만주 페스트를 조사토록 했다. 기타사토는 현지조사를 통해 페페스트를 확인하고 본국과 관동도독부, 조선총독부, 만철 등에 관련 사실을 공표했으나, 식민지 당국자들은 이를 받아들이지 않았다. 식민지 당국자들은 자체 조사원을 만주에 파견했고, 의학자들의 지원과 자문 속에서 식민지의학의 독자적인 지식 생산을 기획했다. 기타사토의 과학적 권위에도 불구하고, 제국의학이 식민지에서 맹목적으로 받아들여지지 않았다. 식민지의 방역정책은 방역현장의 경험과 식민지 내부의 권력관계가 우선적으로 작동하고 있었다. 제국의학의 지적 권위는 중심부로 수렴되었지만, 방역정책은 식민지의 현지주의에 입각해서 실천되었다.

　　만주와 동아시아에서 페스트 방역정책이 바뀌기 시작한 것은 1920-1921년 제2차 만주 페페스트 유행 이후였다. 각종 방역법규가 정비되고, 전염병 정보체계가 확립됨에 따라 제국주의 각국과 식민당국은 기존과 달리 보다 페페스트 이론에 입각하여 강력한 방역행정을 전개할 수 있었다. 특히 일제는 위생경찰과 호구검역 등을 통해 식민통치를 강화해 나갔다.

　　페스트 팬데믹 상황에서 방역당국의 중요성은 하얼빈의 공간재편 과정에서 잘 드러나고 있었다. 1910년대까지만 해도 하얼빈의 도시공간과 방역체계는 러시아인들이 장악하고 있었고, 러시아인 거주지인 다오리구 방역당국은 방역행정에서 중국사회보다 우월적인 지위에 있었다. 그러나 러시아혁명 이후 정치변화로 하얼빈정국이 붕괴되면서 러시아인 거주지는 전염병에 손쉽게 노출되었고, 러시아인들은 중국정부가 설치한 격리차량에 갇혀야 하는 신세로 전락했다. 제2차 폐페스트 유행을 계기로 중국정부는 다오리구에 대한 전면적인 방역행정을 실시했고, 하얼빈 도시공간에 대한 공간 재편을 주도할 수 있었다.

페스트에 관한 새로운 지식의 확대되어 나갔음에도 불구하고, 페스트 방역에는 치명적 한계가 있었으니 바로 백신과 치료제의 부재 문제였다. 러시아제 하프킨 백신이 있었지만 백신의 예방효과는 크지 않았다. 방역당국의 대처가 뒷북행정으로 일관하는 동안 민간과 지역사회는 독자적인 병원건립과 치료제 개발을 주도했다. 청대의 온병학자들은 특정 지역의 나쁜 기운이 결합하여 전염병을 일으킨다고 보았다. 온병학자들은 왕칭런이 제시한 혈을 다스리고 사기를 몰아내는 처방인 활혈해독탕이 페스트 처방에도 유효하다고 판단했다. 온병학자들은 페스트를 중국남방에서 유행하는 지방병으로 간주하고 있었는데, 기후와 지역특색이 전혀 다른 북방에서 페스트가 발생하자 온병학적 페스트 이론을 북방에도 적용하기 시작했다. 온병학자들로서는 페스트를 통해 온병학을 보편적인 질병이론으로 확대 적용하는 데 활용했다. 세균설에 입각한 과학적 지식의 확대에도 불구하고 치료제의 부재로 인해 온병학에 입각한 중의학의 페스트 치료는 민간사회의 광범위한 지지를 얻었다.

그러나 민간사회의 방역도 곧 한계를 드러냈다. 효과적인 치료제가 없는 가운데, 각국 정부는 확실한 방역대책으로 격리, 차단, 봉쇄와 같은 강력한 조치로 도시공간을 통제하기 시작했다. 각국 정부는 격리기간을 3일에서 5일, 5일에서 7일, 7일에서 10일로 점차 늘려나갔다. 서양의학은 치료제와 백신 없이도 과학적 권위를 얻었으며, 정부영역에서 주도적인 역할을 수행했다.

중국과 같은 반식민지 상황하에서도 서구열강의 간섭과 침략에서 벗어나기 위해서는 서양의학 중심의 방역행정은 불가피한 조처였다.

19세기 말 20세기 초 페스트 유행은 동아시아 사회가 한 번도 겪어보지 못한 초유의 사태였다. 전염병의 확산은 재빨랐고, 치명률은 상상을 초월했다. 새로운 의과학 지식도 급속하게 축적되어 갔지만, 방역당국도 일반 민중들도 새로운 지식을 시의적절하게 쫓아가는 것은 역부족이었다. 언제나 한발 뒤늦은 조치가 비극을 초래했다. 국가권력과 방역당국은 도시공간의 통제와 재편을 통해 방역능력을 국가건설에 활용하고자 했는데, 그들이 최고의 능력을 발휘했던 곳은 언론통제였다. 신종 감염병은 법정감염병이 아니었기 때문에, 통계조차 확보되지 않은 경우가 많았다. 실제보다 더 많은 사람이 감염되었고, 더 많이 죽었다. 통제된 정보와 실제 사이의 간극은 두려움과 공포를 증폭시켰다.

마지막으로 언급하고 싶은 것은 감염병 통계의 중요성과 해석을 둘러싼 논의이다. 20세기 동안 제대로 작성된 감염병 통계 자료는 거의 없다고 해도 과언이 아니다. 방역당국은 감염병 정보를 실제보다 2-10배 이상 축소해서 발표하는 경향이 있었다. 권위주의적인 국가권력, 통제된 언론, 미약한 시민사회의 관계 속에서 감염병 통계는 축소·왜곡되어 왔다. 방역책임자는 '책상 위의 정보'와 '책상 서랍 안의 정보'를 별도로 관리했다. 이러한 행태는 불안과 공포가 감염병보다 더 무서운 사회혼란을 야기할 수 있다는 것으로 합리화되었다. 21세기에 들어서도 각국 정부는 진단을 미루거나 소극적인 대응 방식으로 여전히 감염병 통계를 축소·왜곡하고 있다. 거짓 정보와 위선이 세계 시민들을 궁지로 몰아세우고 있다. 그럴수록 국가권력뿐만 아니라 현대 문명 자체가 더 큰 위기에 봉착하게 될 것이다.

참고문헌

자료

한국
『警務月報』.
『京城新報』.
『東亞日報』.
『每日申報』.
『朝鮮警察概要』(朝鮮總督府警務局, 1940).
『朝鮮警察之槪要』(朝鮮總督府警務局, 1914).
『朝鮮警察之槪要』(朝鮮總督府警務局, 1914).
『朝鮮新聞』.
『朝鮮日報』.
『朝鮮總督府官報』.
『朝鮮彙報』.
「第87-2ペスト豫防の件」(1911. 1. 21).『南滿洲ペスト一件』, アジア歷史資料センタ, 海軍省 -公文備考-M44-92-1270.
朝鮮總督府,『大正8年虎列刺病防疫誌』(京城: 朝鮮總督府, 1920. 3).
朝鮮總督府,『大正9年コレラ病虎防疫誌』(京城: 朝鮮總督府, 1921. 4).
朝鮮總督府,『朝鮮總督府施政年報(1941)』(朝鮮總督府, 1943).
朝鮮總督府警務局,『朝鮮防疫統計』(朝鮮總督府警務局, 1941).
『ペスト防疫施設報告書』(其35~其39), 關東都督府臨時防疫部.

중국
『滿鮮日報』.

『濱江時報』.
『盛京時報』.
『外交檔案』.
『遠東報』.
『政治官報』.
「ペストに關する北里醫學博士講話筆記」(1911. 2. 17),『南滿洲ペスト一件』, アジア歷史資料センタ, 海軍省-公文備考-M44-92-1270, 0250.
「滿州ニ於ケル「ペスト」病勢及予防措置報告」, B-3, 11, 4, 84, 外務省外交史料館.
「殖貨志」,『隋書』卷24(北京: 中華書局, 1973).
「貨殖列傳」,『史記』卷129(北京: 中華書局, 1959).
關東都督府臨時防疫部,『明治四十三四年「ペスト」流行誌』(大連: 關東都督府臨時防疫部, 1912).
羅汝蘭,『鼠疫彙編』(1897; 廣東科學技術, 2008).
伍連德 等編,『鼠疫槪論』(衛生署海港檢疫處 上海海港檢疫所, 1937).
丁國瑞,『說疫』(天津: 天津敬愼醫室, 1918).
丁子良,『竹園叢話』全24卷(天津敬愼醫室, 1923-24).
曹廷杰,「例言」,『重校防疫芻言』(北京: 京師警察廳, 1918).
韓策·崔學森 整理,『汪榮寶日記』(北京: 中華書局, 2013).
尼魯斯,『東省鐵路沿革史』(第1卷), (哈爾濱出版, 1923), (臺北: 文海出版社, 1984).
滿鐵北京公所研究室 編,『支那鐵道槪論』(東京: 大空社, 1927).
陳明光 主編,『中國衛生法規史料選編』下篇(上海: 上海醫科大學出版社, 1996).

일본

『軍醫學會雜誌』.
『東京醫學會雜誌』.
『細菌學雜誌』.
『神戶又新日報』.
內閣統計局,『日本帝國統計年鑑』, 明治, 大正期.
大阪府臨時ペスト豫防事務局,『明治三二·三年大阪府ペスト流行記事』(1902. 11. 29).
兵庫縣警察部,『兵庫縣ペスト流行誌』, 上卷(兵庫縣警察部, 1912).
「緖方山極岡醫學博士のペスト病研究復命書配布の件(二)」, アジア歷史資料センター, C10061079700.

「ペストに關する北里醫學博士講話筆記」(1911. 2. 17),『南滿洲ペスト一件』,アジア歷史資料センタ, 海軍省-公文備考-M44-92-1270, 0250.

「滿州ニ於ケル「ペスト」病勢及予防措置報告」, B-3, 11, 4, 84, 外務省外交史料館.

岡田國太郎,「ペスト病原に就て」,『東京醫學會雜誌』10-22(1896).

岡田國太郎,「ペスト病原菌ノ研究」,『東京醫學會雜誌』10-22(1896. 10).

菅源次郎,『編虎列剌病予防講話』(菅源次郎, 1902).

近現代資料刊行會 企畫編集,『近代都市の衛生環境』大阪編 5(疾病 5), 2007.

近現代資料刊行會 企畫編集,『近代都市の衛生環境』大阪編 6(疾病 6), 2007.

近現代資料刊行會 企畫編集,『近代都市の衛生環境』大阪編 7(疾病 7), 2007.

大阪府內務部第6課編,『大阪府統計書 明治32年』(大阪府, 1901-03) 디지털.

大阪府臨時ペスト豫防事務局,『明治三二、三年大阪府ペスト流行記事』(1902. 11. 29), 臨時ペスト豫防事務局藏版,『百斯篤殷鑑』(1902. 11. 30印行, 1902. 12. 7發行); 近代都市環境資料叢書1,『近代都市の衛生環境(大阪編)4 疾病④』(近現代資料刊行會, 2007).

大阪府第四部,『大阪府第二回百斯篤流行誌』, 卷1(1912); 近代都市環境資料叢書1,『近代都市の衛生環境(大阪編)5 疾病⑤』(近現代資料刊行會, 2007).

大阪府第四部,『大阪府第二回百斯篤流行誌』, 卷2(1912); 近代都市環境資料叢書1,『近代都市の衛生環境(大阪編)6 疾病⑥』(近現代資料刊行會, 2007).

大阪府第四部,『大阪府第二回百斯篤流行誌』, 卷3(1912); 近代都市環境資料叢書1,『近代都市の衛生環境(大阪編)7 疾病⑦』(近現代資料刊行會, 2007).

大阪府編,『大阪府第二回百斯篤流行誌』全3卷, 1907-1912 일본국회.

大阪銀行集會所,『大阪銀行通信錄第貳拾八號』(1900. 2. 28); 1992年 不二出版 復刻板.

北里柴三郎,『神戶市大阪市ペスト病調查報告』(內務省, 1900).

北里柴三郎 述,『ペストト蚤ノ關係ニ就テ: 淡路島由良町ニ於ケル「ペスト」流行ノ研究』(東京市役所, 1909).

北里柴三郎 述,『虎列剌予防法』(家庭之衛生社, 1912).

北里柴三郎,「日本ニ於ケル「ペスト」ノ蔓延及撲滅」,『細菌學雜誌』146(1908. 1) 디지털.

北里柴三郎,『ペスト病ノ原因調查第壹報告』(明治講醫會, 1894).

北里柴三郎,『神戶市大阪市ペスト病調查報告』(內務省, 1900).

山極勝三郎,『ペスト病論』(半田屋醫籍, 1899),「ペスト研究復命書」,『東京醫學會雜誌』vol.11(1897).

中村綠野,「台北ニ於ケルペストニ就テ」,『軍醫學會雜誌』第79號, 1896.

村上弥穗若・山田孝次郎,「安平ペスト疑似病景況報告」,『軍醫學會雜誌』第76號, 1896.

村田醇述,「台南府ノ衛生概況及風俗一斑」,『軍醫學會雜誌』第75號, 1896.

台灣總督府民政局衛生課,『明治二十九年台灣ペスト病流行紀事』, 1898.

横手千代之助,「談叢: 明治二十九年ノ臺灣ニ於ケル「ペスト」研究追憶談」,『日本傳染病學會雜誌』3-10, 1929.

關東都督府臨時防疫部,『ペスト防疫施設報告書』(其35~其39).

兵庫縣警察部,『兵庫縣ペスト流行誌』, 上・下卷(兵庫縣警察部, 1912).

S. Kitasato, "Report on the Epidemic of Plague in Kobe and Osaka from November, 1899 to January, 1900," *Public Health Report*, vol.16, no14, April 5, 1901.

Tohiu Ishigami(rev. by Kitasato Shibasaburo), *Japanese Text-Book on Plague*(Adelaide: Vardon and Pritchard, 1905).

대만

『台灣日日新報』.

『臺灣醫學會雜誌』(1902-1945)(臺北: 臺灣醫學會, 1902-1945).

『駐朝鮮使館檔』(1882-1912), 대만 중앙연구원 근대사연구소 당안관 소장자료.

「台灣海港檢疫規則」(法令第二十三號, 1899).

北里柴三郎, 林志津江 譯,「日本におけるコレラ」(1887年)(第20號記念號),『北里大學一般教育紀要』20, 2015.

倉岡彦助,「ペスト流行に就て(1-3)」,『臺灣統計協會雜誌』128, 129, 133號(1916. 9-10).

倉岡彦助,「臺灣ニ於ケルペストノ疫學的觀察」,『細菌學雜誌』180, 1910.

倉岡彦助,『臺灣におけるペストの流行學研究』(臺灣醫學會, 1920).

倉岡彦助,『臺灣ニ於ケルペストノ疫學的觀察』(臺灣醫學會, 1920).

臺灣總督府民政局衛生課,『明治二十九年本島ペスト病流行紀事(手記本)』(臺北: 臺灣總督府, 1897); 臺灣總督府民政局衛生課,『明治二十九年臺灣ペスト病流行紀事』(臺北: 臺灣總督府, 1898).

臺灣總督府民政局衛生課,『明治三一年臺灣ペスト病流行紀事』(臺北: 臺灣總督府, 1900).

臺灣總督府民政局衛生課,『明治三二年臺灣ペスト病流行紀事』(臺北: 臺灣總督府, 1901).

臺灣醫學會編,『臺灣衛生概要』(臺北: 臺灣醫學會, 1913).

台灣總督府警務局,『台灣衛生要覽 大正十四年版』(1925).

台灣總督府警務局衛生課,『台灣の衛生 昭和十四年版』(1939).

許錫慶 編譯,『臺灣總督府公文類 衛生史料彙編: 明治二十九年四月至明治二十九年十二月』(南投市: 臺灣省文獻委員會, 2000).

許錫慶 編譯, 『臺灣總督府公文類纂衛生史料彙編: 明治三十年一月至明治三十四年十二月』(南投市: 臺灣省文獻委員會, 2001).

홍콩

『華字日報』(1895-1940)(*Chinese Mail*).

『循環日報』(1874-1886)(*Universal Circulating Herald*).

China Mail.

China Mail(1845-).

Hong Kong Daily Press(1870-).

Hong Kong Government Gazette.

Hong Kong Telegraph.

Hong Kong Telegraph(1881-).

"Correspondence from Robinson to Lord Ripon," (23th May, 1894), Great Britain, Colonial Office, Original Correspondence: Hong Kong, 1841-1951, Series 129(hereafter CO 129) / 263 / 122.

"Henry A. Blake to Joseph Chamberlain" (12th June, 1901), CO129 / 305.

"Notes from Hospitals in China," *The China Medical Journal* 36-6(Nov. 1922).

"Plague in the Orient with Special Reference to the Manchurian Outbreaks," *The China Medical Journal* 36-1 (January 1922).

Annual Report of the Inspecting Medical Officer of the Tung Wa Hospital for 1897(Hong Kong, 1898).

Aoyama Tanemichi(青山胤通), *The Plague Report in Hong Kong*(香港ニ於ケル「ペスト」調査ノ略報), (1894. 11).

Ayres, P. B. C. and James A. Lowson, *Report on the Outbreak of Bubonic Plague in Hong Kong*, 1894(Budapest: International Congress of Hygiene and Demography, 1894).

Blake, Henry. *Bubonic Plague in Hong Kong: Memorandum; On the Result of the Treatment of Patients in Their Own Houses and in Local Hospitals, During the Epidemic of 1903*(Hong Kong: Noronha, 1903).

G. F. Petrie, "A Short Abstract of the Plague Commission's Work in Bombay with Regard to the rat-flea theory," *Transactions of the Royal Society of Tropical Medicine and Hygiene* 2-2(November 1908).

Henry Blake, *Bubonic Plague in Hong Kong: Memorandum; On the Result of the Treatment of Patients in Their Own Houses and in Local Hospitals, During the Epidemic of 1903*(Hong Kong: Noronha, 1903).

James A. Lowson, "Bubonic Plague," 16 May 1894, enclosed in Robinson to Ripon, 17 May 1894, CO 129 / 263.

James A. Lowson, *Medical Report: Hong Kong, the Epidemic of Bubonic Plague in 1894*(Hong Kong: Noronha & Company, 1895).

Osbert Chadwick, *Mr. Chadwick's Reports on the Sanitary Conditions of Hong Kong*(Colonial Office, Nov. 1882).

P. B. C. Ayres and James A. Lowson, *Report on the Outbreak of Bubonic Plague in Hong Kong, 1894*(Budapest: International Congress of Hygiene and Demography, July 1894)

PBC Ayres, *The Colonial Surgeon's Report for 1889*(27th June, 1890).

Richard P. Strong ed., *Report of the International Plague Conference Held at Mukden*(April, 1911).

Robinson, William. *Bubonic Plague in Hong Kong*(1896).

Tung Wa Hospital Commission, *Report of the Commission, Appointed by His Excellency Sir William Robinson, K.C.M.G., to Enquire into the Working and Organization of the Tung Wa [sic] Hospital, together with the Evidence taken before the Commission, and other Appendices*(Hong Kong: Government Printer, 1896).

W. Chatham, *Report of the Director of Public Works, for the Year 1905*(1906).

William Hunter, *A Research into Epidemic and Epizootic Plague*(Hong Kong: Noronha & Co. Government and General Printers and Publishers, 9th June 1904b).

William Hunter, *Report of the Government Bacteriologist for the Year 1902*(14th April, 1903).

William Hunter, *Report of the Government Bacteriologist for the Year 1903*(1904a).

William Hunter, *Report of the Government Bacteriologist for the Year 1904*(1905).

William Hunter, *Report of the Government Bacteriologist for the Year 1905*(1906).

William Hunter, *Report of the Government Bacteriologist for the Year 1906*(14th April, 1907).

영미권

The China Medical Journal.

North China Herald.

Association of Schools of Public Health, "Mukden Status of Plague in South Manchuria," *Public Health Reports*, Vol. 26, No. 16(1911).

Petrie, G. F. "A Short Abstract of the Plague Commission's Work in Bombay with Regard to the rat-flea theory," *Transactions of the Royal Society of Tropical Medicine and Hygiene* 2-2, 1908-1909.

Reginald Farrar, "Plague in Manchuria," *Proceedings of the Royal Society of Medicine* 5(Sect Epidemiol State Med, 1912).

Report of the International Scientific Commission for the Investigation of the Facts concerning Bacterial Warfare in Korea and China(Peking, 1952) 일본 국회도서관.

Robertson, H. McG. "A Possible Explanation of the Absence of Bubonic Plague in Cold Countries," *Public Health Reports*, Vol. 38, No. 27(1923).

Strong, Richard P. ed., *Report of the International Plague Conference Held at Mukden*(April, 1911).

Wu Lien-teh(G, L, Tuck). "The Second Pneumonic Plague Epidemic in Manchuria, 1920-21, I, A General Survey of the Outbreak and Its Course," *The Journal of Hygiene* Vol, 21, No, 3(May, 1923).

Wu Lien-teh, "Plague in the Orient with Special Reference to the Manchurian Outbreaks," *The China Medical Journal* 36(January 1922).

Wu Lien-teh, *A Treatise on Pneumonic Plague*(Geneva: League of Nations, 1926).

Wu Lien-teh, *Plague Fighter: The Autobiography of a Modern Chinese Physician* (Cambridge, 1959).

연구서

김덕진, 『대기근, 조선을 뒤덮다』(푸른역사, 2014).
김지환, 『철도로 보는 중국역사』(서울: 학고방, 2014).
김희정, 『몸·국가·우주 하나를 꿈꾸다: 황제사경, 관자사편, 회남자, 황제내경 연구』(서울: 궁리, 2008).
대한감염학회 편, 『개정판 감염학』(군자출판사, 2014).
대한감염학회 편, 『한국전염병사』(군자출판사, 2010).
대한감염학회 편, 『한국전염병사』 2(군자출판사, 2018).
박윤재, 『한국 근대의학의 기원』(혜안, 2005).
수잔 스콧, 크리스토퍼 던컨 지음, 황정연 옮김, 『흑사병의 귀환』(황소자리, 2005).

신규환,『질병의 사회사: 동아시아 의학의 재발견』(살림, 2006).
신규환,『국가, 도시, 위생: 1930년대 베이핑시정부의 위생행정과 국가의료』(아카넷, 2008).
신규환,『북경똥장수: 어느 중국인노동자의 일상과 혁명』(푸른역사, 2014).
신규환,『세브란스, 새로운 세상을 꿈꾸다: 독립운동에서 의료개혁까지』(역사공간, 2019).
신규환,『북경의 붉은 의사들: 20세기 청년 의사들의 도시 건설과 위생실험』(역사공간, 2020).
신동원,『한국근대보건의료사』(한울아카데미, 1997).
연세대학교 의학사연구소 엮음,『동아시아 역사 속의 의사들』(서울: 역사공간, 2015).
윌리엄 맥닐 지음, 김우영 옮김,『전염병의 세계사』(이산출판사, 2005).
유소민 지음, 박기수 옮김,『기후의 반역』(성균관대출판부, 2005).
유지원 외,『근대 만주 도시 역사지리 연구』(서울: 동북아역사재단, 2007).
은석민 지음,『傷寒溫病學史略』(서울: 주민출판사, 2007).
임계순,『중국의 여의주 홍콩』(한국경제신문사, 1997).
존 켈리 지음, 이종인 옮김,『흑사병 시대의 재구성』(소소, 2006).
피터 버크 지음, 강상호 옮김,『문화혼종성』(이음, 2012).
陳大舜 등,『各家學說』(서울: 대성의학사, 2001).
劉潤和,『香港市議會史1883-1999: 從潔淨局到市政局及區域市政局』(香港: 康樂及文化事務署, 2002).
范燕秋,『疾病, 醫學與植民地現代性: 日治臺灣醫學史』(臺北: 稻鄉出版社, 2005).
范行准,『中國醫學史略』(北京: 中醫古籍出版社, 1986).
傅延齡 主編,『張仲景醫學源流』(北京: 中國醫藥科技出版社, 2012).
冼玉儀·劉潤和 主編,『益善行道: 東華三院135周年紀念專題文集』(香港: 三聯書店, 2006).
施肇基(1877-1958),『施肇基早年回憶錄』(臺北: 傳記文學出版社, 1967).
嚴世主編,『中醫學術史』(上海: 上海中醫學院出版社, 1989).
余新忠,『清代江南的瘟疫與社會: 一項醫療社會史的研究』(中國人民大學出版社, 2003).
伍連德 著, 程光勝·馬學博 譯,『鼠疫鬪士-伍連德自述』上(長沙: 湖南教育出版社, 2011).
伍連德 著, 程光勝·馬學博 譯,『鼠疫鬪士-伍連德自述』下(長沙: 湖南教育出版社, 2012).
葉漢明 編著,『東華義莊與寰球慈善網絡: 檔案文獻資料的印證與啟示』(香港: 三聯書店, 2010).
張秀蓉·邱鈺珊·徐廷瑋等,『日治臺灣醫療公衛五十年』(國立臺灣大學出版中心, 2015).
錢超塵·溫長路 主編,『張仲景研究集成』下(中醫古籍出版社, 2004).
丁新豹,『善與人同: 與香港同步成長的東華三院 1870-1997』(香港: 三聯書店, 2010).
朱建平,『近代中醫界重大創新之研究』(北京: 中醫古籍出版社, 2009).

焦潤明,『淸末東三省鼠疫災難及防疫措施硏究』(北京師範大學出版社, 2011).

何佩然 編著,『施與受: 從濟急到定期服務』(香港: 三聯書店, 2010).

何佩然 編著,『源與流: 東華醫院的創立與演進』(香港: 三聯書店, 2010).

何佩然 編著,『傳與承: 慈善服務融入社區』(香港: 三聯書店, 2010).

何佩然 編著,『破與立: 東華三院制度的演變』(香港: 三聯書店, 2010).

香港東華三院,『東華三院一百三十年』(香港: 東華三院, 2000).

『錫良遺稿』八卷 (北京: 中華書局, 1959).

劉士永,『武士刀與柳葉刀: 日本西洋醫學之接納與開展』(臺北: 國立臺灣大學, 2012).

哈爾濱市地方志編纂委員會,『哈爾濱市志』2(大事記, 人口), 黑龍江人民出版社, 1999.

見市雅俊·斎藤修·脇村孝平·飯島渉 編,『疾病·開発·帝国医療』(東京:東京大学出版会, 2001).

藤野恒三郎,『日本細菌學史』(近代出版, 1984).

飯島渉,『ペストと近代中國』(東京: 硏文出版, 2000).

帆刈浩之,『越境する身体の社會史: 華僑ネットワークにおける慈善と醫療』(東京: 風響社, 2015).

兵庫縣史編集委員會編,『兵庫縣百年史』(兵庫縣, 1967) 국회도서관 내 디지털.

福島伴次,『細菌の國』(時代社, 1943).

北岡伸一,『後藤新平: 外交とヴィジョン』(東京：中央公論新社 , 1988).

北里柴三郎論說集編集委員會 編,『北里柴三郎論說集』(北里硏究所, 1978).

寺島柾史,『世界的な日本科學者 現代篇』(泉書房, 1944).

小高健,『傳染病硏究所: 近代醫學開拓の道のり』(學會出版センター, 1992).

小林丈廣,『近代日本と公衆衛生: 都市社會史の試み』(雄山閣, 2001).

安保則夫,『ミナト神戶コレラ·ペスト·スラム: 社會的差別形成史の硏究』(學藝出版社, 1989).

野村武,『北里柴三郎と緖方正規-日本近代醫學の黎明期』(熊本日日新聞社, 2003).

永島剛·市川智生·飯島渉 編,『衛生と近代: ペスト流行にみる東アジアの統治·醫療·社會』(法政大學出版局, 2017).

奥野克已,『帝国医療と人類学』(横浜: 春風社, 2006).

原田敬一,『日本近代都市史硏究』(思文却出版, 1994).

原田敬一·小林丈廣·安保則夫,『ミナト神戶コレラ·ペスト·スラム: 社會的差別形成史の硏究』(學藝出版社, 1989).

張秀蓉 編註,『日治臺灣醫療公衛五十年(修訂版)』(國立臺灣大學出版中心, 2015).

張秀蓉‧邱鈺姍‧徐廷瑋等,『日治臺灣醫療公衛五十年』(國立臺灣大學出版中心, 2015)。

中浜明編,『中浜東一郎日記』第1卷(富山房, 1992)。

知念廣眞,『明治時代とことば:コレラ流行をめぐって』(東京:リーベル出版, 1996)。

池田光穂,「帝國醫療の予感,その修辞上の戰略」,『九州人類學會報』30, (九州: 九州人類学研究会, 2003)。

村上榮次編,『大阪衛生100年史: 大阪府衛生會‧健康の里の軌跡 』(大阪衛生會, 1994)。

春山明哲‧若林正丈,『日本植民地主義の政治的展開 — その統治体制と台湾の民族運動 1895~1934年』(アジア政經學會, 1980)。

春日忠善,『日本のペスト流行史』(北里メディカルニュース編集部, 1986)。

鶴見祐輔,『決定版 正傳 後藤新平』第1卷, 醫者時代, (東京:藤原書店, 2004)。

鶴見祐輔,『決定版 正傳 後藤新平』第2卷, 衛生局長時代, (東京:藤原書店, 2004)。

鶴見祐輔,『決定版 正傳 後藤新平』第3卷, 台灣時代, (東京:藤原書店, 2004)。

橫田陽子,『技術からみた日本衛生行政史』(晃洋書房, 2011)。

David Arnold, *Imperial Medicine and Indigenous Societies*(Manchester University, 1988)。

Douglas M. Haynes, *Imperial Medicine: Patrick Manson and the Conquest of Tropical Disease*(University of Pennsylvania Press, 2001)。

Liu Shi-yung, *Prescribing Colonization: the Role of Medical Practice and Policy in Japan-Ruled Taiwan*(Ann Arbor, Michigan: AAS, 2009)。

Benedict, Carol, *Bubonic Plague in Nineteenth-Century China*(Stanford: Stanford University Press, 1996)。

Carroll, John, *Ho Kai: a Chinese Reformer in Colonial Hong Kong*(Lanham: Rowman & Littlefield, 2008)。

Choa, Gerald Hugh, *The Life and Times of Sir Kai Ho Kai: A Prominent Figure in Nineteenth-Century Hong Kong*(Hong Kong: The Chinese University Press, 1981; 2000 2nd edition)。

Echenberg, Myron, *Plague Ports: The Global Urban Impact of Bubonic Plague 1894-1901* (New York and London: New York University Press, 2007)。

Fung Chi-ming, *A History of Queen Mary Hospital Hong Kong, 1937-1997*(Hong Kong: Queen Mary Hospital, 1997)。

Gauld, Robin and Derek Gould, *The Hong Kong Health Sector: Development and Change*(Hong Kong: The Chinese University Press, 2000)。

Hanson, Marta E., *Speaking of Epidemics in Chinese Medicine: Disease and the Geographic Imagination in Late Imperial China*(London and New York: Routledge, 2011)。

He Peiran ed., *Donghuayiyuande Chuangliyu Yanjjin*(The Establishment and Evolution of Donghua Hospital) (Hong Kong: Joint Publishing, 2010).

Hong Kong Museum of Medical Sciences Society, *Plague, SARS and the Story of Medicine in Hong Kong*(Hong Kong: Hong Kong University Press, 2006).

Little, Lester K. ed., *Plague and the End of Antiquity: The Pandemic of 541-750*(Cambridge: Cambridge University Press, 2008).

Lynteris, Christos, *Ethnographic Plague: Configuring Disease on the Chinese-Russian Frontier*(Palgrave Macmillan UK, 2016).

Martinevskii, Ivan L. and Henri H. Mollaret, *Epidemiia Chumy v Man'chzhurii v 1910-1911* (Epidemic Plague in Manchuria in 1910-1911) (Moskva: Meditsina, 1971).

Nathan, Carl F. *Plague Prevention and Politics in Manchuria, 1910-1931*, Cambridge, Mass.: Harvard East Asian Monographs, 1967.

Peckham, Robert and David M. Pomfret eds., *Imperial Contagions: Medicine, Hygiene, and Cultures of Planning in Asia*(Hong Kong: Hong Kong University Press, 2013).

Platt, Jerome J., Maurice E. Jones, and Arleen Kay Platt eds., *The Whitewash Brigade: The Hong Kong Plague of 1894*(Dix Noonan Webb, 1998).

Sinn, Elizabeth, *Power and Charity: A Chinese Merchant Elite in Colonial Hong Kong*(Hong Kong: Hong Kong University Press, 2003).

Sinn, Elizabeth, *Power and Charity: The Early History of the Tung Wah Hospital*(Hong Kong: Oxford University Press, 1989).

Smith, Carl T. *Chinese Christians: Elites, Middleman and the Church in Hong Kong*(Hong Kong: Oxford University Press, 1985).

Summers, William C., *The Great Manchurian Plague of 1910-1911: The Geopolitics of an Epidemic Disease*(New Haven and London: Yale University Press, 2012).

Wong K. Chimin & Wu Lien-teh, *History of Chinese Medicine: Being a Chronicle of Medical Happenings in China from Ancient Times to the Present Period*(Shanghai: National Quarantine Service, 1932).

연구논문

권기하, 「1910년대 총독부의 위생사업과 식민지 '臣民'의 형성」, 연세대 사학과 석사학위논문,

(2010. 1).

김문기, 「명청시기 강남의 기후변동과 동정감귤」, 『명청사연구』 14, (2001. 4).

김문기, 「명말 강남의 기후와 숭정 14년의 기황」, 『중국사연구』 37, (2005. 8).

김문기, 「17세기 강남의 기후와 농업: 『歷年記』에 대한 분석을 중심으로」, 『동양사학연구』 99, (2007. 6).

김문기, 「17세기 강남의 재해와 민간신앙-유맹장신앙의 전변을 중심으로」, 『역사학연구』 29, (2007. 2).

김문기, 「17세기 강남의 소빙기 기후」, 『명청사연구』 27, (2007. 4).

김문기, 「17세기 강남의 기후변동과 명청교체」 (부경대학교 사학과 박사학위논문, 2008).

김영수, 「식민지 조선의 방역대책과 중국인 노동자 관리」, 『의사학』 23-3, (2014. 12).

김영수, 「일본의 방역경험 축적을 통해 본 조선총독부의 방역사업: 1911 페스트 유행 대응을 중심으로」, 『한림일본학』 26, (2015. 5).

김영숙, 「일본의 5·4운동 인식과 대응: 산동이권문제와 전후 국제질서를 중심으로」, 『중국근현대사연구』 83, (2019. 9).

김지환, 「滿鐵과 東北交通委員會」, 『中國近現代史研究』 40輯, (2008. 12).

김지환, 「중국 동북지역 상품유통망의 변화와 동청철도의 매각」, 『歷史學報』 217집, (2013. 3).

김지환, 「중동철도 매각과 중일소 외교관계」, 『중앙사론』 37집, (2013. 6).

김혜랑, 「『황제내경』 오행론의 형성: 초기 오행 사유에서 운기설까지」, 『동방학』 29, (2013. 11).

김혜랑, 「『황제내경』 오행론의 형성과 전개」 (한국학중앙연구원 한국학대학원 철학전공 박사논문, 2014).

문명기, 「공의제도의 비교를 통해 본 식민지 대만과 조선의 의료·위생 네트워크: 제도외적 측면을 중심으로」, 『한국학논총』 42, (2014).

문명기, 「보갑의 동아시아 – 20세기 전반 대만·만주국·중국의 기층행정조직 재편과 그 의미」, 『중앙사론』 47, (2018).

문명기, 「식민지 '문명화'의 격차와 그 함의: 의료부분의 비교를 통해 보는 대만과 조선의 '식민지 근대'」, 『한국학연구』 46, (2013).

문명기, 「일제하 대만 保甲制度의 재정적 효과, 1903~1938」, 『중국근현대사연구』 75, (2017).

문명기, 「일제하 대만·조선 공의(公醫)제도 비교연구: 제도 운영과 그 효과」, 『의사학』 23-2, (2014. 8).

박윤재, 「1910年代 初 日帝의 페스트 防疫活動과 朝鮮支配」, 『河炫綱敎授定年紀念論叢: 韓國史의 構造와 展開』, 서울: 도서출판 혜안, 2000.

박윤재, 「조선총독부의 지방 의료정책과 의료소비」, 『역사문제연구』 제21호, (2009. 4).

배경한, 「동아시아 역사 속의 5·4운동: 반제운동으로서 5·4운동 연구의 검토와 제언」, 『중국근현대사연구』 83, (2019. 9).

백선례, 「1919·20년 식민지 조선의 콜레라 방역활동: 방역당국과 조선인의 대응을 중심으로」, 『사학연구』 제101호 (2011. 3).

송한용, 「중동로사건에 대한 일본의 대응과 영향」, 『역사와 담론』 31, (2001. 9).

신규환, 「日本占領期 콜레라 (流行)과 (北京)의 衛生行政(1937-1945)」, 『중국근현대사연구』 51, (2011. 9).

신규환, 「제1·2차 만주 폐페스트의 유행과 일제의 방역행정(1910-1921)」, 『의사학』 21-3, (2012. 12).

신규환, 「제국의 과학과 동아시아 정치: 1910~11년 만주 페스트의 유행과 방역법규의 제정」, 『동방학지』 제167집, (2014. 9).

신규환, 「20세기 전반 北京의 都市空間과 衛生: 空間의 再編과 龜裂을 중심으로」, 『동양사학연구』 128, (2014. 9).

신규환, 「근대 병원건축의 공간변화와 성격: 제중원에서 세브란스병원으로의 변화를 중심으로」, 『역사와경계』 97, (2015. 12).

신규환, 「한중 선교병원의 '정체성'논쟁 비교 연구: 제중원과 시의원의 사례를 중심으로」, 『동방학지』 172, (2015. 12).

신규환, 「기후변화와 질병: 19-20세기 페스트 유행과 질병관의 변화」, 『한국학논집』 제62집, (2016. 2).

신규환, 「1870-80년대 일본의 콜레라 유행과 근대적 방역체계의 형성」, 『사림』 64, (2018. 4).

신규환, 「1894년 홍콩 페스트의 유행과 동화의원의 공간변화: '위생의 혼종성(hygienic hybridity)'과 관련하여」, 『도시연구』 19, (2018. 4).

신규환, 「1890년대 대만과 일본의 페스트 유행과 제국의학 지식의 형성」, 『일본역사연구』 48, (2018. 12).

신규환, 「제2차 만주 폐페스트의 유행(1920-21)과 방역정책의 전환: 하얼빈 도시공간의 재편과 관련하여」, 『대구사학』 138, (2020. 2).

신순식, 「청대 온병학설의 성립 배경에 관한 연구」, 『의공학회지』 3-2, (1994).

오자키 고지(尾崎耕司), 「해항도시의 전염병, 그리고 방역시스템: 근대일본, 고베시의 분뇨오물처리 문제를 중심으로」, 『해항도시문화교섭학』 3, (2010. 10).

위신중, 「주권, 방역, 권리: 만청시기 검역제도의 도입수립과 권력관계 연구」, 『영남학』 19, (2011).

이군호, 「일본의 중국 및 만주침략과 남만주철도」, 『평화연구』 12-1, (2004).

정근식, 「식민지 위생경찰의 형성과 변화, 그리고 유산: 식민지 통치성의 시각에서」, 『사회와역사』 90, (2011년 여름).

정민재, 「근대 의학 수용에 대한 자주적 노력–개항에서 대한제국시기까지」, 『한성사학』 21, (2006).
최규진, 「대만과 조선의 종두정책을 통해 본 일본 제국의 식민통치」, 『국제고려학』 15, (2014).
최규진, 「종두정책을 통해 본 일제의 식민 통치: 조선과 대만을 중심으로」, 서울대학교 대학원 의학과 박사학위논문, (2014. 8).
최규진, 「후지타 쓰구아키라의 생애를 통해 본 식민지 조선의 의학/의료/위생」, 『의사학』 25-1, (2016. 4).
최우진, 「운기론의 육기와 삼음삼양 연구: 오운육기와 기상학적 관점에서」, *Korean Journal of Acupuncture* 31-3, (2014).
金東英·李志平, 「人爲因素與哈爾濱第三次鼠疫大流行」, 『中華醫史雜誌』 41-2, (2011. 3).
馬學博, 「東三省第二次肺鼠疫大流行(1920-1921)述論」, 『黑龍江史誌』 233, (2010. 8).
王學良, 「美俄'哈爾濱自治公議會'問題上的構結與爭奪」, 『北方文物』 1985年 2期.
張忠, 「哈爾濱早期市政近代化研究(1898-1931)」(吉林大學文學院 博士學位論文, 2011. 12).
焦潤明, 「1910-1911年的東北大鼠疫及朝野應對措施」, 『近代史研究』 2006年 第3期.
焦潤明, 『淸末東三省鼠疫災難及防疫措施研究』(北京: 北京師範大學出版社, 2011).
彭傳勇, 「『奉俄協定』是蘇聯重新控除中東鐵路的"再保險條約"」, 『西伯利亞研究』 37-3, (2010. 6).
管書合, 「1910-1911年東三省鼠疫之疫源問題」, 『歷史檔案』 2009年 3期.
管書合, 「淸末榮口地區鼠疫流行與遼寧近代防疫之濫觴」, 『蘭臺世界』 2009年 10期.
管書合·楊翠紅, 「防疫還是排華: 1911年俄國遠東地區大規模驅逐華僑事件研究」, 『華僑華人歷史研究』 3, (2011).
邱仲麟, 「明代北京的瘟疫與帝國醫療體系的應變」, 『中央研究院歷史言語研究所集刊』 75-2, (2004. 6).
董曉燕, 李岩, 李平, 「重校防疫芻言評介」, 『鍼灸臨床雜誌』 23-10, (2007).
杜麗紅, 「淸季哈爾濱防疫領導權爭執之背景」, 『中央研究院近代史研究所集刊』 第78期, (2012).
劉士永, 「1930年代以前日治時期臺灣醫學的特質」, 『臺灣史研究』 4-1, (1999).
劉士永, 「日本植民醫學的特徵與展開」, 劉士永·王文基 主編, 『東亞醫療史』(臺北: 聯經, 2017).
劉士永, 「淸潔, 衛生與保健: 日治時期臺灣社會公共衛生觀念之轉變」, 『臺灣史研究』 8-1, (2001. 6).

黎樂, 「日据初期臺灣的鼠疫與衛生防疫事務 - 以總督府公文檔案爲中心的考察」(華東師範大學 歷史學係 碩士學位論文, 2011.9).

連振斌, 「近四十年錫良研究綜述」, 『內蒙古民族大學學報：社會科學版』1期, (2011).

連振斌, 「錫良與安奉鐵路交涉」, 『蘭台世界』2013-2.

鈴木哲造, 「日治時期台灣醫療法制之研究: 以醫師之培育與結構爲中心」(台灣師範大學 歷史學系 博士論文, 2014).

鈴木哲造, 「日治初年台灣衛生政策之展開 - 以"公醫報告"之分析爲中心」, 『臺灣師大歷史學報』37, (2007.6).

李建梅, 「嶺南醫家羅芝園『鼠疫匯編』整理及相關研究」, 廣州中醫藥大學 碩士論文, (2005.5).

李永宸·賴文, 「嶺南醫家活用王清任解毒活血湯治療鼠疫」, 『中華中醫藥雜誌』2006年7期.

李玉尙, 「近代中國的鼠疫應對機制」, 『歷史研究』, 2002(1).

李致重, 「談傷寒和溫病的關係」, 『中國中醫基礎醫學雜誌』(2003.3).

李禾·賴文, 「羅芝園『鼠疫滙編』在嶺南鼠疫病史之地位及價值」, 『中華醫史雜誌』29-2, (1999.4).

馬學博, 「萬國鼠疫研究會與東三省防疫事務總管理處的建立」, 『醫學與哲學』27-7, (2006).

馬學博, 「伍連德年譜新編」, 『黑龍江史志』245, (2011).

范燕秋, 「鼠疫與臺灣之公共衛生(1896-1917)」, 『國立中央圖書館臺灣分館館刊』1-3, (1995.3).

范燕秋, 「新醫學在臺灣的實踐(1898-1906): 從後藤新平『國家衛生原理』談起」, 『新史學』9-3, (1998.9).

范燕秋, 「日據前期臺灣之公共衛生-以防疫爲中心(1895-1920)」(師大史研所碩士論文, 1994.6).

費克光, 「中國歷史上的鼠疫」, 劉翠溶·尹懋可 主編, 『積漸所至: 中國環境史論文集』(臺北: 中央研究院經濟研究所, 1995).

楊祥銀, 「殖民權力與醫療空間: 香港東華三院中西醫服務變遷(1894-1941年)」(香港中文大學 歷史課程 哲學博士論文, 2007.7).

楊祥銀, 「嬰兒死亡率與近代香港的嬰兒健康服務(1903-1941年)」, 『中國社會歷史評論』8, (2007).

黎樂, 「日据初期台灣的鼠疫與衛生防疫事務: 以總督府公文檔案爲」(華東師範大學 歷史學

係 碩士論文, 2011).

吳文清,「中國第一部防治鼠疫的專著-『治鼠疫法』」,『中華醫史雜誌』2004年 2期.

王紹武·葉瑾琳·龔道溢,「中國小冰期的氣候」,『第四紀研究』第1期, (1998. 2).

張忠,「哈爾濱早期市政近代化研究(1898-1931)」(吉林大學文學院 博士學位論文, 2011. 12).

袁大彬,「1910-1911年哈爾濱鼠疫研究」, 哈爾濱師範大學 碩士學位論文, (2012. 6).

曹晶晶,「1910-1911年的東北鼠疫及其控制」(吉林大學 歷史學碩士論文, 2005).

中山善史,「日治初期臺灣地方衛生行政－以衛生組合為中心探討－」, 淡江大學日本研究所 碩士班學位論文, (2007. 1).

陳震霖,「陝西氣候, 疾病與運氣理論的相關性研究」, 廣州中醫藥大學 博士學位論文, (2008. 4).

焦潤明,「1910-1911年的東北大鼠疫及朝野應對措施」,『近代史研究』2006年 第3期.

崔學森,「宣統年間京師臨時防疫局章程研究」,『北京社會科學』2013-3期, (2013).

沈佳姍,「日治時期臺灣細菌檢查處所發展初探」,『師大臺灣史學報』7期, (2014. 12).

彭傳勇,「『奉俄協定』是蘇聯重新控除中東鐵路的"再保險條約"」,『西伯利亞研究』37-3, (2010. 6).

許峰源,「聯合國善後救濟總署與台灣霍亂的防治(1946－1947)」,『人文社會學報』14期, (2013. 7).

胡成,「檢疫, 種族與租界政治: 1910年上海鼠疫病理發現後的華洋衝突」,『近代史研究』 2007-4期.

胡成,「近代檢疫過程中"進步"與"落後"的反思: 以1910-1911年冬春之際的東三省肺鼠疫為 中心」,『開放時代』(2011年 10期).

高岡裕之,「'醫師の近代化'と地域的分布:'醫療環境の社會史'を考えるために (特集'醫療 環境'の社會史)」,『歷史科學』199, (2009-11).

高岡裕之,「近代日本の地域醫療と公立病院 (特集 近現代醫療環境の社會史)」,『歷史評論』 726, (2010. 10).

關根房雄,「19世紀末以降のアジア貿易の展開とペストの日本襲來」,『商學研究論集』39, (2013. 9).

廣川和花,「近代大阪のペスト流行にみる衛生行政の展開と醫療·衛生環境」,『歷史評論』 726, (2010. 10).

芹澤良子,「臺灣1896年: 日本の帝國醫療の搖籃」, 永島剛·市川智生·飯島涉 編,『衛生と近 代: ペスト流行にみる東アジアの統治·醫療·社會』(法政大學出版局, 2017).

金穎穗,「植民地朝鮮におけるコレラの大流行と防疫對策の變化: 1919年と1920年の流行を 中心に」,『アジア地域文化研究』第8號, (2012. 3).

辛圭煥, 「20世紀前半, 京城と北京における衛生·醫療制度の形成と衛生統計 - 「植民地近代性」論批判 - 」, 『歷史學硏究』 834, (2007. 11).

黎樂, 「日据初期臺灣的鼠疫與衛生防疫事務-以總督府公文檔案爲中心的考察」, 華東師範大學 歷史學係 碩士學位論文, (2011. 9).

鈴木哲造, 「臺灣總督府の衛生政策と臺灣公醫」, 『中京大學院生法學研究論集』 25, (2005).

鈴木哲造, 「日治初年台灣衛生政策之展開 - 以"公醫報告"之分析爲中心」, 『臺灣師大歷史學報』 37期, (2007. 6).

鈴木哲造, 「解說魚返煥乎の嘉義台南台中各縣下におけるペスト病況及び豫防消毒方法視察復命書」, 中京大學社會科學研究所·國史館台灣文獻館監修, 『領台初期の台灣社會 - 台灣總督府文書が語る原象(Ⅱ)』, (台灣史料叢書Ⅱ), (中京大學社會科學研究所, 2008).

鈴木哲造, 「日治初年臺灣衛生政策之展開 - 以〈公醫報告〉之分析爲中心」, 『臺灣師大歷史學報』 37, (2007).

鈴木哲造, 「日治初年臺灣總督府衛生行政制度之形成 - 與近代日本衛生行政制度比較考察」, 『師大臺灣史學報』 4, (2011).

栗原純, 「臺灣における日本植民統治初期の衛生行政について: 『臺灣總督府公文類纂』にみる臺灣公醫制度を中心として」, 『史論』 57, (2004).

栗原純, 「台灣總督府の衛生政策と地域社會: ペストマラリア對策を中心に」, 松田利言 編, 『植民地帝國日本における支配と地域社會』 (東京: 國際日本文化センター, 2013).

栗原純, 「『台灣總督府公文類纂』にみる「台灣阿片令」の制定過程について」, 『東京女子大學比較文化研究所紀要』 (東京: 東京女子大學, 2003).

林正倫, 「日治時期行政法規下的防疫工作: 以法定傳染病爲中心」, 國立彭化師範大學 歷史學研究所 碩士論文, (2011).

笠原英彦·小島和貴, 『明治期醫療衛生行政の研究: 長與專齋から後藤新平へ』 (ミネルヴァ書房, 2011).

馬場義弘, 「三新法期の都市行政: 大阪の衛生行政を事例に」, 『ヒストリア』 141, (1994).

尾崎耕司, 「萬國衛生會議と近代日本」, 『日本史研究』 439, (1999).

尾崎耕司, 「衛生組合に關する考察: 神戶市の場合を事例として」, 『大手前大學人文科學部論集』 6, (2005).

尾崎耕司, 「傳染病豫防法考-市町村自治の機關委任事務に關する一考察」, 『新しい歷史學のために』 213, (1994).

尾崎耕司, 「後藤新平 衛生國家思想の國際的契機」, 『史潮』 44, (1998. 11).

尾崎耕司, 「後藤新平の衛生国家思想について」, 『ヒストリア』 153, (1996).

尾崎耕司,「衛生組合に關する考察: 神戸市の場合を事例として」,『大手前大學人文科學部論集』6, (2005).

飯島渉,「近代東アジアにおけるペストの流行について: 1894年廣東及び香港, 1902-1913年橫濱, 1910-1911年滿洲」,『史潮』29, (1991).

范燕秋,「後藤新平と臺灣經營: 近代國家衛生の視点から」,『史潮』44, (1998.11).

帆刈浩之,「十九世紀末における香港華東醫院の「近代化」への対応」, 孫文研究會 編,『辛亥革命の多元構造』(汲古書院, 2003).

帆刈浩之,「香港における中國傳統醫學の制度化をめぐって―1999年『中醫藥條例』成立の背景」,『中國研究月報』54-5, (2000).

帆刈浩之,「香港東華醫院と廣東幇ネットワーク: 民辦華人醫院の展開」, 飯島渉編,『華僑華人史研究の現在』(汲古書院, 1999).

帆刈浩之,「香港東華醫院と廣東人ネットワーク: 二十世紀初頭における救災活動を中心に」,『東洋史研究』55-1, (1996.6).

福田眞人,「北里柴三郎: 內務省衛生局時代とドイツ留學への道」,『言語文化論集』28-2, (2007.3).

謝宗倫,「日治時期後藤新平現代化政策之研究: 以『生物學原理』爲中心」(國立高雄第一科技大學 碩士論文, 2008).

市川智生,「神戸 1899年: 開港場の防疫と外國人社會」, 永島剛・市川智生・飯島渉 編,『衛生と近代: ペスト流行にみる東アジアの統治・醫療・社會』(法政大學出版局, 2017).

深田智惠子・松岡弘之,「近代大阪の借家に關する住居史的・都市社會史的研究: 舊大阪三郷の借家經營者「井上平兵衛家文書」の分析に基づく考察」,『住宅總合研究財團研究論文集』36, (2009).

野村明宏,「植民地における近代的統治に關する社會學: 後藤新平の臺灣統治をめぐって」,『京都社會學年報』7, (1999.12).

竹原万雄,「『伝染病予防法』の制定とその背景」,『東北芸術工科大学東北文化研究センター研究紀要』(8), 17-26, (2009.3).

中瀨安清,「北里柴三郎によるペストと菌の發見とその周邊: ペスト菌發見百年に因んで」,『日本細菌學雜誌』50-3, (1995).

春日忠善,「日本のペスト流行史: 根絶への道」,『科學』47-11, (1977.11).

坂口誠,「近代大阪のペスト流行, 1905-1910年」,『三田學會雜誌』97-4, (2005.1).

戶部健,「清末天津におけるペストの流行とそれへの對應」,『史潮』69, (2011.8).

橫田陽子,「日本近代における細菌學の制度化: 衛生行政とアカデミズム」,『科學史研究』48,

(2009).

Bibel, David J. and T. H. Chen, "Diagnosis of Plague: an Analysis of the Yersin-Kitasato Controversy," *Bacteriological Reviews* 40-3, (September, 1976).

Chan Wai Kwan, "The Emergency of Leadership Among the Chinese Population, and the Tung Wah Hospital," in Chan Wai Kwan, *The Making of Hong Kong Society: Three Studies of Class Formation in Early Hong Kong*(Oxford: Clarendon Press, 1991).

Chernin, Eli, "Richard Pearson Strong and the Manchurian Epidemic of Pneumonic Plague, 1910-1911," *The Journal of the History of Medicine and Allied Sciences* 44-3, (1989).

Choa, Gerald Hugh, *"Heal the Sick" was Their Motto: The Protestant Medical Missionaries in China*(Hong Kong: The Chinese University Press, 1990).

Choa, Gerald Hugh, "A History of Medicine in Hong Kong," *Medical Directory of Hong Kong, First Edition*(Hong Kong: The Federation of Medical Sciences of Hong Kong, 1985).

Choa, Gerald Hugh, "The Lowson Diary: A Record of the Early Phases of the Bubonic Plague Epidemic in Hong Kong 1894," *Journal of the Hong Kong Branch of the Royal Asiatic Society* 33(1993).

Chow, Lo-sai, "Ho Kai and Lim Boon Keng: A Comparative Study of Tripartite Loyalty of Colonial Chinese Elite, 1895-1912," (Hong Kong: M.A. thesis, University of Hong Kong, 1987).

Coleborne, Catharine and Angela McCarthy, "Health and Place in Historical Perspective: Medicine, Ethnicity, and Colonial Identities," *Health and History* 14(2012).

Cunningham, Andrew R., "Transforming Plague: the Laboratory and the Identity of Infectious Disease," in Cunningham, A. R. and P. Williams, eds., *The Laboratory Revolution in Medicine*(Cambridge: Cambridge University Press, 1992).

Echenberg, Myron, "Pestis Redux: The Initial Years of the Third Bubonic Plague Pandemic, 1894-1901," *Journal of World History* 13-2, (Fall 2002).

Faure, David, "The common people in Hong Kong history: their livelihood and aspirations until the 1930s," in Lee Pui-Tak ed., *Colonial Hong Kong and Modern China: Interaction and Reintegration*(Hong Kong: Hong Kong University Press, 2005).

Gamsa, Mark. "The Epidemic of Pneumonic Plague in Manchuria 1910-1911," *Past and Present* 190, (Feb. 2006).

Greenwood, Walter, "John Joseph Francis, Citizen of Hong Kong, A Biographical Note," *Journal of the Hong Kong Branch of the Royal Asiatic Society* 26(1986).

Ho Pui-yin, "Consider Leisure as Charity: Case Study of Tung Wah Hospital, 1900s-1930s," paper presented at the Symposium on Daily Lives of Urban Elite in the Twentieth Century China and France(Hong Kong: Chinese University of Hong Kong, December 18-19, 2006).

Hu Cheng, "Quarantine Sovereignty during the Pneumonic Plague in Northeast China (November 1910-April 1911)," *Frontiers of History in China* 5-2, June 2010.

Lee Hyun-sook and Yeo In-sok, "Why the Pneumonic Plague Did Not Break Out in Korea," *Yonsei Journal of Medical History*, 18-2, (Dec. 2015).

Lei, Seon Hsiang-lin, "Sovereignty and the Microscope: Constituting Notifiable Disease and Containing the Manchurian Plague," In Angela Leung and Charlotte Furth, eds., *Health and Hygiene in Chinese East Asia*(Durham, NC and London: Duke University Press, 2010).

Lethbridge, Henry J., "A Chinese Association in Hong Kong: The Tung Wah," *Contributions to Asian Studies* 1(1971).

Lethbridge, Henry J., *Hong Kong, Stability and Change: A Collection of Essays*(Hong Kong: Oxford University Press, 1978).

Leung, Angela Ki Che, "Organized Medicine in Ming-Qing China: State and Private Medical Institutions in the Lower Yangzi Region," *Late Imperial China* 8-1 (1987).

Leung, Angela Ki Che, "The Evolution of Idea of Chuanran Contagion in late imperial China," Angela Ki Che Leung and Charlotte Furth eds., *Health and Hygiene in Chinese East Asia: Policies and Publics in the Long Twentieth Century*(Duke University Press, 2010).

Li Pui-tak, "Colonialism versus Nationalism: The Plague of Hong Kong in 1894," *The Journal of Northeast Asian History* 10-1 (Summer 2013).

Liu, Shiyung, "The Ripples of Rivalry: The Spread of Modern Medicine from Japan to its Colonies," *East Asian Science, Technology and Society: an International Journal* 2(2008).

Luesink, David, "The History of Chinese Medicine: Empires, Transnationalism and Medicine in China, 1908-1937," Iris Borowy, ed., *Uneasy Encounters: The Politics of Medicine and Health in China 1900-1937*(Berlin: Peter Lang Verlag, 2009).

Park Yun-jae, "Sanitizing Korea: Anti-Cholera Activities of Police in Early Colonial Korea," *Seoul Journal of Korean Studies* 23, no. 2(Dec. 2010).

Peckham, Robert, "Hong Kong Junk: Plague and the Economy of Chinese Things," *Bulletin of the History of Medicine* 90-1 (Spring 2016).

Peckham, Robert, "Infective Economies: Empire, Panic and the Business of Disease," The *Journal of Imperial and Commonwealth History*, 41-2(2013).

Sihn Kyu-hwan, "Reorganizing Hospital Space: The 1894 Plague Epidemic in Hong Kong and the Germ Theory," *Korean Journal of Medical History* 26-1(2017. 4).

Sihn Kyu-hwan, "Unexpected Success: the Spread of Manchurian Plague and the Response of Japanese Colonial Rule in Korea, 1910-1911," *Korea Journal* 49-2(2009).

Sinn, Elizabeth, "The Tung Wah Hospital, 1869-1896: A Study of a Medical, Social and Political Institution in HongKong," (Ph.D. dissertation, Hong Kong: University of Hong Kong, 1986).

Smith, Carl T., "Tung Wah Hospital" in *A Sense of History: Studies in the Social and Urban History of Hong Kong*(Hong Kong: Hong Kong Educational Publishing Co., 1995); 施其樂著,宋鴻耀譯,『歷史的覺醒: 香港社會史論』(香港: 香港教育圖書公司, 1999).

Smith, Carl T., "Visits to Tung Wah Group of Hospitals' Museum, 2nd October, 1976," *Journal of the Hong Kong Branch of the Royal Asiatic Society* 16(1976).

Solomon, Tom. "Hong Kong, 1894: the Role of James A. Lowson in the Controversial Discovery of the Plague Bacillus," *The Lancet* vol. 350 (July 1997).

Sutphen, Mary P., "Not What, but Where: Bubonic Plague and the Reception of Germ Theories in Hong Kong and Calcutta, 1894-1897," *Journal of the History of Medicine and Allied Sciences* 52-1 (January 1997).

Xue Charlieq, Zou Han. Li Baihao, Hui Ka Chuen, "The shaping of Early Hong Kong: Transplantation and Adaptation by the British Professionals, 1841-1941," *Planning Perspectives* 27-4(2012).

Yang, Xiangyin, "The Development of Medical Services Network in Colonial Hong Kong, 1841-1941," presented in the Seminar on Chinese History in view of Medicine and Healing(Taipei: Institute of History and Philology, Academia Sinica, Taiwan, December 13-15, 2005).

Zhou Hong, "The Origins of Government Social Protection Policy in Hong Kong, 1842-1941," (Ph.D. dissertation, Waltham: Brandies University, 1992).

찾아보기

ㄱ

가성결핵(*pseudotuberculosis*) 22
강제격리 41
건강경찰의관 137
검병적 호구조사 287
검역선 41
「검역위원설치규칙(檢疫委員設置規則)」 249
게놈 22
「경무총감부공문」 286
경사방역국(京師防疫局) 189, 223
『경성신보(京城新報)』 186
경찰총관리처 246
고토 심페이(後藤新平) 126
공의(公醫) 135, 139
공중보건법 46, 47, 49
「공중보건조례」 48
관동군(關東軍) 181
관동도독부(關東都督府) 179, 222
「관동청 전염병예방규칙」 259
관동청해무국 179
광복의사(廣福義祠) 71, 83
광저우 페스트 42
광화의원(光華醫院) 77
구관온존(舊慣溫存) 139

『구급서역전염양방(救急鼠疫傳染良方)』 106
구로다 데이지로(黑田悌次郎) 156
구서제약부(驅鼠製劑部) 150
『군의학회잡지』 158
「군인검역판법(軍人檢疫辦法)」 249
그람 양성균 157
그레이(G. Gray) 195
『금궤요략(金匱要略)』 99
금원사대가(金元四大家) 100
기노시타 세이츄우(木下正中) 156
기타사토별(北里閥) 160
기타사토 시바사부로(北里柴三郎) 7, 19, 28, 33, 45, 125, 145, 152, 155, 181
기후 – 질병이론 94

ㄴ

나가요 센사이(長与專斎) 137
나카하마 도우이치로(中浜東一郎) 160
남만주철도주식회사(南滿洲鐵道株式會社) 179
네이선(Carl F. Nathan) 238

ㄷ

다까기 도모에(高木友枝)　158
다라이눠얼(達來諾爾, Dalainor)　236
다오리구(道裡區)　174, 243, 253
다오와이구(道外區)　174, 243
다카기 도모에(高木友枝)　158, 184
「대만공의규칙(臺灣公醫規則)」　135, 141
「대만공의후보위생규칙」　142
「대만아편령」　139
「대만일일신보」　132
「대만전염병예방규칙」　134, 142
대만중앙위생회　136
「대만지방병조사회 및 전염병조사회」　136
「대만통치구급안」　139
대만 페스트　164
데라우치 마사타케(寺內正毅)　184
데비냐의 정리(Devignat's proposal)　21
도다이벌(東大閥)　160
도즈(Dr. G. Dods)　79
도쿄육군군의학교　158
도쿄의학회　158
독시사이클린(Doxycycline)　18
동삼성방역사무총관리처　212
동스인(董士恩)　118
동아시아 페스트　19
동청철도　174
동화동원(東華東院)　77
동화삼원(東華三院)　78
동화의원(東華醫院)　10, 37, 40, 41, 83
드미트리 호르바트(Dmitry Leonidovich Horvat)　245
딩궈루이(丁國瑞)　118

ㄹ

라오서우선(勞守愼)　106
런던의 식민국(Colonial Office)　40
레이샹린(雷祥麟)　8
로빈슨(Sir William Robinson)　38, 80
로손(James Alfred Lowson)　34, 36~38, 47
로저 그린(Roger S. Greene)　190
로카르트(J. H. Stewart Lockhart)　38
로크　80
뤄루란(羅汝蘭)　11, 106, 108, 111
뤼순진수부(旅順鎭守府)　181
리페이란(黎佩蘭)　106
린더페스트　58
린터리스(Christos Lynteris)　8

ㅁ

마멋　22
마쉐보(馬學博)　238
마쓰시마 아키라(松島朗)　161
마이크로투스(microtus)　22
만장지구(蠻瘴地區)　100
만저우리(滿洲里)　115
만주 페페스트　6, 10, 24, 235, 237, 243, 248, 261, 293, 295
만철다롄의원(滿鐵大連醫院)　179, 224
맥도널(Richard Graves MacDonnell)　72
맥칼럼(Hugh McCallum)　53
메디애발리스(mediaevalis)　21, 23
메이(F. H. May)　39
모렐리(Morelli)　22

모리야스 렌키치(森安連吉) 187
모리야 이쯔조(守屋伍造)) 152
무라카미 미호와카(村上弥穂若) 130
무라타(村田昇淸) 180
미아즈마설 28, 35, 45, 46
미야모토 슈쿠(宮本叔) 156
「민정부의정 경사임시방역국장정」 208

ㅂ

바오구이칭(鮑貴卿) 245
바이오바(biovar) 21
「방역법」 205
방역법규 172
방역보위의원(防疫保衛醫院) 119
「방역인원 포상징계 및 구휼금조례(防疫人員獎懲及恤金條例)」 249
방역자위단(防疫自衛團) 229
「방역장정(防疫章程)」 198, 209, 248
방역총의관 210
『방역추언(防疫芻言)』 119
「방역판법」 258
법정전염병 219
베네딕트(Benedict) 22
베스도(Pest) 219
병원공간의 재편 10, 35
보갑제도 136
「보갑조례(保甲條例)」 134, 136
보정사(輔政司) 80
봉금정책(封禁政策) 221
『북강시화(北江詩話)』 106
북만방역사무관리처 212

「북양임시방역처장정(北洋臨時防疫處章程)」 249
브로케(C. Broquet) 195
블라디미르 하프킨(Vladimir Havkin) 193
블레이크 총독(Henry Arthur Blake) 56
빈강도윤 동스인 267
『빈강시보(濱江時報)』 247
빈장방역회 200
『빈장시보(濱江時報)』 120
「빈장청방역지시유(濱江廳防疫之示諭)」 201

ㅅ

사와다 마쓰고로(澤田松五郎) 144
산둥(山東) 쿨리 222
상한론(傷寒論) 11, 102, 103
『상한잡병론(傷寒雜病論)』 99
서머스(William C. Summers) 8
『서사행(鼠死行)』 105
『서역결미(鼠疫抉微)』 106, 109
「서역방치장정(鼠疫防治章程)」 38
『서역비역육경조변(鼠疫非疫六經條辨)』 106
『서역약편(鼠疫約編)』 106, 109
『서역양방회편(鼠疫良方滙編)』 106
『서역휘편(鼠疫彙編)』 11, 106, 108, 110, 119, 120
「선박검역가수속(舶舶檢疫假手續)」 129
선페스트 11, 18, 176, 235, 236, 262
『설역(說疫)』 119
『성경시보』 196

성병의원(Lock Hospital)　52
세균검사　58
세균실험　10, 59
세균학연구소(Bacteriological Institute)
　　59
세이난전쟁(西南戰爭)　183
소빙기(小氷期)　93
수증방(收症房)　85
순회의관(Inspecting Medical Officer)　86
스량(錫良)　224
스자오지(施肇基)　210
스카가와의학교(須賀川醫學校)　137
스트렙토마이신(Streptomycin)　18
시가 기요시(志賀 潔)　143, 145
시량(錫良)　117
시바야마 고로사쿠(柴山五郎作)　152
시정관리국　246
『시증양방석의(時症良方釋疑)』　106
신의주　227, 275, 276, 295
실험의학　35
쌍구균(雙球菌)　158

ㅇ

아베 나카오(安倍仲雄)　179
아오야마 다네미치(靑山胤通)　7, 156
아이리스(Philip Bernard Chenery Ayres)
　　38, 46, 52, 79
아이치현의학교(愛知縣醫學校)　137
아카시 모토지로(明石元二郎)　185
아홍(亞洪)　36
아흐트만(Achtman)　22

『악핵양방석의(惡核良方釋疑)』　106
안둥현(安東縣)　228
안티쿠아 바이오바　21, 23
알렉산드르 예르생(Alexandre Yersin)　7,
　　19, 33, 157
알렉스 앤더슨(Dr. Alex Anderson)　51
앨리스기념의원　88
앳킨슨(John Mitford Atkinson)　39, 46,
　　54
야마기와 가쓰사부로(山極勝三郎)　159
야마네 마사쓰구(山根正次)　183, 184
야마다 고지로(山田孝次郎)　130
양병원(養病院)　197
에기 다스쿠(江木翼)　181
에드윈 채드윅(Edwin Chadwick)　46, 48
에밀 폰 베링(Emil Adolf von
　　Behring)　156
에첸버그(Eschenberg)　22
여기설(戾氣說)　101, 111, 114
여시나 페스티스(Yersina pestis)　18, 20,
　　22, 23, 235
영국 페스트 위원회(the British Plague
　　Commission)　45
오가타 마사노리(緒方正規)　158
오리엔탈리스(orientalis)　21, 23
오미마루(近江丸)　144
오사카 페스트　147
오스버트 채드윅(Osbert Chadwick)　48
오카다 구니타로(岡田國太郎)　158
오카다 요시유키(岡田義行)　156
온병(溫病)　101, 102, 111, 114
『온병서역론(瘟病鼠疫論)』　106

온역(溫疫)　101
왕룽바오(汪榮寶)　208
왕안도(王安道)　103
왕칭런(王淸任)　113
우렌더(伍連德)　7, 118, 171, 237, 273
우쉬안충(吳宣崇)　106~108, 111, 113
우역(牛疫)　58
우유싱(吳有性)　101, 111
운기설(運氣說)　11, 102
『원동보(遠東報)』　120, 176
웡자오취안(翁兆全)　106
위바이타오(余伯陶)　106, 109
위생방역국　176
위생의 제도화　7
위생의 혼종성(hygienic hybridity)　69
「위생조합규칙(衛生組合規則)」　133
「위생조합 및 자촌위생위원 설치방법」　146
위생판법　197
위스싱(于駟興)　175
위신중(余新忠)　94
위안스카이(袁世凱)　248
위원야오(郁聞堯)　106
윈난　6
윌리엄 맥닐　20
윌리엄 헌터(William Hunter)　56
유스티니아누스 역병(the Plague of Justinian)　5, 19, 21
유완소(劉完素)　100, 103
유행성 출혈열　26
육군군의협참령(陸軍軍醫協參領)　212
「육군전염병예방규칙(陸軍傳染病豫防規則)」　248

「육군전염병예방소독규칙(陸軍傳染病豫防消毒規則)」　248
『의림개착(醫林改着)』　113
이고(李杲)　100
이시가미 도오루(石神亨)　151, 156
이와타 세이자부로(岩田淸三郞)　132
이이지마 와타루(飯島涉)　7
인천　229, 275
「일본오사카임시페스트예방사무국관제」　208
「임시방역사무국장정」　208
「임시페스트병 예방소독규정」　133
「임시페스트 예방사무국」　152

ㅈ

자볼로트니(D. K. Zabolotnyi)　195
장성전성방역회　223
장종정(張從正)　100
장중경(張仲景)　98, 103
『전신방(傳信方)』　100
「전염병보고례」　274, 283
전염병연구소(傳染病硏究所)　28, 156
「전염병예방규칙」　283
「전염병예방령」　283
「전염병예방령시행규칙」　284, 292
「전염병예방법」　135, 148
「전염병예방조례(傳染病豫防條例)」　249
정부공립의원(Government Civil Hospital)　36, 51, 52, 72
정부백신연구소(Government Vaccine Institute)　59

정샤오옌(鄭肖巖)　106, 108
제1차 국제 페스트회의　194
제라드 메즈니(Gérald Mesny)　190
『조선신문(朝鮮新聞)』　186
조선총독부　179
『조선총독부관보』　285
종징위(鍾景裕)　83
주진형(朱震亨)　100
주치의(Resident Surgeon)　85
『중국의학사략(中國醫學史略)』　105
중국인 이주노동자　9
중동철로호로군총사령(中東鐵路護路軍總司令)　245
중세기 페스트　19
중일국제방역회의　259
쥐벼룩설(rat-flea theory)　45
지기설(地氣說)　111, 114
지린전성방역총국　189, 223
지역 네트워크　13
진푸철로(津浦鐵路)　250
질병분류체계　35
「징한철로검역잠행세칙(漢鐵路檢疫潛行細則)」　249

ㅊ

차오팅제(曹廷杰)　119
창춘방역국　223
채터(Catchick Paul Chater)　80
천자오샹(陳兆祥)　106
천자오창(陳昭常)　210
천지지기설(天地之氣說)　111, 114

『1870년 동화의원조례』　72
「청결방법소독규칙」　249
청일전쟁　184
청진　295
총등기관(General Registrar)　75
『치서역법(治鼠疫法)』　106, 107, 113

ㅋ

카라한선언　244
칼 네이션(Carl F. Nathan)　7
캐롤 베네딕트　7
케네디타운 전염병원　56
코흐　19, 33

ㅌ

타바간　194
타이베이 페스트　159
타이핑산(太平山)　37
테트라사이클린(Tetracycline)　18
텐진의약연구회(天津醫藥研究會)　118
텐진제국육군군의학당　189
토요오까마루(豊岡丸)　144
토히우 이시가미　7

ㅍ

파라티푸스　283
파스퇴르　33
판싱준(范行准)　105
패혈성 페스트　18, 235

찾아보기　335

「펑톈방역규칙」 202, 205
펑톈방역총국 223
펑톈성성방역사무소 223
「페스트방역조치」 253
「페스트병박멸방」 130
「페스트병 예방주의」 130
「페스트병 해항검역심득」 131
「페스트소독조치」 253
「페스트예방심득(ペスト豫防心得)」 181, 279
페스트 팬데믹 5
페트리(G. F. Petrie) 195
평양 227
「폐역병전단(肺疫病傳單)」 250
폐페스트 6, 19, 176, 181, 235
「폐페스트 예방심득서」 294, 295
「폐페스트전단」 292
포서기 186
포서정책(捕鼠政策) 132
폴-루이 시몽(Paul-Louis Simond) 45, 193
푸자뎬(傳家甸) 116, 189
풍토병 10
프란시스(John Joseph Francis) 39
피병원(避病院) 132

ㅎ

하시구찌 분조(橋口文藏) 133
하얼빈방역국 223
「하얼빈방역장정」 200, 205
하이라얼 261

하타 사하치로(秦佐八郎) 152
하프킨 백신 175
한타 바이러스 26
「해항검역수속」 275
「해항검역에 관한 건」 275
헨리 포틴저(Sir Henry Pottinger) 51
호구검역 40
『호열자병범론(虎列刺病汎論)』 184
호카이(何啓) 38, 82
홍콩 페스트 10, 28, 33, 34, 42, 59
홍콩화인서의학원(香港華人西醫書院) 58
화민정무사(華民政務司) 38
화이트헤드(Thomas Henderson Whitehead) 80
「화차검역규칙(火車檢疫規則)」 249
활혈해독탕(活血解毒湯) 113
『황제내경(黃帝內經)』 94, 97, 102
황중셴(黃仲賢) 106
효고현립고베병원 144
후지타 쓰구아키라(藤田嗣章) 183, 279
후청(胡成) 8
후쿠자와 유키치(福澤諭吉) 156
훙즈춘(洪稚存) 106
흑사병(Black Death) 18, 21, 219
『흑사병명심록(黑死病銘心錄)』 227
「흑사병예방심득서」 293
히게이아(Hygeia) 37, 40